Joachim Schlör

Endlich im Gelobten Land?

Joachim Schlör

Endlich im Gelobten Land?

Deutsche Juden unterwegs in eine neue Heimat

Aufbau-Verlag

Abschied

»Die heute kommen, sind Emigranten, die Immigranten sein wollen und werden müssen. Sie kommen aus Not und aus Europa.«

Ernst Freudenheim

»Diesen Lift schickte mein Großvater mit dem Schiff. Er zog seinen guten schwarzen Anzug an, steckte die goldene Uhr in die Westentasche und befestigte die Kette am Knopfloch. Dann band er sich eine Krawatte um, setzte seinen neuen schwarzen Hut auf und fuhr nach Palästina, nach Erez-Israel.«

Raya Harnik

2 Der Autor Sammy Gronemann (links, daneben seine Frau Sonja) und seine Reisegesellschaft an Bord: Auf dem Weg zum ersten Palästina-Besuch 1929

Geschichte in Fragmenten

Die Aufbewahrungsorte für die Belege der Geschichte, die hier berichtet werden soll, sind oft unerwartet. Von der israelischen Hafenstadt Haifa aus führt der Weg Richtung Osten, vom städtischen Trubel hinein in eine karge, starke, abweisende Landschaft, an den Hügeln liegen, zusammengedrängt, arabische Dörfer und jüdische Siedlungen, zu Kleinstädten herangewachsen, im Hintergrund sind die Berge des Galil zu sehen. Straßenschilder führen zu Orten wie Nazareth oder Tiberias am See Genezareth, und nicht weit dahinter liegen Orte wie Damaskus und Amman, aber dahin weisen die Schilder nicht. Nach einer knappen Stunde Fahrt geht es nördlich in die Berge. Gelegentlich blitzt weiß der Gipfel des Hermon hervor, immer steiler und kurvenreicher wird die Strecke, immer romantischer die Ansicht. Schafherden, beladene Esel, Kamele sogar – Bilder vom Orient. Dabei ist die Landschaft alles andere als unberührt, breite Schneisen machen das Autofahren bequem, selbst bis hierher nach Tefen, von wo man einen unglaublich klaren Blick auf die Höhen des Libanon und westwärts auf das Mittelmeer hat. Ausgerechnet hier liegen Dokumente, die von der deutsch-jüdischen Geschichte dieses elenden 20. Jahrhunderts erzählen.

Im Archiv des Offenen Museums von Tefen in Galiläa lese ich einen Brief, der am 25. Juni 1933 aus Berlin an den kurz davor in der unerhörten Stadt Tel-Aviv eingetroffenen Berliner Oscar Kurz gerichtet wurde. Absenderin ist eine ältere Freundin, Gardi:

> »Lieber Junge,
>
> nun komme ich endlich dazu, Deinen lieben Brief zu beantworten. Ich bin sehr erfreut darüber, dass Du nun glücklich Dein Sehnsuchts-Land erreicht hast und mache mir eigentlich um Dein Wohlergehen nicht so grosse Sorgen, wie ich es vielleicht tun müsste, vielmehr hege ich die grössten Hoffnungen, dass Du sehr bald eine für Dich zugeschnittene Beschäftigung finden wirst, die Dich mehr ausfüllen wird als die hiesige. Ich glaube auch nicht, dass Du lange an Wehmutsgefühlen kranken wirst, dazu bist Du viel zu gesund. Also Du siehst, mein Kind, dass ich für Dich das Beste nur gut genug halte und dass ich, wenn es nach mir ginge, Dich zum Melech (König?) von Palästina machen würde. Oh, ich bitte Dich, denke nicht, dass ich schon wieder ironisch werde; es ist mein aufrichtigster Wunsch!
>
> Die Überfahrt wird ja viel interessantes und neues für Dich gebracht haben, und ich beneide Dich etwas darum. Derartige Dinge jedoch gehören nun mal nicht in mein soziales Milieu und es ist nur klug, sich solche Illusionen aus dem Kopfe zu schlagen. [...]
>
> So gehen nun schließlich die wenigen Menschen, denen ich mich angeschlossen habe, fort von hier und ich bleibe beinahe allein zurück.«

Wir sind von solchen Einblicken in das private Leben von Menschen, die wir nicht kennen, oft seltsam berührt. Da ist ein Ton, ein Klang, der uns zurückschrecken läßt. Und doch

3 Der Reiseweg: Von Triest nach Jaffa und Haifa

wird zugleich schnell deutlich, daß hier nicht nur private Dinge behandelt werden. Jemand geht weg, jemand bleibt zurück. Zwei Leben, die bislang eine Richtung genommen hatten, entwickeln sich auseinander.

Wir wissen nichts über das Schicksal von Gardi, kennen nicht einmal ihren vollen Namen oder ihre damalige Adresse. Manches ließe sich wohl rekonstruieren, aber in einem gewissen Sinn ist das Fragment, so wie es heute da liegt, fast aussagekräftiger. Als Fragment soll es symbolisch am Anfang einer Geschichte stehen, die selbst nur fragmentarisch erzählt werden kann, die auch nur in Bruchstücken überliefert ist. Und noch die Bruchstücke gehen verloren. Zu berichten ist hier von der Geschichte deutscher Juden, die sich zum kleinsten Teil vor, zum größten Teil nach dem 30. Januar 1933 zur Auswanderung aus Deutschland und zur Einwanderung nach Palästina – oder: in das Land Israel – entschieden haben. Und wenn von ihnen berichtet wird, so muß auch von denen die Rede sein, die sich dafür entschieden haben, in ein anderes Land auszuwandern – oder in Deutschland zu bleiben. Für jede mögliche Entscheidung gab es viele Gründe.

In dem Brief heißt es, »solche Dinge« – wie eine Auswanderung – gehörten nicht in das »soziale Milieu« der Absenderin. Sie beschreibt jeden Gedanken daran, es Oscar Kurz gleichzutun und Deutschland zu verlassen, für sich als »Illusion«. Ebenso wird er, wie viele andere,

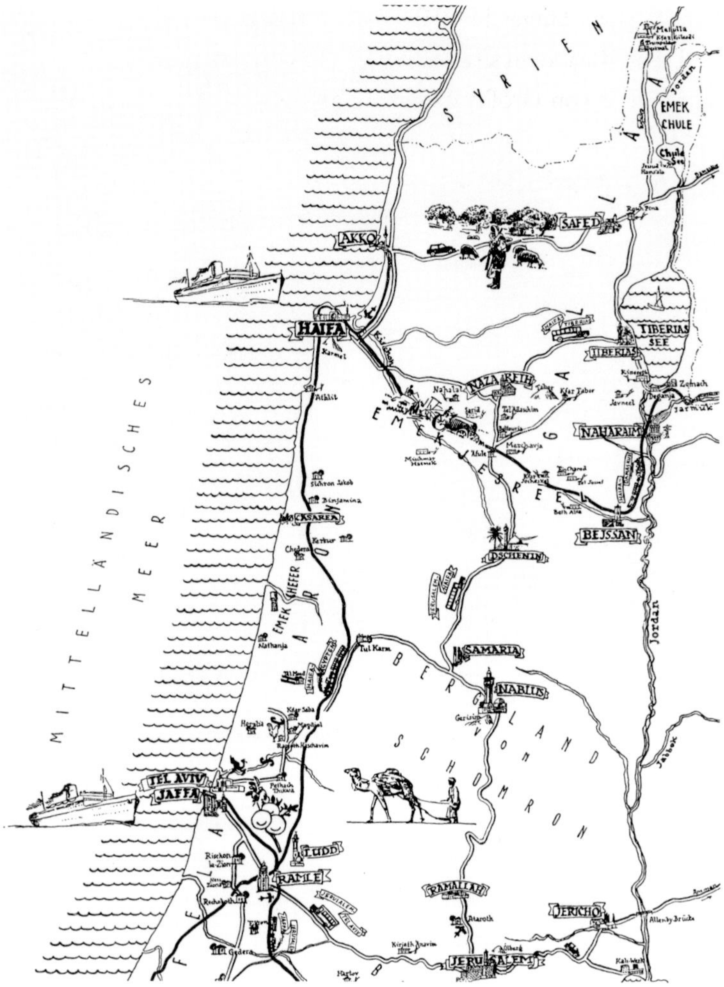

4 Noch hat das Land keinen Namen: Israel entsteht durch die Besiedlung in Palästina

ihre Hoffnung auf eine Zukunft in Deutschland für eine Illusion gehalten haben. Hier soll nicht nachträglich gerechtet oder aufgerechnet werden. Nach der Machtübergabe an die Nationalsozialisten, nach dem Reichstagsbrand, dem Ermächtigungsgesetz und der Einrichtung der ersten Konzentrationslager standen die deutschen Juden vor einer Lebensentscheidung, oder vielmehr vor vielen einzelnen Lebensentscheidungen, die nicht »interpretiert« oder gar bewertet werden können, hinterher. Nur: nachgelesen. In den persönlichen Dokumenten, in Briefen, Tagebüchern, Fotoalben, die über die Passage berichten.

Davon also wird dieses Buch handeln: Von Deutschland und wie man es verläßt.[1] Vom werdenden Israel und wie man dort ankommt (und von den Gegenständen, die man im »Lift«, den Gepäck-Containern, mitgenommen hat). Von der Passage vor allem, die von hier nach dort führte und vielleicht noch nicht zu Ende ist. Im Hintergrund soll die andere Geschichte erkennbar bleiben und von denen erzählen, die in Deutschland geblieben sind. Solche Briefwechsel wie zwischen »Gardi« und Oscar Kurz wurden vielleicht sechzigtausendfach geführt. Nur weniges ist davon erhalten geblieben – das ist noch Teil der Geschichte, aber auch schon Teil ihrer Nachwirkung, hat also unmittelbar mit uns zu tun.

Von wo aus betrachten wir Geschichte? Die Auswanderung von Juden aus Deutschland nach 1933 kann »als Reflex« auf die nationalsozialistische »Machtergreifung«[2] verstanden werden – so wird sie, was auch richtig ist, als ein untrennbarer und bewegender Bestandteil der deutschen Geschichte gelesen. Das »Auswandern aus Deutschland« bildet das dominierende Thema, dahinter verschwimmt die andere Seite: »Einwandern in Palästina«. Aus dieser deutschen Sicht spiegeln die Zahlen »in ihrer Intensität die nationalsozialistische Politik«. Von der halben Million Ausgegrenzter verließen etwa 38 000 Juden Deutschland bereits 1933, 1934 waren es 23 000, 1935 wiederum 20 000, nach den Nürnberger Gesetzen[3] stieg die Zahl 1936 auf 25 000 an, im Jahr darauf ging die Zahl leicht zurück auf 23 000, um im Jahr des Terrors 1938 auf 40 000 und im Jahr des Kriegsbeginns auf 75 000 bis 80 000 anzu-

1 Die Formulierung stammt von Hilde Domin, die von einem Besuch bei Hermann Hesse berichtet: »Und wie wir so von Deutschland sprachen und wie man es verläßt und wie man wieder zurückkommt oder auch nicht …« Hilde Domin: Besuch bei Hermann Hesse. Exil seit 1912. In: Aber die Hoffnung. Autobiographisches aus und über Deutschland. München, Zürich 1982, Neuausgabe 1987, S. 16–22, hier S. 20.

2 Vgl. dazu Wolfgang Benz: Auswandern aus Deutschland. Einwandern in Palästina. In: Tribüne, Heft 145, 1/1998, 37. Jg., S. 164 –174, hier S. 164.

3 »Am 15. September 1935 wurden in Nürnberg zwei Verfassungsgesetze erlassen, die die Basis für den Ausschluß der Juden aus dem öffentlichen Leben und für die nachfolgende antijüdische Politik bildeten.« Eberhard Jäckel u.a. (Hrsg.): Enzyklopädie des Holocaust. Die Verfolgung und Ermordung der europäischen Juden. München 1989, S.1055f

steigen. Danach waren die Tore nach draußen fast verschlossen. Ungefähr 60 000 von denen, die sich zur Auswanderung entschlossen, kamen nach Palästina, dem alten Land der Juden, Erez Israel, das zu dieser Zeit im Auftrag des Völkerbunds von Großbritannien verwaltet wurde, in dem eine kleine Gruppe von vielleicht 80 000 Juden lebte – umgeben von etwa 700 000 arabischen Einwohnern, deren Leben noch von der vierhundertjährigen Geschichte der osmanischen Herrschaft geprägt war. Auch in ihrer Mitte war eine Nationalbewegung entstanden, die bei der Mandatsmacht auf die Errichtung eines eigenen Staates drängte.

Von Israel aus liest es sich anders. Da steht das Thema der Einwanderung im Vordergrund; das Land der Herkunft erscheint – wie das Motiv der »Wanderung« – als weniger bedeutsam vor dem Hintergrund der *Ingathering of the Nations*, die das Land und den Staat Israel erst gemacht hat. Im Zusammenhang einer deutsch-jüdischen Geschichte, die vom Aufbruch der Minderheit aus der Isolation in die Zugehörigkeit erzählt, vom Rand der Gesellschaft in ihre Mitte, ist es verständlich, daß vor 1933 nur ungefähr 2 000 deutsche Zionisten nach Erez Israel gezogen sind, um dort am Aufbau der neuen jüdischen Gesellschaft im alten Land der Väter mitzuarbeiten. Die zionistische Bewegung, die in Rußland und Polen früher, drängender als in Deutschland entstanden war, hatte dennoch in Deutschland (oder besser: in der deutschen Sprache) eines ihrer wichtigsten Zentren, die Grundtexte des politischen Zionismus (von Moses Hess' »Rom und Jerusalem«, 1860, über Leon Pinskers »Autoemanzipation«, 1882, bis zu Theodor Herzls »Judenstaat« von 1896) wurden in deutscher Sprache verfaßt. Aber nur eine kleine Minderheit der deutschen Juden wollte den Schritt machen: das Land verlassen, Europa verlassen, Sprache und Kultur verlassen, um dort: im Orient, im Nahen Osten, in der Levante, im alten »Land Israel« neu zu beginnen. Auch dann, als die judenfeindliche Ideologie des Nationalsozialismus brutale, bald tägliche Praxis wurde, waren es zunächst vor allem Gruppen aus der zionistischen Jugend, die sich daranmachten, den alten Traum, die alte Sehnsucht nach Zion für ihr eigenes Leben umzusetzen. Andere Einwanderer waren vorher gekommen. Es gab den »alten Jischuw«, bestehend vor allem aus religiösen Gruppierungen sowohl sephardischer wie aschkenasischer Herkunft (Nachkommen einerseits der 1492 aus Spanien vertriebenen Juden, die von dort in die Länder Nordafrikas und des Nahen Ostens, aber auch des Balkans gezogen waren, und andererseits Nachkommen der im Mittelalter über Deutschland nach Osteuropa gewanderten jüdischen Gemeinschaften), die von den finanziellen Zuwendungen aus der Diaspora lebten, in Jerusalem, in Tiberias, in Safed und in Hebron, oder die schon auf eigene Faust mit dem wirtschaftlichen Aufbau begonnen hatten, wie der aus Algerien stammende Fabrikant Chelouche in Jaffa. Nach 1881, nach den Pogromen im Süden des Russischen Reiches und nach der Publikation von Leon Pinskers Mahnruf »eines russischen Juden an seine Stammesgenossen«, hatte die neuzeitliche Einwanderung begonnen. Sie hatte in mehreren Wellen des »Aufstiegs« – *Alijah* – Pioniere ins Land gebracht, die bereit waren, mit dem Leben in Europa zu brechen und auf der alten Erde ein neues Leben anzufangen: in landwirtschaftlichen Siedlungen, den frühen *Kwuzoth* als Vorform der Kibbuzim. Diese Einwanderer

5 »Der alte Jischuw«: orthodoxe Juden am Jaffator in Jerusalem

kamen vor allem aus Polen, aus Galizien, aus Rußland und Rumänien; sie hatten die führenden Positionen in der praktischen Arbeit inne – während man in Deutschland und anderen europäischen Ländern über den Zionismus debattierte, waren sie schon an die Arbeit gegangen, waren Bauern geworden und Wächter. Und erschufen die Gründungsmythen des kommenden Staates. Aus dieser Sicht kamen die deutschen Juden: spät. Sie kamen, das wußte man, verzweifelt; aber sie kamen in bestehende Strukturen und fanden sich nur mit Schwierigkeiten ein. Davon soll die Rede sein.

Es wäre aber wohl möglich, noch einen dritten, allgemeineren Zusammenhang zu konstruieren: Michael Traub stellt in seiner 1936 entstandenen Studie »Die jüdische Auswanderung aus Deutschland«[4] das Geschehen der frühen dreißiger Jahre als (bloß?) einen weiteren markanten Punkt in der Geschichte »jüdischer Wanderungen« in der Moderne dar. Das mag von heute aus fast zynisch erscheinen, aber 1936 sahen sich die Dinge anders an als heute. Da mochte der »Auszug aus Deutschland« wie eine Weiterführung jüdischer Wanderungserfahrungen wirken und bloß ein aktuelles Beispiel dafür geben, wie die Erfahrung der Passage, des Unterwegsseins, jüdische Existenz in der Diaspora prägte. In dieser Sicht reihte sich die Auswanderung aus Deutschland in eine lange Kette von Ereignissen ein, in deren Verlauf die jüdische Gemeinschaft ihr Überleben durch die Schaffung neuer, kreativer Zentren neu definierte, wie nach 1348, als die Juden im deutschen Raum für die Pest verantwortlich gemacht wurden und Richtung Osten wanderten, wie nach 1492 und 1496, als die katholischen Könige Ferdinand und Isabella die spanischen Juden vor die Alternative »Tod oder Taufe« stellten (und Portugal folgte), wie nach 1880/81, als die Wege aus Osteuropa eher nach den Vereinigten Staaten, selbst noch ins westliche Europa führten und nur in ganz geringem Umfang nach Palästina.

Drei Narrative, sagt man da wohl – alle handeln vom Wandern. Nur selten war bei der Interpretation dieser Narrative, die ihren eigentlichen Beginn in der Aufforderung »Geh' in

4 Michael Traub: Die jüdische Auswanderung aus Deutschland. Westeuropa, Übersee, Palästina. Berlin 1936.

das Land, das ich dir zeigen werde« hatten, gerichtet an Abraham von seinem selbst erwählten einen Gott, und die seitdem in vielfacher Varianz immer neu erzählt wurden, nur selten war in einer solchen Beschreibung des Judentums als einer Gruppe von Suchenden, von Wandernden, von den konkreten Erfahrungen des Unterwegsseins selbst die Rede.

6 Die Sonne scheint immer über dem »kleinen alten« Tel-Aviv Zeichnung von Nachum Guttmann, ca. 1935

In jedem Fall, aus jeder Perspektive, wird die Tatsache der Emigration zum Politikum, zur These, zum Argument. Die Lebenswirklichkeit derer, die damals ein Land, ihr Land, verließen und in ein anderes, zum Beispiel das entstehende Israel, zogen, geht dabei fast verloren. Wovon gehen wir aus? Von dem Ort, der verlassen wurde? Oder von dem Ort, der erreicht wurde? Oder gibt es, für uns Heutige, die dieser Geschichte nachgehen bis in die galiläischen Berge, die Möglichkeit, einen Standpunkt »dazwischen« zu finden – und müßte der, wenn es ihn denn gibt, nicht genau in der Mitte der beiden Wahrnehmungen von Deutschland und von Israel liegen? Erwin Moses schreibt aus dem neuen Land an seinen Vater, den früheren Reichstagsabgeordneten Julius Moses, einige Sätze, die vom Dazwischen noch nicht erzählen, aber doch die beiden Eckpunkte markieren[5]:

»Als ich nach zwölfjähriger treuer und verantwortungsvoller Mitarbeit in der Leitung eines großen Unternehmens im März dieses Jahres meine Mitarbeit einstellen mußte – da hatte ich die eindrucksvollste Begegnung mit dem jüdischen Schicksal; ich mußte gehen, weil ich Jude bin. Plötzlich stand ich als Fremder in der geliebten Welt, aus der ich nie weggehen wollte. Ich kannte die herrlichen Berge und Seen des ganzen Landes und war ebenso zu Hause in Hamburg und München, Köln und Königsberg, wie in meiner Vaterstadt Berlin. [...] Von Marseille aus brachte uns das Schiff nach Jaffa; von dort gingen wir nach Tel-Aviv, der jüdischen Stadt. Und das ist mein jüdisches Erlebnis, das ist der Tag, an dem ich das Judesein als Glück empfand, das stolz macht und stark: das jüdische Wunder – Tel-Aviv.«[6]

Da ist die Vaterstadt, die »geliebte Welt«. Und dort ist die neue, nun schon eigene Stadt (gelegen am »palästinensischen Kap der besten Hoffnung«[7]). Die beiden liegen weit auseinander. Von der einen Stadt in die andere zu gehen – oder zu kommen –, war schon vorher möglich gewesen, war vielen absurd erschienen, war Sache einer Minderheit. Und wurde anderen unversehens zur einzigen Chance. Das verändert den Blick auf die eine wie auf

5 Vgl. Dieter Fricke: Jüdisches Leben in Berlin und Tel-Aviv 1933 bis 1939. Der Briefwechsel des ehemaligen Reichstagsabgeordneten Dr. Julius Moses. Hamburg 1997.

6 Ebd., S. 78.

7 Moshe Yaacov Ben-Gavriel: Kleines Palästinabuch für empfindsame Reisende. Jüdische Revue, Sonderhefte, Nr. 2. Nekudah-Verlag (Mukacevo) 1936, S. 24.

die andere Stadt. Texte aus der Zeit und Erinnerungen von heute, die diesen Moment einfangen, wollen wir hier zusammentragen und näher betrachten – aus einem historischen Interesse heraus, weil der Zwischenraum noch ganz ungenügend ausgeleuchtet ist; aber auch in dem Gefühl, die Phase der Zerrissenheit zwischen »hier« und »dort« sei doch noch nicht ganz vorbei. In Israel wie in Deutschland ist die Unruhe noch spürbar, die Menschen erlebten, als sie 1933 vor die Entscheidung gestellt wurden: eine Heimat zu verlassen, eine andere Heimat zu finden. Bevor wir darangehen, ihre Lebenserfahrungen zu schildern, ist noch ein Einschub fällig. Früh schon machen sich Reisende auf den Weg, die neue Lebenswirklichkeit des jüdischen Palästina kennenzulernen, prominente Autoren darunter wie Arthur Holitscher[8] oder Richard A. Bermann[9] alias Arnold Höllriegel, einer der begnadeten Feuilletonisten seiner Zeit. Aber es fahren auch »einfache Leute«, die für sich und ihre Familien die Chancen und Risiken einer Einwanderung prüfen. Während sie noch »auf Probe« unterwegs sind, wandern andere schon wirklich ein, da überschneiden sich die Geschichten. Aber die Versuchsreise, bei der man ja sich selbst nicht weniger testet als das Land, soll hier, auch wenn sie weit in die dreißiger Jahre hineinreicht, zuerst dargestellt werden, weil die Form der Ankunft und der Umschau im Land noch eine ganz andere: eine freiwillige ist.

8 Arthur Holitscher: Reise durch das jüdische Palästina. Berlin 1922.
9 Arthur Rundt und Richard A. Bermann: Palästina. Ein Reisebuch. Leipzig, Wien und Zürich 1923.

Palästina auf Probe: »Möglichkeitssucher«

Der Autor und Anwalt Sammy Gronemann, geboren 1875 im westpreußischen Strasburg, aufgewachsen in Danzig und Hannover, erzogen im orthodoxen »Milieu« der Halberstädter Klaus[10] und des Rabbinerseminars von Esriel Hildesheimer, war als Student in Berlin zum überzeugten Zionisten geworden. Seine Haltung wurde während des Ersten Weltkriegs noch verstärkt, als Gronemann wie viele deutsche jüdische Soldaten, der Schriftsteller Arnold Zweig darunter und der Zeichner Hermann Struck, engen Kontakt zum Judentum des Ostens fand. Zurückgekehrt aus Wilna und Kowno nach Berlin, arbeitete er aktiv in der Zionistischen Bewegung, war Vorsitzender des Kongreßgerichts und auch in der Berliner Gemeindepolitik engagiert. Aber zugleich war Sammy Gronemann, als Autor verbreiteter Bücher wie »Tohuwabohu« (1920) oder »Schalet. Beiträge zur Philosophie des Wenn-schon« (1927), als Gesellschaftsmensch, als Syndikus des Schutzverbands Deutscher Schriftsteller ganz und gar zum Berliner geworden. Wer eine Anwaltskanzlei in der Tauentzienstraße 13, im arrivierten Berliner Westen hat, warum sollte er nach Palästina auswandern? Gronemann unternahm 1929 eine Informationsreise in das ferne Land im Orient. Das Photoalbum dieser Reise, gewidmet von einer Mitfahrenden, Selma K., ihren »liebsten Menschen, Sonia und Sammy Gronemann. März/April 1929«, liegt im Zionistischen Archiv in Jerusalem. Palästina auf Probe, gesehen durch die Augen eines Zionisten, der doch in Berlin ganz fest verwurzelt war.

10 Eine Klaus ist ein rabbinisches Lehrhaus mit Unterkunftsmöglichkeiten für die Studenten. Die »neo-orthodoxe« Bewegung in Deutschland hat einen ihrer Ursprungsorte in der traditionellen Gemeinde Halberstadt.

7 Ankunft in Haifa: Der Zeichner Hermann Struck (2. von links) empfängt die Gronemanns

»Da kam ich 1929 zum ersten Mal in unser Land, und war im Stadthaus in Tel-Aviv bei einem Empfang zugegen, den der unvergeßliche Dizengoff, das damalige Stadtoberhaupt, ausländischen Touristen – insbesondere einer Gruppe Österreicher – gerüstet hatte. Baurat Stricker aus Wien sprach namens der österreichischen Gruppe, die liebenswürdigen Worte des Gastgebers in wohlgesetzten warmen Worten erwidernd. Dann nötigte man auch mich zum Sprechen, und mir, der ich im allgemeinen aus dem Stegreif nur rede, wenn ich wohl vorbereitet bin, fiel nichts anderes ein als: jetzt habe ich die Stadt und das Land gesehen, und ich muß mit Erstaunen feststellen, daß all das, was ich Jahrzehnte hindurch geschwindelt habe, die reine Wahrheit ist.«[11] Er hat das Land und die Stadt gesehen. Er fuhr mit dem Dampfer von Genua nach Alexandria, von dort ging es über Kairo und die Pyramiden nach Port Said. Mit der Zugfahrt nach Jaffa begann die Rundreise durch das Land, nach Jerusalem, nach Haifa, wo man einen Besuch bei Hermann Struck absolvierte, zu einigen der landwirtschaftlichen Kolonien, schließlich besichtigte die kleine Reisegruppe noch Baalbek und Damaskus. Die Bilder vor allem erzählen: Das war eine Reise in den Orient. Gronemanns perfekter Anzug, Tropenhelm inbegriffen, zeigt ihn als den Europäer, der ein merkwürdiges Land besichtigt. Und die Merkwürdigkeiten der Gegend erscheinen im Album weit häufiger als das, was sich auf dem Weg zur – europäisch definierten – »Normalität« befand. Der Purim-Umzug in Tel-Aviv, das vielzitierte Beispiel für die Fähigkeit dieser neuen Stadt, religiöse Traditionen ins Weltliche umzuwandeln und Tausende auf den Straßen, beim Umzug, zu versammeln, ist beinah das

11 Sammy Gronemann: Erinnerungen. Aus dem Nachlaß herausgegeben von Joachim Schlör. Berlin 2002, S. 6. Weitere Informationen sind meinen Nachworten zu den Neuauflagen der beiden Romane »Schalet« (Leipzig 1998) und »Tohuwabohu« (Leipzig 2000) zu entnehmen.

8 Sammy Gronemann, Hermann Struck und sein arabischer »boy«

einzige Signal der modernen jüdischen Präsenz im Land.

Gronemann hatte im Westen Berlins, »dort wo es am W'sten ist ...«, seinen Platz gefunden und besuchte jetzt »die Stadt und das Land«. Kam es auf ihn zu, wie Lola Landau es schilderte? Sie war 1932, zusammen mit ihrem Mann, dem Schriftsteller Armin T. Wegner, in Palästina gewesen. Während Wegner, als Außenseiter, den Aufbau bewunderte (und während hinter seiner offenen Bewunderung eine leise abschätzige Verwunderung darüber stand, wie Juden »das alles« fertigbringen konnten), war sie wie ergriffen von einem Wirbel, der ihr den fest geglaubten Boden unter den Füßen nahm: »Nicht ich besuchte Palästina, Palästina suchte mich heim. Als ob ich hierher und nirgendwo anders hingehörte. [...] Ich entdeckte nicht ein fremdes Land, ich entdeckte mich.«[12] So ging es nicht allzu vielen, insgesamt lesen sich die Berichte von Reisenden eher skeptisch. War nicht, 1929 und 1932, der ökonomischen Krise und der in ihrer Folge anschwellenden antisemitischen Bewegung zum Trotz, die Situation der Juden in Deutschland so sicher wie nie zuvor? Waren nicht alle Beschränkungen, die Juden den Zugang zur deutschen Gesellschaft schwer gemacht hatten, mit der Republik gefallen? Und war nicht diese Republik, bei aller inneren Schwäche, schon über manche Krise weggekommen? Bis tief hinein in die zionistische Bewegung herrschte die feste Überzeugung, daß die Anhänglichkeit an Deutschland schließlich mit der Anerkennung durch Deutschland beantwortet werden würde. Man bewunderte, aus der sicheren Ferne, diejenigen, die ihren Lebensmittelpunkt »dorthin« verlagert hatten, den Arzt und Erzieher Elias Auerbach, den Statistiker Ruppin, den Mystikforscher Scholem, den Zeichner Struck, aber man hatte nicht vor, es ihnen gleichzutun. Man sah sich das Experiment gerne einmal an, spendete wohl auch dafür und sprach lobend darüber, wollte aber ungern Teil davon sein.

Vor allem Reiseberichte illustrieren, daß »die zionistische Option lange allzu arglos dahindämmerte, bevor sie abrupt geweckt nun intensiv zum raschen Handeln drängte«[13]. Der *globetrotter* Moses Calvary, dessen Reisebericht von 1914 erst 1920 in der Reihe »Jüdische Jugendbücher Nr. 5, Schriften des Ausschusses für jüdische Kulturarbeit« im Jüdischen

12 Lola Landau: Vor dem Vergessen. Meine drei Leben. Frankfurt am Main/Berlin 1987, S. 266.

13 Wolfgang Grieb: Israel – Land der Jugend: ›Wir kehren zurück und bauen auf‹, in: Jüdisches Kinderleben im Spiegel jüdischer Kinderbücher. Eine Ausstellung der Universitätsbibliothek Oldenburg mit dem Kindermuseum Marburg. Hrsg. v. Helge-Ulrike Hyams u. a., Oldenburg 1998, S. 125–135, S.125.

Verlag erscheinen konnte, schreibt einen frühen Bericht: aus einer Fremde. Befremdet vom Orient, von den arabischen Märkten und Städten, findet Calvary Halt in den jüdischen Kolonien – »um so überraschender und freudeweckender, als hier überall vor dreißig Jahren nichts war als Sand und Sand« – von Rischon le Zion bis zur Sharon-Ebene. »Palästinensische Aufzeichnungen« veröffentlicht Eugen Hoeflich 1918 unter dem Titel »Der Weg in das Land«.[14] Da wird ganz vorsichtig erkundet, ertastet, entlang den Sehenswürdigkeiten und mit gelegentlichen Ausblicken in eine neue jüdische Realität – aber gerade die ist so jenseits aller Erfahrungen des lesenden Publikums angesiedelt, so sehr mit dem Orient beschäftigt, daß eine Popularisierung der Idee gar nicht vorgesehen ist. Theo Epstein, aus Duisburg stammend, Sohn des berühmten Sozialdemokraten Harry Epstein[15], berichtete mir bei einem Besuch in Ramat Gan von seiner Informationsreise, die 1931 stattfand. Fünf Wochen lang fuhr man in der Gruppe durch das Land, bis nach Damaskus und Beirut – die erhaltenen Fotos bezeugen ein eher historisches, kunstgeschichtliches, fast abenteuerliches Interesse als eine Motivation zur Einwanderung. Noch dominiert das Verhaltensmuster des Ausflugs, der eine sichere Rückkehr zum Ziel hat.

9 Zur »Grand Tour« im Nahen Osten gehört die Besichtigung von Baalbek

14 Wien und Berlin: R. Löwit Verlag 1918.

15 Vgl. dazu Ludger Heid: Harry Epstein – Ein Anwalt der Ostjuden in der Zeit der Weimarer Republik. In: Walter Grab, Julius H. Schoeps (Hrsg.): Juden in der Weimarer Republik. Darmstadt 2/1998, S. 276–304.

Arnold Zweig fährt 1932: »Mein Gesamteindruck dieser Fahrt ist außerordentlich stark und positiv«, sagt Zweig, der früh Zionist war und 1924 mit seinem phantasierten Buch »Das Neue Kanaan« viel zur Schöpfung eines romantisierten Bildes von Palästina beigetragen hatte. Er hat den »Eindruck eines aufsteigenden Lebens« – vermerkt allerdings kritisch einen »Mangel an Zusammenhalt« und einen beginnenden »Nationalismus«. Innerhalb der zionistischen Bewegung wirbt die Jugend-Alijah mit beispielhaften Geschichten aus dem Leben der *Chaluzim*, der Pioniere in den landwirtschaftlichen Siedlungen, für die Einwanderung. Über das Datum 1933 hinweg finden sich Dokumente, die über Palästina als Möglichkeit berichten; so lautete noch 1938 der Titel einer Serie von Moshe Yaakov Ben-Gavriel (Eugen Hoeflich) im »Pariser Tageblatt«, einer deutschsprachigen Zeitung, die vor allem von den Emigranten gelesen wurde: »Baedeker für empfindsame Palästina-Reisende«. Darin war das Endgültige einer Auswanderung noch hinausgezögert; von »Reisenden« war, noch, die Rede. Aber viele waren in diesen Jahren auch schon gefahren, um zu sehen, ob man »dort« leben könnte. Beispielhaft kann dafür die »Reise nach Erez Israel, ausgeführt im Juli/August 1937 von Richard Loewy« stehen. Der mit der Maschine geschriebene Text trägt eine handschriftliche Zueignung, »Meiner lieben Frau Erna gewidmet, im Dezember 1937«. Richard Loewy schreibt:

10 Richard Loewy sammelt Erinnerungen an seine Besuchsreise 1937

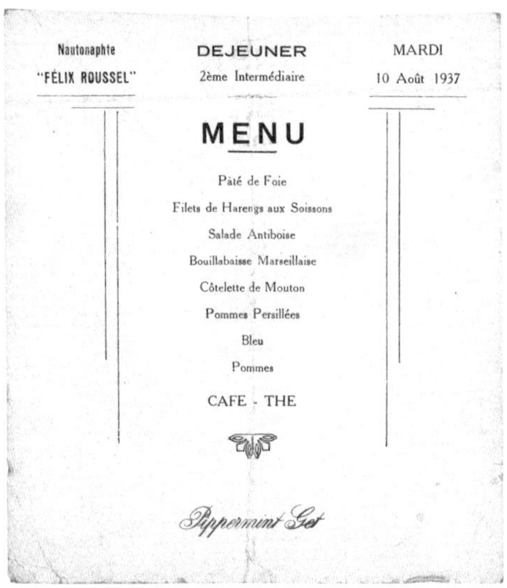

Nautonaphte "FÉLIX ROUSSEL" | DEJEUNER 2ème Intermédiaire | MARDI 10 Août 1937

MENU

Pâté de Foie
Filets de Harengs aux Soissons
Salade Antiboise
Bouillabaisse Marseillaise
Côtelette de Mouton
Pommes Persillées
Bleu
Pommes
CAFE - THE

Peppermint Get

Nautonaphte "FÉLIX ROUSSEL" | DINER 2ème Intermédiaire | MERCREDI 11 Août 1937

MENU

Potage Minestrone
Vol au Vent Financière
Quartier de Mouton de Pré Salé
Pommes Fondantes
Salade de Saison
Saint-Marcellin
Pêches
CAFE - THE

CHAMPAGNE MERCIER EPERNAY

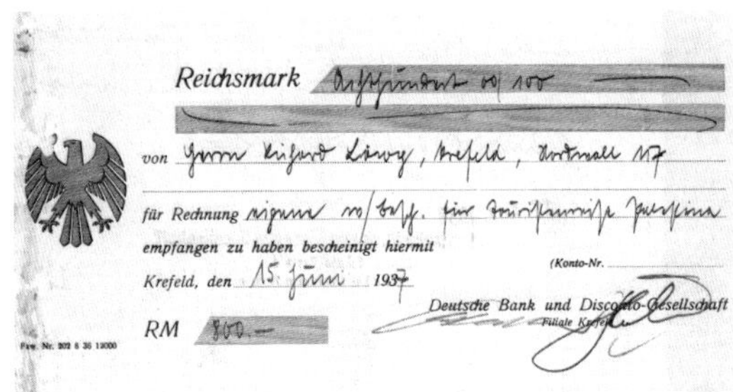

Reichsmark
von
für Rechnung
empfangen zu haben bescheinigt hiermit
Krefeld, den 15. Juni 1937
(Konto-Nr.
RM 100.–
Deutsche Bank und Disconto-Gesellschaft
Filiale Krefeld

13 »Touristenreise Palästina«: Dokumente stellen einen Schein der Normalität aus

11, 12 Der ungeübte Reisende übersetzt sich die französischen Menukarten

»Wenn deutsche Juden in der heutigen Zeit eine Reise nach Erez unternehmen, so geschieht das zumeist aus anderen Gründen, als wenn sie diese Reise vor etwa 4 oder 5 Jahren unternommen hätten. Der deutsche Jude von heute fährt auch nicht nach Palästina, wie der Jude früherer Jahre, sondern er fährt nach Erez Israel. Die Gründe, die ihn zu dieser Reise veranlassen, sind auch meist rein persönlicher Art, er fährt nicht zu einer Erholungsreise oder aus reiner Neugierde, das Land seiner Väter einmal aus eigener Anschauung kennen zu lernen. Die meisten, die hinüberfahren, wollen sich orientieren, ob im Falle einer für sie notwendig werdenden Auswanderung Erez ihnen eine neue Heimat werden kann, oder aber sie haben bereits Verwandte oder die eigenen Kinder im Lande. So auch ich.«

14 In den zionistischen Zeitschriften: Werbung für das »jüdische Schiff«

Anderthalb Jahre schon ist der Sohn Ernst im Land, mit der Jugend-Alijah gekommen. Jetzt endlich kann der Vater ihn besuchen. Eine »begeisternd schöne Fahrt« – noch, im Sommer 1937 – führt durchs Mittelmeer, vorbei an Sardinien und Korsika, über den Wendekreis des Krebses. »Am 11. Juli mittags war zum ersten Mal Land in Sicht: Erez! Seth hi ha'aretz! Das ist das Land!«

Loewy beschreibt den ersten Blick auf den Berg Karmel, auf die klein erscheinende Stadt Haifa, noch vom Schiff aus; er beschreibt die Ankunft – »Drängen am Schiff, Passkontrolle, Heraufschaffen der Koffer.« Der Sohn ist unter den wartenden Massen kaum zu erkennen, »vielleicht erkennt er mich besser, wenn ich mit dem ›deutschen Gruss‹ grüsse! Da geht auch seine Hand hoch, ich lasse meinen Arm sinken, er auch, so geht das wechselweise, bis wir genau erkennen, dass der Gruss uns gilt!« Diese Szene hat keiner fotografiert, sie würde einiges erzählen …

15 Der Tijul, die Rundreise im Land, dokumentiert in Busfahrkarten

Vater Loewy beschreibt den Zoll, die Abfertigung, den Kampf mit den Gepäckträgern wie – ein Abenteuer? Eine Expedition? Man nimmt sich eine Pension, man trinkt Kakao, denn »die Sonne brannte unerbittlich«, und man begibt sich auf Besichtigung. Haifa ist zuerst dran, die Viertel am Karmel »sind vollständig neu, modern und ganz jüdisch«. Im Hafen liegt die ›Tel-Aviv‹, »das einzige jüdische Schiff, das seit dem Untergang des jüdischen Staates die Meere befuhr«. Es ist nicht ganz deutlich, was den Besucher mehr überrascht, das »moderne Großstadtleben« oder die Araber im Fez, »die Frauen verschleiert«. Nach Haifa folgt der *Tijul*, die Reise durchs Land.

In Kirjath Bialik, einer neuen Gründung, »wo zumeist deutsche Akademiker wohnen«, befindet sich das Kinderheim *Ahawah*.[16] Alles ist noch »in einer kleinen Wildnis«, aber es wird gebaut. Mit dem Omnibus geht es zur Kwuzah Kfar Ata, nach Kfar Hamakkabi. Wie beeinflußt vom Sohn, der schon ganz im neuen Leben zu stehen scheint – wenig später wird er allerdings Kirjath Anavim verlassen und eine Buchhändlerlehre in Tel-Aviv beginnen[17] –, schreibt Richard Loewy Sätze wie diesen: »In Kfar Makkabi sprachen wir einen

16 Vgl. zur Geschichte der Gründerin dieses Kinderheims Regina Scheer: Es gingen Wasser wild über unsere Seele. Ein Frauenleben. Berlin 1999.

17 Ernst Loewy wurde 1920 in Krefeld geboren. In einem wohlbehüteten Elternhaus aufgewachsen, erlebte der Jugendliche den massiven Antisemitismus der dreißiger Jahre. Bereits im Herbst 1935 faßten seine Eltern den Entschluß, den Sohn nach Palästina zu schicken. Im Frühjahr 1936 kam der Sechzehnjährige mit der »Jugend-Alijah« in Haifa an. In den zweieinhalb Jahren der Trennung schrieb Ernst Loewy fast wöchentlich Briefe an die Eltern. Vgl. Ernst Loewy: Zwischen den Stühlen. Essays und Autobiographisches aus fünfzig Jahren. Frankfurt am Main 1998; Ernst Loewy: Jugend in Palästina. Briefe an die Eltern 1935–1938, hrsg. v. Brita Eckert (=Bibliothek der Erinnerung, 4), Berlin 1997.

16–18 Zu Besuch in der Wunderstadt: Tel-Aviv

Chawer, der die Nacht über auf Schmirah gestanden hatte und also den Tag über *Chofesch*, d. h. Freizeit hatte.« Von ihm erfahren die Reisenden, wie aus einem Nichts eine Siedlung wurde. Es gibt Elektrizität, es gibt Wasser, und das alles heißt (gerichtet an die Frau zu Hause): Hier kann man schon leben. Über Nazareth und Tiberias ging es am nächsten Tag nach Degania, dem ersten Kibbuz am Kinnereth. Und immer weiter, in immer neue Siedlungen: »Das ist jüdische Aufbauarbeit!« Auch Tel-Aviv steht auf dem Plan: »Bei der Ankunft reißen sich die Hausdiener der Hotels um die Gäste und deren Koffer. Wir entschliessen uns für Hotel Balfouria, an der Allenbystreet, nahe dem *Yam*. Tel-Aviv ist eine überwältigende Stadt, ja sie ist ein Wunder, entstiegen dem sandigen Boden der Dünen am Meere – ein weißes Meer von Häusern, unübersehbar in seiner Grösse. Am Abend ein Spaziergang durch die hellerleuchteten Strassen mit wogendem Leben und Treiben. Juden, nur Juden, eine Stadt erbaut von Juden, nur für Juden. Jedes Steinchen, jeder Stein, jeder Balken, jeder Dachziegel, alles von Juden getragen und gesetzt! Die Menschen nur Juden, vom Bürgermeister zum Schutzmann und Autobusfahrer und Strassenkehrer. Juden, nur immer wieder Juden! Die Firmenschilder alle Iwrith, manche auch englisch oder deutsch.«

Dieser Mann hat nie zuvor etwas geschrieben und auch hinterher nicht mehr. Er bleibt bei einem ruhigen Ton, wenn es auf das Land geht, er respektiert die Leistungen beim Bau der Siedlungen in der Landwirtschaft. Nur dieses Ereignis Tel-Aviv trägt ihn so davon. Selbst das »Dorf der Trauben«, die »Siedlung meines Jungen«, an der Straße von Tel-Aviv nach Jerusalem gelegen, bekommt ihr Prädikat »erstklassig« aus einer gewissen Distanz. Ein Wäldchen. Ein Wachtturm, fest aus Stein erbaut. Viele Projekte. Und Menschen, »mit denen man wohl ganz gut sympathisieren kann« – das klingt nicht euphorisch. Verwalter und Wächter, alle nehmen sich irgendwie ziemlich wichtig. Ein Herr Dr. Rosenstein arbeitet an einem Roman, »den er Thomas Mann zur Begutachtung vorgelegt hat«. Streit gibt es genug, oder besser »Charaktergegensätze und verschiedene Lebensauffassungen«, die sich auf dem engen Raum einer Kwuzah nicht vereinbaren lassen. Ich bin vielleicht voreingenommen, aber wie lesen sich solche Sätze? »Das Leben in einer Kwuzah bringt viele Pflichten mit sich, weniger persönliche Rechte für den einzelnen, alles für die Gemeinschaft. Trotzdem bringt auch das Leben in der Kwuzah viele Freuden mit sich, und man versteht es auch, dort

Feste zu feiern.« Wie hört sich das an, zu Hause, wo sie auf Nachricht aus dem seltsamen Land warten, das auf einmal solche Bedeutung – einer möglichen Zukunft – gewonnen hat? »Inzwischen wurden bergeweise die Trauben auf die Tische gebracht und es lagen soviel Trauben umher, dass kein Mensch mehr welche mochte.«

Ist es in Jerusalem anders? »Ein merkwürdiges Gefühl ergreift den Juden, der die heilige Stadt zum ersten Male sieht und betritt. Gesehen habe ich die Stadt zum ersten Male von Kirjath Anavim vom Wachtturm aus. Auf der einen Seite eine herrliche ferne Stadt.« Die Läden sind, verglichen mit denen in Haifa und Tel-Aviv, klein und unbedeutend: Schön ist das Haus des YMCA, schön das King David Hotel – aber wie ist die Altstadt? »Wir gehen durch das Damaskus-Tor, durch das vor vielen Jahren einst Kaiser Wilhelm II. eingezogen ist.«[18] Welches andere Bild sollte einer wie Richard Loewy im Kopf haben? »Die ganze Altstadt ist überdacht, dazwischen eine kleine Lücke, durch die das Licht und die Sonne hereindringen kann. Die Strasse senkt sich stufenweise immer tiefer. [...] Wir steigen immer tiefer bis zur Klagemauer, die wir nach einem Gang kreuz und quer und durch schmale Gässchen zwischen alten Mauern endlich erreichen. – Vorne am Eingang ein englischer Polizist in einem Schilderhaus. Die Mauer ist einige Meter hoch, ein Rest der alten Tempelmauer, darüber ist aber noch ein neuer Streifen angebaut, und zwar als die Randmauer des Platzes vor der Omarmoschee, gebaut vom Kalifen Omar.« Nicht viel mehr als »ein Ausschnitt aus vergangenen Jahrhunderten« scheint diesem Reisenden da zu begegnen. »Ich kann mir nicht helfen – ich kann hier nicht beten – ich hatte geglaubt, an dieser Stelle von einem religiösen Gefühl ergriffen zu werden, aber alles kommt mir ernüchternd vor. Ich betrachte alles wie ein Beschauer, den das alles nichts angeht.« Besser geht es mit den Gebäuden der Universität, dem Hadassah-Krankenhaus, mit allem, was neu ist. Aber wirklich neu scheint doch nur Tel-Aviv zu sein.

Die Reise geht weiter, nach Jericho, zum Toten Meer. Am Ende warten lange Formalitäten, die die Abreise verzögern. Man bekommt Sehnsucht, schreibt Richard Loewy abschließend, Sehnsucht nach dem Lande (nicht zuletzt »nach dem weissen Tel-Aviv«), man wünscht, der Segen Gottes möge über diesen Gefilden sein, »und mögen auch wir Juden in der Diaspora nicht vergessen, dass dort unsere Brüder ihr Leben einsetzen, nicht nur für sich, sondern auch für uns«. Das ist eine Form der Distanzierung, die vier oder

18 Es war tatsächlich das Jaffa-Tor, das für diesen Anlaß eigens vergrößert werden mußte.

19 Die klassische Moderne kommt in die Mittelmeerstadt: Nachlath-Binjamin-Straße, Postkarte

20 Die Straße der Sykomoren, angelegt noch von den osmanischen Herrschern, Postkarte

21 Das »Dorf der Trauben«: Ernst Loewys Kibbuz

22 »Alles für die Gemeinschaft«: Wohnen in Kirjath Anavim

23 Ernst Loewy (links) und ein Freund im Kibbuz

fünf Jahre früher leichter von der Hand gegangen wäre. Richard und Erna Loewy werden einwandern und ihr Leben retten gerade noch und im letzten Moment.

All diese Reisen, von denen hier berichtet wurde, sind nicht nur im technischen Sinne »auf Probe« gemacht worden; sie sind für ein Verständnis der Erfahrungswelt deutsch-jüdischer Wanderung deshalb so wertvoll, weil in ihnen ganz offensichtlich und eingestanden die Brücke von Deutschland her und nach Deutschland zurück noch vorhanden ist. An Deutschland wird die Realität Palästinas gemessen; die in Deutschland entwickelte zionistische oder antizionistische Einstellung wird mit dem verglichen, was das Auge sieht. Der Zeitpunkt der Reise ist wichtig; schließlich macht es einen großen Unterschied, ob jemand 1929, wie Sammy Gronemann, oder erst 1937, zur Zeit der nationalsozialistischen Herrschaft, das Land besucht; aber die Struktur der Wahrnehmung ist noch die alte, und so ist auch die Sprache, in die eine Wahrnehmung gefaßt wird: von Deutschland.

Ernst Freudenheim macht etwas sehr Schönes. Aus den Reiseeindrücken, die im Photoalbum von 1936 festgehalten sind, entwirft er »Ein[en] Brief an meine Frau«. Mit dieser direkten und vertrauten Dialogpartnerin vor Augen gelingt es ihm, die große, vielleicht allzu große Geschichte – im »Dazwischen« der ganz persönlichen Entscheidung einerseits, die ja anstand: Deutschland zu verlassen, und der kurzfristigen, probeweisen Teilhabe am zionistischen Experiment auf der anderen (der dortigen) Seite – für das eigene Leben verständlich zu machen. »Es gilt nicht nur, daß die Realität die Erfahrungskapazität speist und modelliert; es gilt auch, daß die äußere Realität so erlebbar ist, wie es die innere zuläßt.«[19] Diese spezifische »innere Realität« kommt selten zutage; hier finden wir einen Beleg, der nähere Betrachtung erfordert. Der Brief beginnt so: »Seitdem aus den Besuchern des Heiligen Landes Sucher eines neuen Vaterlandes geworden sind, ist Jeruscholajim von einem abstrakten Begriff zu einer Stadt in Palästina degradiert.«

Man könnte aus diesem kleinen Satz, geschrieben in einer sehr spezifischen *kulturellen Situation*, ein ganzes Buch ableiten. Freudenheim artikuliert, ganz naiv und direkt, eine Umkehrung jüdischer Erfahrung, die für das deutsche Judentum so selbstverständlich geworden ist, daß er als einer seiner Vertreter wohl nicht einmal merkt, was er da schreibt. Für ihn, und da ist er wirklich repräsentativ, war »Jerusalem« ein abstrakter Begriff. Die lange Geschichte, in

19 Utz Jeggle: Auf der Suche nach Erinnerung. In: Erinnern und Vergessen; Vorträge des 27. Deutschen Volkskundekongresses Göttingen 1989. Hrsg. von Brigitte Bönisch-Brednich, Rolf W. Brednich u. Helge Gerndt. Göttingen 1991 (Beiträge zur Volkskunde in Niedersachsen; 5) (Schriftenreihe der Volkskundlichen Kommission in Niedersachsen; 6), S. 89–101; hier S. 96

der aus der wirklichen Stadt Jerusalem ein »abstrakter Ort« erst wird, diese Geschichte wird hier ignoriert. Von David als Sitz des Königreichs ausgewählt, Herberge des Heiligsten im Tempel und durch diese Anwesenheit selbst »heilig« geworden; Ort der Niederlagen bis hin zur letzten im Jahre 70 unserer Zeit, da Titus die Gefangenen, den Leuchter aus dem Tempel voran, nach Rom deportiert; umstrittener Ort zwischen Römerherrschaft, Aelia Capitolina geheißen, und Kreuzfahrerdominanz; für Juden verboten und bald darauf wieder zugänglich gemacht; Reiseziel frommer Pilger über die Jahrhunderte – das alles ist, real, Jerusalem. Für einen wie Ernst Freudenheim ist Jerusalem per se »abstrakt«. Es war jedoch immer »eine Stadt in Palästina« (wenigstens seit die Römer dem Land diesen Namen gaben), Jerusalem war real für die wenigen Juden, die darin lebten, und es war ebenso real für die Juden Spaniens oder Osteuropas, die in der Existenz der wirklichen Stadt Hoffnung und Ausweg symbolisiert sahen. Dem deutschen Juden Ernst Freudenheim erschien die aus der zionistischen Bewegung herrührende Wiederbelebung des wirklichen Ortes suspekt. »Degradiert« zum wirklichen Ort wurde ihm Jerusalem, statt Symbol zu bleiben.

Jetzt mußte er sich die unerwünschte Wirklichkeit anschauen. »Zunächst mit mehr Stolz als Berechtigung« haben die Utopisten und Zionisten aus dieser Erde etwas gemacht, »das sie unser Land« nennen – mit mehr Distanz kann man sich dem nicht nähern. Aber immerhin: »Dass die geschlagenen Juden Europas heute nach Erez Israel gehen können, verdanken sie einem Idealismus, für den viele von ihnen auch jetzt noch kein Verständnis haben: aber sie gehen, weil sie in Europa nicht bleiben können; und sie finden ein bereitetes Land, das sie aufnimmt, weil es Zionisten gab, weil es Menschen gab, die nichts sein wollten als Juden; wenn das Klugheit ist, dann waren sie klug.« Freudenheims Frage nach der »Klugheit« der Zionisten ist natürlich im Umkehrschluß eine Frage danach, ob die »Vorkämpfer der Emanzipation, die jüdisches Wohlleben in Europa ermöglichten«, unklug waren. Er verneint das, entschieden und unsicher über die eigene Entschiedenheit zugleich. Emanzipation und Assimilation brachten Hoffnung und Leid in gleichem Ausmaß. »Von jüdischem Leid ersonnen« sei auch der Weg nach Erez Israel; aber es ist ein Weg, wo es keinen anderen gibt. Und das *ist*, sozusagen, ein Glück.

»Die heute kommen, sind Emigranten, die Immigranten sein wollen und werden müssen. Sie kommen aus Not und aus Europa.«

24 Wird man hier wohnen können?

25 Zwei Welten: Wird sich die Familie wieder zusammenfinden?

26 Und eine Arbeit bekommen?

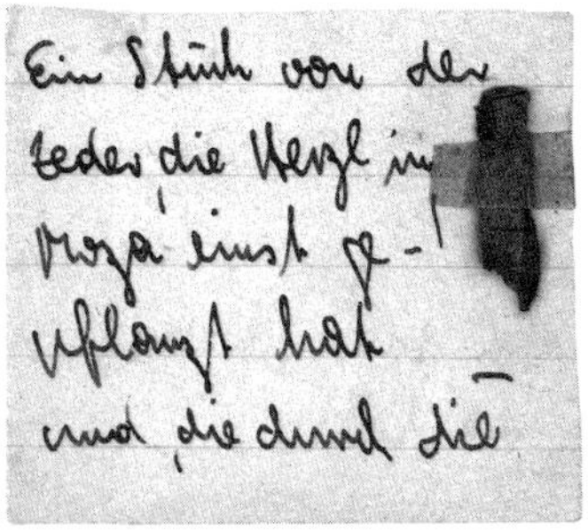

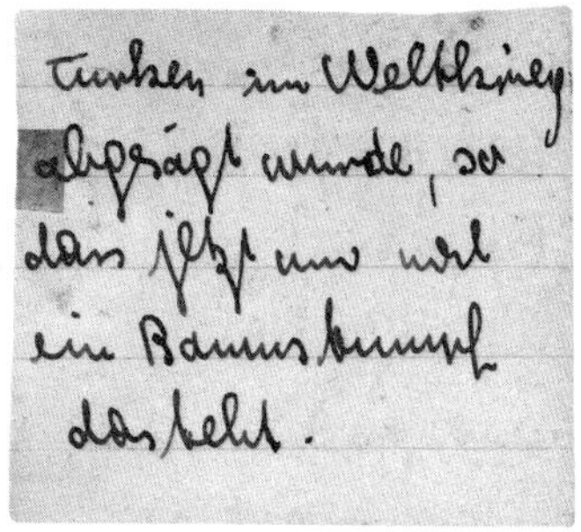

Solche Sätze werden noch aus der Distanz geschrieben (und hier zum Motto, weil sie so treffen). Freudenheim selbst reist, um zu sehen. Wie ein Tourist wird er da enttäuscht, dort zufriedengestellt. Aber auch er sieht schon den Unterschied von Auswanderung und Einwanderung, auch er teilt die »Gespanntheit« aller Reisenden. Auch bei ihm begegnen wir dem Phänomen der *Passage*, einem Gefühl, das vor der Reise bereits einsetzt (und am erreichten Ziel nicht endet): »Und was man weiss und doch nicht für möglich hält, schon vor der Abfahrt auf dem Schiff wird es lebendig. Es gibt nicht nur im Gebet- und im Lehrbuch eine besondere Sprache: Iwrith lebt! Auch auf dem nichtpalästinensischen Schiff, das Europa mit Erez Israel verbindet, sieht man es auf den Anschriften neben der Landessprache der Schiffsgesellschaft; man sieht es, man liest es vielleicht noch und man versteht es nicht; man fühlt sich beschämt, dass man seine eigene jüdische Sprache so wenig oder gar nicht kennt, um dieses erste jüdische Lebenszeichen, die ersten Iwrith-Worte, lesen, übersetzen und verstehen zu können. Am Hafen in Triest sieht man das Hineinbugsieren des Dampfers, dem man sich für die fünf Tage der Reise anvertrauen will; und hat man alle Pass-, Schiffskarten- und Zollformalitäten erledigt, besteigt man das Schiff, um zu allererst gefragt zu werden, ob man koscher oder nichtkoscher verpflegt werden will.«

27, 28 Ein Souvenir zur Erinnerung an den Begründer des Zionismus

Die Passagiere freunden sich schnell an, die Jungen »arbeiten Iwrith«, für die Frommen gibt es neben der koscheren Küche eine »Miniatur-Synagoge«. Aber die Schiffsgesellschaften »sollten vorsichtigerweise die Tonnage ihrer Schiffe erhöhen, denn Zentnerlasten liegen auf den Herzen der Passagiere, die nach Erez Israel fahren, die neue Heimat zu suchen«. Diese Last spürt auch der Tourist, der jetzt »ein Möglichkeitssucher ist«. Dieses Gefühl, eine gleiche Last zu teilen, gilt dem Reisenden als »Vorgeschmack von jüdischer Gemeinsamkeit«, wie er sie lange nicht empfunden hat. Was macht die Passage? »Mit Recht sprechen selbst alte Einwanderer von ihrer Reise ins Land als von etwas Besonderem; es ist ein Erlebnis; es ist ein Erleben von Menschenfreude; es ist ein Unbegreifliches, das die Männer weich und die Frauen anders macht; nur die Kinder empfinden es nicht, das ist der einzige Nachteil ihrer Jugend, der sie etwas versäumen läßt, was nicht nachzuholen ist. Die Männer und Frauen aber fühlen eine neue Freiheit, sie sehen sie beim ersten Auftauchen des Landes, das ihre Wirklichkeit wird, ihre eigene Wirklichkeit.«

29 Für die Rückreise heißt es noch: »Destination Krefeld«

Dann kommt man an und beweist seine Fremdheit. »Beginnt im Hafen von Jaffa die Arbeit der Einwanderungsbehörde, so ist die ganze Schiffswelt in Aufruhr. Die Fragen überstürzen sich, während die geschickten Araber ihre Boote neben dem Dampfer festmachen, um Menschen, Tiere und Gepäck an Land zu brin-

gen. Mit diesen Arabern begegnet man erstmals dem Orient; aber noch steht man auf dem Dampfer, der europäischer Boden ist; und so sind die ersten Araber mehr ein Schaustück. Nach der Abwicklung aller Geschäfte mit den Behörden und nach der Ausbootung, der wieder am Land diverse Kontrollen folgen, versucht man aus einem unentwirrbaren Knäuel von Arabern und Gepäck seine Koffer zu bergen. […] Mit Humor und Ausdauer findet man sein Gepäck und lernt nun vor dem Hafenportal den Orient kennen. Man ist in Palästina, bevor man nach Erez Israel kommt; Arabergestalten und Gerüche, Hafenschmutz – man ist noch Europäer und sehnt sich nach Waschgelegenheit. […] Vom Orient dauert es nur wenige Minuten nach Tel-Aviv.«

30 Ernst Freudenheim fährt von Triest mit der »Galiläa« und wirft noch einen Blick zurück auf Europa

Von Tel-Aviv führt der Weg die Reisenden zu privaten Siedlungen und solchen des Keren Kajemeth – auch dies eine Passage: »Der Weg in die Siedlung von den Städten beginnt hier nicht vor den Stadttoren, er ist viel weiter; er beginnt in den Menschen selbst, die ihn gehen wollen, um auf dem Land zu arbeiten.« Erstaunt stehen die »Europäer« vor diesen »neuen Bauern«, die doch vor kurzem noch Europäer waren, »aus unserem Gesellschaftskreis«, und mit denen sich eine solche Veränderung vollzogen hat. »Ganz still fragt man sich, ob man

31 Im Hafen von Jaffa werden die Einwanderer von arabischen Bootsleuten an Land gerudert: die erste Begegnung mit dem Orient

32 Die Gesellschaft auf der »Galiläa«

33 Besuch in einer landwirtschaftlichen Siedlung

34 Begegnung mit der arabischen Bevölkerung

das selbst auch könnte.« Und man verneint. Und nimmt fast beruhigt zur Kenntnis, daß auch unter denen, die sich zum Bleiben im Land entschlossen haben, die »Stadteinwohnerziffern« schneller ansteigen. Rechowoth wird besucht, das »Millionenviertel« des Landes, wo die »Prominenten des Aufbaus« wohnen. Eine Fruchtsaftfabrik wird besichtigt, bei der Gewerkschaft Histadruth führt man Gespräche über Probleme der Arbeit und Arbeitslosigkeit. Der nächste Ausflug führt nach Haifa, und von dort geht es weiter nach Jerusalem: »Zahlreiche jüdische Siedlungen liegen auf dem Weg bis Dschenin; dann fährt man über Nablus bis kurz vor Jerusalem durch rein arabisches Gebiet und stellt fest, dass den Juden das Land nicht allein gehört; was man in den Städten oft vergisst.« Dann also die von der Abstraktion zur Gegenwart erwachte Stadt Jerusalem. Sie hat »am wenigsten mit Aufbau zu tun«, sie ist auch keine jüdische Stadt – »ausser in unserer Erinnerung«. Freudenheim läßt sich von der historischen Aura der Stadt anrühren, auch wenn ihm die Universität, das Hadassah-Krankenhaus und der Bau der Jewish Agency rational mehr sagen als die Bauten der Altstadt. Er bleibt nüchtern und fast sarkastisch: »Auf den Höhen Jerusalems wollten unsere Frommen begraben werden; ich habe mich noch nicht mit der Frage befasst, wo ich begraben sein will, weil ich zunächst die Frage klären muss, wo ich leben will.«

35 Aus dem Busfenster: Die Allenbybrücke

Über Jericho fahren die Reisenden zur Allenby-Brücke, die Palästina mit Transjordanien verbindet. Am Toten Meer werden Kallia und die Potash-Company besucht. Dann geht es zurück nach Tel-Aviv, nach Jaffa, zum Schiff und weiter Richtung Baalbek und Damaskus. Freudenheim schließt den Bericht von seiner Reise (von der er übrigens sagt, er habe seine theoretischen Kenntnisse durch Erkenntnisse erweitern können und sie habe ihn »versöhnt mit allem, was wir jüdische Not nennen«) mit dem alt-neuen Wunsch »leschanah haba'ah be'Erez Israel«. Ende März 1936 kehrt er nach Stuttgart zurück, die Pläne zum Aufbau einer Fabrik für synthetischen Gummi zerschlagen sich wegen der politischen Unruhen, und die Familie wandert im Jahr darauf in die Vereinigten Staaten aus.

Noch erster Klasse: Von der Probe zur Wirklichkeit

Das ist die Zeit der Passagen, die zwischen Europa und Palästina hin und her führen. Der Arzt und Psychologe Artur Stern berichtet: »Als der Naziterror in seiner ganzen Brutalität einsetzte und uns zunehmend mit Auswanderungsgedanken beschäftigte, unternahmen wir im Jahre 1934 eine große Mittelmeer- und Palästinareise, die meine verstorbene Frau damals in Tagebuchaufzeichnungen festgehalten hat [...]. Diese Tagebuchblätter lesen sich heute nur noch wie eine wehmütige Erinnerung.« Abgeschreckt vom heißen Wüstenwind Chamsin im November, kam das Ehepaar nach Berlin zurück – »daß wir damals

36 Das Titelbild der Werbebroschüre der Palestine Shipping Company

(törichterweise) glaubten, die Auswanderung nach Palästina zurückstellen zu müssen«, wirft Stern sich noch Jahre später vor. Im Rückblick erscheint die Unschuld der Ankunft verstört durch das spätere Wissen: »Am 27. Oktober 1934 landeten wir in Haifa. Zum ersten Mal der Carmel, Unterkunft im damals etwas verwahrlosten Teltsch-House. Wiedersehen mit vielen alten, rechtzeitig ausgewanderten Freunden.«

Eine Beobachtung, die Stern macht, trifft wohl auf viele zu. Auf der »Probereise« sah man manches anders als später, wenn man selbst eingewandert war und die Sehenswürdigkeiten nunmehr als »zum alten Jischuw geworden« erlebte. Akko, Safed, Tiberias oder selbst die Kibbuzim Degania und Ejn Charod als Tourist zu sehen, ist etwas anderes als dort Wohnung und Arbeit zu suchen. Zudem war in den Jahren vor 1936 die arabische Welt im Land frei zugänglich: Nablus, die Altstadt von Jerusalem mit der Al-Aksa-Moschee und dem Felsendom, Bethlehem. Tel-Aviv wird nur knapp erwähnt (»Hotel Arnon – Kellner und Direktor Akademiker!«), diesen Reisenden erscheinen die Zitruspflanzungen, die Weinkellereien, die medizinischen Fortschritte interessanter.

Aber Else und Artur Stern gingen zurück nach Berlin. Während ihre Tochter Hanna, »zionistisch interessiert und vorgebildet«, bald voraus nach Palästina zog, erlebten die Eltern in Deutschland Diskriminierung, Denunziation und Haß. Stern zieht sich zurück in eine Privatheit, benötigt aber für den Entschluß, Deutschland zu verlassen, noch weitere vier Jahre. Er schreibt: »Ich übergehe die enormen Schwierigkeiten der Auswanderung [...]. Für Palästina zusätzlich die von der Mandatsmacht festgesetzte Einwanderungsquote – und die 1000 Pfund, die sehr häufig überhaupt nicht mehr darzustellen waren. Bestechung und Korruption blühten bereits unter dem sauberen Beamtentum der Herrenrasse. Die Mitnahme des Familienschmucks, die ungeheuer detaillierten Formalitäten ausgesetzt war, verdanke ich meinen Weinvorräten. Kurzum, eine ungeheuer aufregende Zeit mit ungezählten Wegen zu Ämtern, zu Steuerbehörden. Als ich im Dezember 1938 nach stundenlangem Anstehen am Britischen Konsulat für mich und meine Familie (es war ein kompliziertes Diskontierungszertifikat mit dankenswerter Unterstützung meines Tel-Aviver Vetters) in den Händen hielt, hatte ich Tränen in den Augen. Mein Schwiegervater (83) blieb leider zurück, alle späteren Bemühungen, ihm von hier aus ein Zertifikat zu verschaffen, scheiterten. Er endete 1942 (86jährig) in Theresienstadt.« Immer wieder greift die nachfolgende Geschichte, wie sie sich in Deutschland, aber auch in Palästina und Israel zugetragen hat, in die Erzählung ein. »Nun kam die Auflösung der Wohnung, Verschleuderung

37 Eine zynische Illustration im »Angriff« begleitet die Reportagen von LIM aus dem jüdischen Palästina

Ein Nazi fährt nach Palästina

„Warum fährt er dahin? Hat er nötig? Er hat uns doch hier!"

von Mobiliar, Ärzte-Instrumenten und Büchern, Verhandlungen mit dem Finanzamt, mit den Banken – die Sperrmark war inzwischen auf 6 % gesunken, während unsere klügeren Freunde um 1933 noch fast mit vollem Markwert auswandern konnten. Ich habe es nie verwunden, daß ich mit nur einem Lift und in Unkenntnis meiner ärztlichen Zukunft etwa die Hälfte bis zwei Drittel meiner ärztlichen Bibliothek in Deutschland zurückgelassen, verschleudert oder eingestampft habe. Immerhin das Leben meiner engeren Familie war gerettet, während die Hälfte meiner Geschwister und zahlreiche entfernte Verwandte und Freunde zurückblieben und später dem Morden der Nazis zum Opfer fielen.« Ende Januar 1939 nahmen Arthur und Else Stern am Anhalter Bahnhof den Schlafwagen, »mit deutschem Paß und aufgedrucktem ›J‹ und den diffamierenden Vornamen ›Israel‹ und ›Sara‹, die erst später ausgemerzt wurden, nach Triest und bestiegen dort das Schiff ›Jerusalem‹ – noch erster Klasse – und landeten am 5. 2. 1939 in Haifa«. Hier, so führen die Erinnerungen weiter aus, »beginnt ein gänzlich neuer Lebensabschnitt«, dessen Darstellung – auch wenn sie hier vorgreift – für das Verständnis einer Lebenserzählung nötig ist: Für seinen »Altersjahrgang«, so schreibt er, wurde die neue Sprache »doch nur ein künstlich erlerntes Behelfsmittel«. Das nützte er allerdings, reicherte es an mit deutschen und englischen Elementen und konnte nach drei Jahren zum »Vollarzt« avancieren. Dabei machte er eine Erfahrung, die viele andere teilten und für deren Bewertung er Schiller herbeiruft: »Was tun, sprach Zeus, die Welt ist weggegeben.« Weggegeben waren in diesem Fall die guten Stellen an den Krankenhäusern. So leistete Stern seinen Beitrag zum Aufbau einer Neurologie, Nervenheilkunde und Psychotherapie im Land, bei der Versorgung der Geisteskrankenanstalten in Givat Shaul. Ein großes Problem bestand darin, daß Kranke, die eigentlich hätten entlassen werden können, nicht von ihren Familien aufgenommen werden konnten. Alle mußten arbeiten. Stern besprach dieses Problem mit Henrietta Szold, der Leiterin der Jugend-Alijah, und Sidonie Wronsky.[20] Frau Wronsky brachte ihre Erfahrung sozialer Arbeit im Berlin der zwanziger Jahre mit nach Palästina und unternahm den Versuch, die anfangs weit verstreuten, von vielen verschiedenen Organisationen eingerichteten Wohlfahrtstellen zu bündeln und sinnvoll zu strukturieren – ein vergessener Teil des vieldiskutierten »Beitrags« der deutschen Alijah zum Aufbau des Staates Israel.

»Noch erster Klasse« war man also gereist, wie ein Touristenpaar, und auch nach der Ankunft war besonders in Tel-Aviv die Diskrepanz von drohendem Elend und der schier glitzernden Dynamik eines neuen Lebens auffällig und einschüchternd. In diesen Jahren übernimmt die 1909 gegründete Stadt, die in ihren Kinderjahren nie mehr sein wollte als eine ruhige Wohnsiedlung außerhalb des alten Jaffa, die Funktion einer offenen Empfangshalle, eines Möglichkeitswunders – nicht nur für die Ankömmlinge aus Europa, sondern auch für diejenigen, die sich anderswo im Land schon umgetan oder sogar niedergelassen hatten. Der Schriftsteller Manfred Sturmann schildert in seinem »Palästinensischen Tagebuch«, das 1937 im Jüdischen Buchverlag zu Berlin erschien, den Eindruck einer Eisenbahn- und Busreise von Jerusalem hinunter in die Ebene, wo die wachsende Stadt wartete: »Ich atme

20 Mit »Sidy« Wronsky war wirklich ein Stück Berlin nach Palästina gekommen – Informationen über ihre Arbeit am Archiv für Wohlfahrtspflege in der Berliner Flottwellstraße 4 (beim Gleisdreieck) erhalten wir in den Erinnerungen von Manès Sperber, der als psychologischer Experte für sie arbeitete: Die vergebliche Warnung. All das Vergangene … Wien 1975; München 1979.

38 Die Palästina-Werbung bedient die Erwartungen an den »Orient«

erleichtert auf, als wir die Eisenbahn mit dem Autobus vertauschen und den Rest des Weges in der Frische des Morgenwindes zurücklegen. Wir kommen durch rein jüdisches Gebiet. Die Dörfer sind anders als im Norden, sie haben einen mehr vorstädtischen Charakter und bilden, unterbrochen von der Üppigkeit der ausgedehnten *Pardessim*, den Übergang vom Land zur Stadt Tel-Aviv. Es geht alles so rasch. Plötzlich sehen wir neue Häuser mit flachen Dächern, Fabriken, Lagerschuppen. Die Straße füllt sich mit Autos und Lastwagen, ist von Häusern begrenzt und im Nu Tel-Aviv geworden. Wie eine Zauberei ging das alles. Man ist versucht, sich die Augen zu reiben: der Bus hat gehalten, ich bin ausgestiegen, man reicht mir meinen Koffer. Männer, die mir Prospekte vor die Augen halten und sie mir dann in die Tasche stecken, umringen mich: es sind die Propagandisten der Hotels und Pensionen. Sie reden, alle gleichzeitig, auf mich ein, sie reißen sich um mein Gepäck. Ich bin wie benommen und stehe ratlos da. Um die Sache los zu werden, gebe ich irgendeinem meinen Koffer, gehe ihm nach und halte, etwas ängstlich und nicht gerade gut gelaunt, meinen Einzug in Tel-Aviv.«[21]

21 Manfred Sturmann: Palästinensisches Tagebuch. Berlin 1937, S. 44 f.

Sturmann beteuert – sich selbst wohl ebenso wie seinen Lesern –, daß hier wirklich Theodor Herzls »Altneuland« seine Verwirklichung gefunden habe: »Man muß sich selbst immer wieder versichern, daß man in Wirklichkeit da ist.« Tel-Aviv macht auf alle diesen Eindruck: von »dort« zu sein und doch schon – wie sie, die Besucher und Einwanderer, eben noch nicht! – ganz »hier«. Hier ist man »mit der jüdischen Masse in aller Grausamkeit konfrontiert«, hier sieht man die Gegensätze von Reichen »in wohligem Nichtstun« und Armen, die vor den Hotels Zigaretten verkaufen: ein Großstadtbild aus Europa. Hier ist »der Schnittpunkt aller Lebenslinien, jener, die ins Licht führen, und jener, die irgendwo unten im Elend verlaufen«. Kein Blick ist so geschärft wie der des in seiner deutschen und europäischen Sicherheit erschütterten Besuchers, der sich ja überlegen muß, ob er diesen seltsamen Ort zu seiner Heimat wählen soll. Die Stadt »erdröhnt von einem harten rücksichtslosen Lebenskampf, vom Aufschrei der Verzweifelten und vom Triumph der Erfolgreichen«. In diesen Lebenskampf aber muß sich einer wie Sturmann, Berliner Vergangenheiten zugleich hinter

39 Im Hafen von Jaffa werden Hotelprospekte verteilt

sich lassend und ihrer doch in jedem Moment gewahr, einschalten. Und muß sich selbst überzeugen: »Jene, die über diese Stadt in kenntnisloser Leichtfertigkeit die Achseln zucken, weil sie nur die Bars, die Geschäftshäuser der großen Banken, nur die eleganten Frauen sehen, sollten sich erinnern, daß Tel-Aviv während der Unruhen ein Bollwerk gegen die Feinde des Jischuws gewesen ist und für die Zukunft bleiben wird. Ein paar entschlossene Männer, unter ihnen der verewigte Dizengoff, haben sie buchstäblich aus dem Sand gezaubert und bedeutungsvoll gemacht. Tel-Aviv lebt von seinem jüdischen Hinterland, es ist der Großabnehmer für ländliche Erzeugnisse, die jüdische Hände produzieren, sein Leben wird bestimmt von werktätigen jüdischen Menschen, es ist Sammelpunkt des palästinensischen Lebens in all seiner vorwärtsdrängenden Entschlossenheit und gewiß auch in all seiner Härte.«[22] Und hier soll auch er, so steht es zwischen den Zeilen, seinen Platz finden.

22 Ebd., S. 47.

Frühe Einwanderung: der Abschied vom Bisher

Arthur Ruppin wurde am 1. März 1876 in Rawitsch, unweit von Posen, geboren. Nach dem Zusammenbruch des väterlichen Geschäfts zog die Familie nach Magdeburg. Seine Schilderung der »Jahre der Not« wirft ein anderes Licht auf jüdische Existenz in Deutschland als die üblichen Berichte von Aufstieg und Assimilation: »Im Frühjahr 1889 war Vater nach Berlin gefahren, um von den Verwandten Geld zu bekommen, denn wir hatten wieder einmal absolut gar nichts. Und dabei stand das Pessachfest vor der Tür, wo wir nur Mazze essen durften, und wir hatten nicht ein Lot Mazze im Hause. Wir hatten Vater schon vorgestern oder gestern zurückerwartet – vergebens. Nun war heute die letzte Stunde: wir durften schon seit dem Morgen kein Brot mehr essen und Mazze war noch nicht da. Am unglücklichsten war Mutter mit ihrer starken Religiosität und Ehrfurcht vor dem jüdischen Ritual.«[23] An diesem Tag kam der Vater doch noch nach Hause, brachte »eine große Rolle mit Mazze« und sogar etwas Geld – aber wir können uns vielleicht vorstellen, wie ein Heranwachsender versuchen wird, diesem Druck, dieser Not zu entkommen. Nach einigen Jahren der Lehrlingszeit und kaufmännischer Arbeit konnte Ruppin das Abitur ablegen. Während des Studiums in Berlin und Halle entwickelte er ein großes Interesse für Sozialpolitik und sah sich zugleich »auf der Suche nach einer Weltanschauung«. Der Zionismus konnte noch keine überzeugende Antwort geben: »Ich wollte Tatsachen über die Aussichten einer Ansiedlung in Palästina haben und bekam statt dessen nur Phrasen.« Erst ein Vortrag von (wem anders als) Sammy Gronemann aus dem Jahr 1903 erschien ihm »wesentlich besser«. Das Interesse für die sozialen Verhältnisse der Juden stieg durch Reisen nach Galizien, Holland und England beträchtlich; als Ergebnis dieser direkten Betrachtungen erschien 1904 Ruppins Buch »Die Juden der Gegenwart«. Im März 1905 trat Ruppin der zionistischen Bewegung bei, genau ein Jahr später, am 30. Geburtstag, trägt er folgendes in sein Tagebuch ein: »Ob es ein Omen für meine zukünftige Tätigkeit ist, daß ich zu meinem heutigen Geburtstage auf meinen Wunsch von Martin den Baedeker über Syrien und Palästina bekommen habe und dadurch zum ersten Male zuverlässige Auskunft über Land und Leute in Palästina erhalten werde?« Zu dieser Zeit arbeitete der »Tatsachenforscher« Ruppin bereits im »Büro für Statistik der Juden« und edierte die »Zeitschrift für Demographie und Statistik der Juden«. 1907 begab er sich auf eine Studienreise nach Palästina und nahm bald darauf das Angebot des Zionistischen Aktionskomitees, als Vertreter der Zionistischen Organisation ganz dorthin überzusiedeln, »ohne Besinnen« an. Auf seiner Informationsreise sah er Haifa, Jaffa, sah die Siedlung Sichron-Jaakow und die jüdischen Institutionen in Jerusalem. Seine Reiseberichte für das zionistische Organ »Die Welt« gehören zu den anschaulichsten Schilderungen der Situation der kleinen, verarmten jüdischen Gemeinschaft im Lande Israel – einer Situation, deren konkreter Verbesserung Arthur Ruppin sich von nun an widmen sollte. Man gab ihm zunächst einen Zwei-Jahres-Vertrag als Vertreter der neugegründeten »Palestine Land Development Company« und richtete ein Büro, das »Palästina-Amt der Zionistischen

23 Arthur Ruppin: Briefe, Tagebücher, Erinnerungen. Hrsg. v. Shlomo Krolik mit einem Nachwort von Alex Bein. Eine Veröffentlichung des Leo Baeck Instituts. Königstein/Ts. 1985, S. 59.

40 Ein provisorisches Leben: Zelte wie zu biblischen Zeiten
Foto Tim Gidal 1935

Organisation« in Jaffa, ein. Im März 1908, zwei Wochen nach der Hochzeit mit Selma Lewek, machte sich Ruppin auf den Weg.

So kann man nach Israel kommen, das es noch gar nicht gibt. Ein Mensch stellt sich in die Geschichte. Ruppins Leben hätte ohne weiteres den anderen Weg nehmen können – von Osten nach Westen, aus der Not in den Wohlstand. Wieso gerade er zur zionistischen Lösung fand und sie auch in die Tat umsetzte, muß offen bleiben. Seine Geschichte mag beispielhaft dafür stehen, daß es in dieser Geschichte keine Determinanten gibt, aber auch dafür, daß es die zionistische, die künftig-israelische Option natürlich längst vor den Nazis gegeben hat, auch in Deutschland, eben nicht nur aus äußerer Not, auch aus innerem Drang. Der jedenfalls hat sich entschieden und einiges daraus gemacht. Ruppin, der zeitlebens Hebräisch nur ungenügend (dafür mit stark ausgeprägtem Magdeburger Akzent) sprach, entwickelte sich zu einer zentralen Figur des Aufbaus einer modernen jüdischen Gesellschaft auf dem Weg zu einem Staat. Im Bereich der landwirtschaftlichen Kolonisation geschah kaum etwas ohne seine praktische, zielgerichtete Handlungsweise; auch Gruppen, die auf eigene Faust und Verantwortung kamen und sich bestehenden Siedlungen anschlossen, wie etwa dem Kibbuz

41 Die Buchhandlung Mayer in Jerusalem Anzeige im »Mitteilungsblatt« der deutschen Einwanderer, 1936

Givat Brenner, waren auf seine Unterstützung angewiesen. Nicht zuletzt wird sein Name, sein Engagement für immer mit der finanziellen Unterstützung einer kleinen Gruppe von Siedlern verbunden bleiben, deren Hausbau-Gemeinschaft »Achusat Bajith« etwas ungeplant zur Keimzelle der großen Stadt Tel-Aviv werden sollte.[24] Für die Entwicklung der zionistischen Bewegung in Deutschland war die Tätigkeit Ruppins in Palästina von größter Bedeutung. Auch wenn ihm bis zum Machtantritt der Nationalsozialisten in Deutschland wenige folgten, konnte die Exekutive doch immer auf »unseren Mann in Palästina« verweisen.

Es gab einzelne Pioniere, die ihren Weg in die landwirtschaftlichen Siedlungen suchten; Gelehrte, die zum Aufbau der Hebräischen Universität in Jerusalem beitrugen, aber auch Angehörige freier Berufe, die versuchten, ihre in Europa erworbenen Kenntnisse in dieser offenen Situation umzusetzen – viele von ihnen waren, bis 1933, in einer anderen Art von Passage begriffen, die sie zwischen Europa und dem Nahen Osten hin und her trieb: als Propagandisten für den jüdischen Aufbau, als Händler, als Politiker. 1908, so erinnert sich etwa Ludwig Mayer aus Berlin, »angeregt durch eine Palästinareise meines leider allzu früh verstorbenen Freundes Felix Theilhaber, reifte in mir der Entschluß, mit meinem Zionismus Ernst zu machen und als Buchhändler mein Glück in Eretz Jisrael zu suchen.«[25] Zusammen mit dem Rabbiner Dr. Wiesel begründete Mayer am 3. Dezember 1908 die »Internationale Buch- und Kunsthandlung GmbH«. Die Buchhandlung belieferte das Herzliah-Gymnasium in Tel-Aviv, später auch das Technion in Haifa und verschiedene Schulen. Während des Ersten Weltkrieges kehrte Mayer, so wie viele Bewohner des Landes in ihre Herkunftsländer gingen, zurück nach Berlin und kam erst nach der nationalsozialistischen Machtübernahme mit seiner Familie wieder nach Jerusalem. Erst mit dem Datum »1933« wurden solche Reisen existentiell bedeutsam; in den Jahren davor war alles noch offener.

Der Hilfsverein der deutschen Juden setzte sich 1914 für Deutsch als Unterrichtssprache am Technion in Haifa ein. Gegen diese Ablehnung des Hebräischen wandte sich die Elite der deutschen Juden in Palästina: Dr. Elias Auerbach, Arzt in Haifa; J. J. Treidel, Ingenieur; Dr. O. Treidel, Chemiker an der landwirtschaftlichen Versuchsstation; David Tachauer, Oberlehrer an der Hebräischen Mädchenschule in Haifa; Alfred Treidel, Landwirt in Kinereth bei Tiberias; Kurt Hermann, Fabrikant, Haifa; Loius Brisch, Kaufmann, Haifa; Louis Lewin, Jaffa; Joseph Loewy, Dipl. Ing., Jaffa; Hugo Kaminski, Landwirt, Merchawia; Walter Salomon, Landwirt, Merchawia; Ernst Hermann, Fabrikbesitzer, Magdala bei Tiberias; Dr. A. Ruppin, Rechtsanw., Jaffa; E. Goitein, Rechtsanwalt, Jaffa; Jul. Dreiblatt, Jaffa; Fr. Oppenheimer, Jaffa; Anna Lewin, Jaffa; Gabor Strauß, Landwirt, Kol. Rechowoth; Dr. L. Weinberg, Rechtsanw., Jaffa; Dipl. Ing. Rich. Midial (Michael?), Jaffa; Dr. W. Brünn, Leiter der hyg. Abt. am int. Ges. Amt, Jerusalem; L. Mayer, Inhaber der int. Buch- und Kunsthandlung Jerusalem-Jaffa; Frau Hedwig Mayer-Lübke; Vera Pinczower, Leiterin der

24 Arthur Ruppin gilt als Gründer der ersten Kwuzoth, Deganja und Merchawja. Als seine wichtigste Gründung (von vielen) gilt die der Palestine Land Development Company, aber auch die Arbeiterbank zählt dazu. Von 1920 bis 1925 und wieder ab 1929 war er Mitglied der zionistischen Palästina-Exekutive. Auf dem XIV. Zionistenkongreß von 1925 entwickelte Ruppin den Gedanken einer völligen Gleichberechtigung der beiden Völker in einem binationalen Staat. Auf Grund dieses Programms wurde im gleichen Jahr die Vereinigung B'rit Shalom in Jerusalem gegründet (nach dem Jüdischen Lexikon, Berlin 1930). Ruppin starb 1943.

25 Ein »Gast« hat das Wort. Ludwig Mayer erzählt von seiner Alijah im Jahre 1908. In: Unsere Stimme. Interne Vierteljahresschrift des K. J. V., Heft 15, April 1961, S. 17 f.

hebräischen Mädchenschule Jerusalem; Marg. Lipstadt, Lehrerin an der hebräischen Mädchenschule, Jerusalem; Rich. Goldberg, Lehrer, künstl. u. techn. Direktor d. Bezalel; E. Goldberg, Kunstmaler, Hauszeichner d. Werkstätten Bezalel.

Der Erste Weltkrieg unterbrach diese Entwicklung, viele jüdische Bewohner des Landes kehrten in ihre Heimatländer zurück. Mit dem Jahr 1919 wird die »Dritte Alijah« angesetzt, deren Mitglieder wiederum vor allem aus Südrußland, besonders aus Odessa, kamen. Aber bald kamen auch wieder Gelehrte aus Deutschland, um am Aufbau der hebräischen Universität teilzunehmen. In diesen Jahren der frühen Weimarer Republik wurden in der Berliner Familie Scholem solche Briefe geschrieben: »Lieber Gerhard, ich höre gerade von Mutter, daß Du als Dozent an die Universität Jerusalem berufen bist. Ich gratuliere Dir zu diesem bedeutsamen Erfolg. Ich bin augenblicklich in abgesägtem Zustand. Der Tod der K.P.D. steht bevor und vorher wollen sie alle rausschmeißen, die nicht mit zu Noske gehen.« Diese knappen Zeilen fügt Werner Scholem, seit Februar 1921 für die KPD im Reichstag, dem Brief der Mutter Betty Scholem vom 4. Oktober 1925 an den Sohn und Bruder in Palästina bei.[26] Berlin dominiert noch die Gedanken der Familie, die Lebensrealität der Angehörigen im fernen Jerusalem dringt nur bei politischen Unruhen wie im August 1929 nachhaltig in das Bewußtsein der Berliner.

Der Bereich der Bildung, von der Hebräischen Universität in Jerusalem über das Technion in Haifa bis hin zur von Toni Halle geleiteten Oberschule in Tel-Aviv, stellte wohl das größte Tätigkeitsfeld der deutschen Alijah vor 1933 dar. Von denen, die im Lande schon wohnten, berichtet sehr anschaulich André Meyer in »Olenu«, der »Stimme« des Kartells Jüdischer Verbindungen; »als Tourist in Erez Jisrael (1924)« traf er Max Cohn und seine Schwester, die Architektin Lotte Cohn, traf Theodor Zlocisti und »Leni Meyer, die die Chaluzim um sich versammelte«, traf in Tel-Aviv den Schularzt Dr. Wolff, traf Ludwig Strauss und Werner Senator, traf Hermann Struck in Haifa, dem er Grüße aus Berlin von Arnold Zweig mitbrachte; »bei Auerbachs, die grosse Gastfreundschaft übten, traf ich auch den Technikumserbauer Bärwald«.[27] Vor allem begegnete er Mitgliedern des KJV, die bereits in landwirtschaftlichen Siedlungen wie Zichron Jaakow lebten oder »das völlig deutsch-jüdische Markenhof und Merchawjah«, nach einem Konzept von Franz Oppenheimer, errichtet hatten. In Safed logierte Meyer bei »einer Berlinerin, Käthe Danielewicz, jetzt Käthe Dan« – sie sollte später ein Hotel in Tel-Aviv gründen. Eine kleine Gesellschaft ist das, noch, man kennt sich und empfiehlt den Reisenden von einem Ort zum nächsten.

Wir haben nur wenige private Zeugnisse aus diesen Jahren. Ein maschinengeschriebener Bericht von Lotte Cohn[28] trägt als Titel den gleichen Dreiklang wie unsere Studie: »Abschied, Reise und Ankunft«. Der folgende Auszug liefert die Grundmelodie aller folgenden Berichte: »Ich habe Abschied genommen von allem, was mein Leben bisher ausgemacht hat. Leichter Abschied und auch wieder schwerer Abschied. Leicht insofern, als die Bindung an das Land, in dem ich geboren bin, nie sehr stark war, nie war ich so recht ›zuhause‹ dort gewesen. Zu stark war der Antisemitismus, zu stark vor allem das eigne Gefühl des nicht-so-

26 Betty Scholem, Gershom Scholem. Mutter und Sohn im Briefwechsel, 1917–1946. Hrsg. v. Itta Shedletzky in Verb. m. Thomas Sparr. München 1989. Brief 81 v. 12. 10. 1925, S. 134.

27 André Meyer: Als Tourist in Erez Jisrael (1924). In: Unsere Stimme. Interne Vierteljahresschrift des K.J.V., Heft 15, April 1961, S. 11–16.

28 Dank an Naomi Kadmon, Kfar Bialik, für die Überlassung des Manuskripts.

recht-Hingehoerens. Schwer, oh ja sehr schwer war der Abschied von der Civilisations-Sphaere, in der ich ja doch gross geworden war, um so schwerer als ich keineswegs sicher war, ob und wann ich die Meinen wiedersehen wuerde. Es war noch nicht die Epoche des Flugverkehrs, Berlin und Jerusalem waren eben eine Acht-Tage-Reise voneinander entfernt. Damals hatte solch ein Aufbruch noch Widerhall in der Umwelt.« Und längst nicht alle waren begeistert – die Mutter nicht, die »es« seit Jahren hatte kommen sehen, als die Tochter immer begeisterter die Nachrichten aus Erez Israel aufnahm; die beste Freundin nicht, die um ein Wiedersehen bangte; der Arbeitgeber, der die junge Frau vor künftigen Konflikten mit der arabischen Bevölkerung im Land warnte; »so fuhr ich mit gemischten Gefühlen ab, fuhr durch lange Stunden, Tage und Naechte [...] und je groesser der Abstand wurde vom Bisher, umso staerker begann die Anziehungskraft des Neuen, das mir bevorstand, zu wirken.« In Alexandria erlebte Lotte Cohn den ersten Vorgeschmack der Levante und findet eine überraschende Formel, die unmittelbar in unsere Gegenwart herüberreicht: »Die Grenzen des Mittel-Europa, das man kennt, sind nicht die Grenzen der Welt.« Zu Fuß ist sie am Ende nach Palästina gekommen, auf einer Ponton-Brücke über den Suez-Kanal nach Kantara, von dort in den Zug und durch eine heiße Nacht nach Tel-Aviv: »Wir muessen einen gewaltigen Sprung tun, denn einen Bahnsteig gibt es noch nicht, und die Wagen liegen hoch. Wir springen hinunter in den Dünensand, der ganz Tel-Aviv ist. Es ist ein symbolischer Sprung: Da sind wir.« Wir? Die dritte Alijah, »die in den Zwanziger Jahren kommt«. Was für ein Selbstbewußtsein! Nachkriegsjugend, die eine Welt in Trümmer hat gehen sehen und inmitten der Trümmer, von weither, eine Nachricht erhalten hat von einem »Anrecht«. Ein Anrecht auf Erez Israel, schreibt sie, ein Wunschbild, weiß sie zugleich – und nimmt doch ihren Anteil daran: »Gingen wir daran, unsere Welt zu formen.« Diese Welt ist – vor allem anderen – jung. Eine »Elterngeneration« gab es nicht, niemand redete ihnen hinein, sie waren in ihrer eigenen Verantwortung. Lotte Cohns Auftrag hieß: »Binjan Ha'aretz«, der Bau, die Besiedlung

42 Salon in einer »Jeckes-Wohnung« in Jerusalem

43 Das Café Pilz im Tel-Aviv der dreißiger Jahre
Architekt Heinz Fenchel

des Landes. Auch ihr »Leiter« (einige Erwachsene gab es doch) war Arthur Ruppin, der Planer und Chefarchitekt war Richard Kauffmann, »mit Haut und Haar verschrieben an die Arbeit und an die Arbeiterschaft«. Ein neues Wort: Städtebau in Erez Israel. Lotte Cohn entwirft ein Kaleidoskop, läßt darin Jerusalem aufscheinen – »dort wohnte die Gemeinde derer, die gekommen waren, um auf heiligem Boden zu sterben; im Gegensatz zu uns, die wir gekommen waren, zu leben«; aber dort ist auch die Magie der alten Stadt, die sich der Beschreibung entzieht und einen Maler erforderte – und gleich danach Tel-Aviv, die »kleine Stadt am Mittelmeer«, an der das Herz hängt: »Seht mir nicht so veraechtlich auf mein haessliches Tel-Aviv herab, ihr klugen Ingenieure von heute!« Sie steht, die neue Stadt, und duftet nach Orangen. Das dritte Element im Kaleidoskop ist Haifa, die »Prinzessin« unter den Städten. Frau Cohn wählte unter allen Möglichkeiten Jerusalem, arbeitete als Architektin und sah von dort aus den Jugendtraum »mit Schmerzen scheiden«. Der Alltag beginnt: »Mitunter kommt die grosse Welt von draussen zu Besuch, in Gestalt von besorgten Eltern oder den Zionisten vom Ausland, die mal sehen wollen, was mit ihrem Geld da nun eigentlich aufgebaut wird. Es ist wie ein Besuch im Zoo. [...] Beide Seiten glauben, daß sie vor dem Gitter stehen, das ist das Komische.«[29]

Insgesamt muß die Geschichte der etwa zweitausend aus Deutschland stammenden Einwanderer, die vor 1933 ins Land kamen, erst noch geschrieben werden.[30] Sie würde den

29 Lotte Cohn: Die zwanziger Jahre in Erez Israel. Ein Bilderbuch ohne Bilder. Manuskript von der Verfasserin.

30 Zur Geschichte dieser frühen Einwanderung vgl. Gershom Scholem: Von Berlin nach Jerusalem. Erweiterte Fassung Frankfurt am Main

nötigen Hintergrund – zwischen der Lebenswelt deutscher Juden in der Weimarer Republik und dem mühsamen Aufbau lebensfähiger Strukturen im britischen Mandatsgebiet Palästina – für die hier zu berichtende Geschichte darstellen. Immerhin war offenbar denen, die schon in Palästina lebten, die bedrohliche Situation der deutschen Juden – der Juden in Deutschland – klarer sichtbar als denen, die noch darauf hofften, der Aufstieg der nationalsozialistischen Bewegung würde sich vom demokratischen Weimarer Deutschland aufhalten lassen. Denn schon im September 1932 wurde in Tel-Aviv eine Vereinigung von Einwanderern aus Deutschland gebildet. Ihr erstes Mitteilungsblatt, auf dünnem Papier hektographiert, warnt bereits ein halbes Jahr vor der »Machtergreifung« vor einer für die Juden in Deutschland ungewissen Zukunft, fordert, von weit her, zur Einwanderung auf.

1933: »Haben Sie schon einmal ausgewandert?«

Das passiert in Palästina. Was passiert in Deutschland? Die Geschichte bewegt sich in einem ungeheuren Tempo und bleibt zugleich stehen. Am 25. Januar 1933 ist Manès Sperber, Schriftsteller und Individualpsychologe, Zeuge einer hilflosen Demonstration der KPD, auf deren ureigenstem Gelände, am Berliner Bülowplatz, wo die Nationalsozialisten drei Tage vorher ungehindert hatten aufmarschieren können: »Wir waren Tausende an diesem dunkelgrauen Nachmittag, die langsam durch die Straßen zogen; wir hätten Zehntausende, Hunderttausende sein müssen, aber diesmal, nach der Kapitulation vom Sonntag, blieben viele zu Hause, da sie an Sinn und Nutzen einer solchen Kundgebung nicht glauben konnten.«[31] Wieder ein paar Tage später, am 30. Januar 1933, wird Adolf Hitler zum Reichskanzler ernannt, ziehen SA-Kolonnen durch das Brandenburger Tor und durch die ganze Stadt. Manès Sperber gab seine Wohnung auf und quartierte sich bei einem Bekannten ein. »So wohnte ich denn in der Künstlerkolonie, wie man einige Straßenzüge um den Rüdesheimer Platz nannte«, heißt es in seinem Bericht. Dort wurde er am 15. März »in nicht zu früher Morgenstunde von Polizisten eines neugebildeten ›Kommandos zur besonderen Verfügung‹ und von SA-Leuten geweckt.« Es gibt Fotos von dieser Verhaftung, neben Sperber sitzt auf dem Polizeiwagen der Journalist Walter Zadek. Der erinnert sich: »Unten werde ich auf einen Polizeiwagen hinaufgestoßen. Das ist ja eine Literatenversammlung. Vor mir sitzt der Schriftsteller Manès Sperber, hinter mir der im Osten geehrte Autor Theodor Balk, alias Dr. Fodor, alias Dr. Dragutin. Einer der Uniformierten höhnt: ›Hast woll Neesebluten jehabt, wa? Wisch dir mal det Jesicht ab!‹ Das Bild des Wagens mit den feixenden Bestien erscheint am 16. März 1933 neben einem verlogenen Bericht in den Naziblättern.« Zadek wird vom Polizeipräsidium am Alexanderplatz in das Zuchthaus Spandau überführt, nach einem Monat entlassen. Die Arbeitsräume sind verwüstet – »am selben Abend verschwinde ich mit meiner Frau in einem D-Zug nach Westen.« Über Köln und Aachen erreicht der

31 Manès Sperber: Die vergebliche Warnung. All das Vergangene … München 1979, S. 211.

Flüchtende Amsterdam; dort versucht er, sich die Alleinvertretung einiger Exilverlage für Palästina zu sichern, denn »ich hoffte, von dort als dem einzig offenen Land eine Einreiseerlaubnis zu erhalten.«

In diesen ersten Wochen und Monaten des NS-Regimes sind es zunächst die politisch aktiven Gegner, Kommunisten, Sozialdemokraten, Künstler, die vor der unmittelbar drohenden Gefahr flüchten. Wenn sie Juden sind, werden sie nach einer Verhaftung, beim Verhör, beim Transport, in den ersten wilden SA-Kellern und frühen Konzentrationslagern, noch schlechter, noch schmählicher behandelt. Vom engen Kern der Verfolgten aus breitet sich die Furcht aus. »Haben Sie schon einmal ausgewandert?«[32] Die grausame, aber so treffende Formel stammt von Hans Sahl, der berichtet, wie sich 1933 überall in Berlin und in ganz Deutschland Freunde und Bekannte zusammensetzten und das unerwartete Vorhaben besprechen mußten: »Wie geht das?«[33] Wie wandert man aus, wenn man es gar nicht will? Und wer will das festlegen, wo die Grenze ist zwischen einer freiwilligen, von Lust auf Abenteuer und Tapetenwechsel angeregten Auswanderung und einer, die aus Not und Zwang geschah? Hans Sahl hat die Situation der zur Auswanderung Gezwungenen mit dem »Gewimmel von Lebewesen« verglichen, das man sieht, wenn man einen Stein von einer Wiese aufhebt: »Die Asseln, die Käfer, die Regenwürmer, die Würmer, die einmal aufrecht gingen und Menschen waren wie ich, Verstoßene, Umherirrende in der anonymen Landschaft des Exils, die großen und die kleinen Geister, die Plumpen und die Geschmeidigen, die toten Taten des öffentlichen Lebens, die Machthaber mit Pensionsberechtigung, die man ihnen entzog, Journalisten ohne Zeitung, Schauspieler ohne Bühne, Schriftsteller ohne Buch.«[34] Das wäre noch einmal festzuhalten: Im unmittelbaren Moment der hereinbrechenden Katastrophe, während die große Mehrheit der Bevölkerung Deutschlands, auch der deutschen Juden, abwartend und verunsichert zusah, verließen einige in Lebensgefahr das Land. Die Politischen. Ihre Auswanderung hat, in Berlin, vor allem einen zentralen Ort: den Anhalter Bahnhof[35], von hier fuhren die Züge nach Westen. Zu den Grenzen, die man, Richtung Holland, Belgien, Frankreich, noch gerade überwinden konnte. Im Unterschied zur Geschichte derer, die vor 1933, und aus innerer Überzeugung, planvoll und zielgerichtet von hier auswanderten, um dort – im Lande Israel – einzuwandern, um *Alijah* zu machen, »aufzusteigen« im säkularen zionistischen Sinne, im Unterschied dazu ist die Geschichte der politisch Verfolgten vom Frühjahr 1933 eine Geschichte des Exils. »Man lebte von einer Stunde zur anderen«, schreibt Sahl, »man handelte nicht, man wurde gehandelt. Die Zeit dachte für uns. Sie nahm uns die Entscheidung ab, wohin wir fliehen mußten, sie gab uns eine Hoffnung. Eine Aufgabe. Die Welt über Hitler aufklären. Sich selbst verwirklichen als Mensch, Schriftsteller.« Ob die »kleinen Leute«[36] das auch so notiert hätten?

Zeit für die persönlichen Erinnerungen und Dokumente. Hermann Krips, der die NS-Zeit im fernen Shanghai überlebt hat und nach dem Krieg in die DDR (zurück?) ging, schreibt seiner Tochter Sonja im Oktober 1960 einen langen Brief zum 21. Geburtstag und erinnert sich daran, wie es ihm im gleichen Alter erging: »Da schrieb man die Jahreszahl

32 Diese Formel benutzte Hans Sahl im Gespräch mit dem Verf. am 18. Februar 1991 in Tübingen.

33 Hans Sahl: Memoiren eines Moralisten. München 1995, S. 199.

34 Hans Sahl: Das Exil im Exil. Memoiren eines Moralisten II. Frankfurt am Main 1990, S. 13.

35 Vgl. 1945: Jetzt wohin? Exil und Rückkehr. Hrsg. vom Verein Aktives Museum, Berlin 1995. Katalog zur Ausstellung auf dem Gelände des Anhalter Bahnhofs in Berlin.

36 Wolfgang Benz (Hrsg.): Das Exil der kleinen Leute. Alltagserfahrungen deutscher Juden in der Emigration. München 1991

44 Junge Chaluzim am Anhalter Bahnhof, 2. September 1936
Foto Herbert Sonnenfeld

1931, ich war noch zu Hause bei den Eltern, aber was für Aussichten für ein Weiterkommen, welche Weiterbildungsmöglichkeiten hatte ich und wie war damals die Lage in Deutschland? Na, Du hast ja deutsche Geschichte durchgenommen, ich kann mir Details ersparen. Es war mit einem Wort düster um diese Zeit und der Krach kam wenig später, es dauerte knapp mehr als ein Jahr, da flog unsere Familie auseinander, erst musste mein Bruder Walter flitzen, kurz hinterher die Eltern, ich stand allein. Du weißt ja, Dein Papa hatte einen eigenen Willen, ich sollte den Eltern in die Emigration nach Frankreich folgen, ich sah mir das an, es gefiel mir nicht, und ich wollte unbedingt den Hitler in Deutschland überleben. Ich musste ja bleiben, sonst hätte ich 1936 nie Deine Mutti kennenlernen können, das süsseste Geschöpf auf Erden.« Mit ihr ging Hermann Krips im letzten Moment doch nach Shanghai, wo Sonja und ihr Bruder zur Welt kamen. Den Onkel Walter, von ihm wird noch die Rede sein, konnten sie erst in den sechziger Jahren in Haifa wiedersehen. Der hatte noch die Eltern Emil und

Rieke Krips rechtzeitig nach Palästina bringen können: »Nun«, schreibt Walter an seinen Bruder in Ost-Berlin im Februar 1959, »unsere Eltern sind deshalb G. s. D. von den Nazis nicht umgebracht worden, worauf ich sehr stolz bin, sie liegen hier bei mir auf dem Friedhof, und ich habe eine Genugtuung, wenn ich sie dort besuchen darf.«[37] Schicksal einer deutschen Familie mit den Lebensstationen Lemberg – Heilbronn – Frankfurt – Berlin – Haifa und Shanghai. Und wieder, für einen Teil der Familie, Berlin. Die Emigration ist, als Unterwegssein, Teil der familiären Erinnerung und prägt das Bild dieser Familie von Deutschland (und von sich selbst) bis heute.

37 Briefe im Privatbesitz von Sonja Mühlberger, Berlin.

Gershon Maas aus Haifa sandte mir einige Ablichtungen von Dokumenten über seinen Weg nach Palästina. Damals hieß er noch Gerhart Schwarz und wohnte in Köln-Lindental. An diese Adresse ging mit dem sozusagen ahnungslosen Datum »Berlin, den 30. Januar 1933« ein Schreiben vom Palästina-Amt Berlin (»vom Herrn Reichsminister des Innern durch Verf. vom 25. Juli 1924, Nr. 6174B, als gemeinnützige Auswanderungs-Beratungsstelle anerkannt«), dem ein Fragebogen beiliegt, um dessen gefällige Ausfüllung das Amt bittet. Der junge Mann, damals gerade 21, hatte am Tag zuvor, »am 29. 1. in Köln-Ehrenfeld«, an einer großen Veranstaltung der SPD teilgenommen und auf den Widerstand der demokratischen Parteien gehofft. Was er erlebte, hat ihn so enttäuscht und entmutigt, »daß ich mich entschloß, meine geplante Auswanderung nach Palästina nunmehr vorzunehmen«.

Im zionistisch gesinnten Elternhaus werden auch die Kinder geprägt, »Jugendbewegung, erst Blau-Weiß, dann Kadimah«[38]. Der Vater ließ seinen Sohn »Schiffahrt und Spedition lernen«, einen Beruf, der ihm in Palästina nützlich sein sollte – und tatsächlich fand Schwarz einen Tag nach seiner Einwanderung im September 1933 Arbeit im Hafen von Haifa (und blieb dort bis Ende Dezember 1995!). Da war der Weg bereitet, für den Sohn und die Tochter. Das Landesfinanzamt (»als Stelle für Devisenbewirtschaftung«) stellt im Juli 1933 »die Erteilung der Genehmigung zur Mitnahme von je 1000 pal. Pfund zwecks Auswanderung nach Palästina verbindlich in Aussicht«, wenn noch einige »Auswanderungsbeweise« wie der polizeiliche Sichtvermerk, das Einreise-Visum und die Passagepapiere nach einem Ort des Auswanderungslandes vorgelegt werden. Zwei Tippfehler enthält das kurze Schreiben. Statt »verbindlich« im Sinne von »fest« oder »zuverlässig« hat der Beamte »verbindlichst« geschrieben, wie ein Echo aus höflicheren Zeiten, und das »st« heftig mit Tinte durchgestrichen; und statt »Ausreise-Sichtvermerk« steht, unverändert und wohl unbemerkt, »Ausweise-Sichtvermerk« auf dem Papier …

38 Die erste jüdisch-nationale Studentenvereinigung, gegründet 1882 in Wien. Der Name hat die doppelte Bedeutung von hebr. Kedmah – ostwärts (nach Erez Israel) und kidmah – vorwärts.

Die Vorlage des Visums wird vom Britischen Generalkonsulat in Köln am 31. Juli bestätigt. Die Kinder fahren. Die Eltern kündigen ihr Nachkommen mit einem »durchgeschriebenen« Brief an Sohn und Tochter an: »Also unser Haus ist geräumt und die Möbel und der Hausrat ist in zwei Fünfmeter-Lifts unterwegs nach Haifa. Außerdem eine kleine Bücherkiste mit den notwendigsten Büchern und alten Schreibtischutensilien und Akten an Gerhards Adresse.« Fahrkarten sind besorgt, man reist der Bequemlichkeit halber erster Klasse und recht umständlich mit der »Tevere« des Lloyd Triestino über Venedig, Piräus,

Konstantinopel und Zypern; man bittet um kurze Briefe an die einzelnen Stationen und um die Vorbereitung von Quartier im Land – vier Zimmer möglichst, mit Bad und Küche, denn jüngere Kinder kommen mit, und für Dezember ist schon die Ankunft der Lifts – »Speisezimmer, Klavier, alter Schrank, eine Schlafcouch, zwei Kinderbetten und Mariannes ganzes Zimmer, [dazu] unendlich viel Bücher, Silber, Glas, Porzellan und Wäsche, Hausrat wie Küchensachen usw.« – angekündigt. Der Brief schließt, deutsch, mit »Beste Grüße« und einem hebräischen »lehitraoth«.

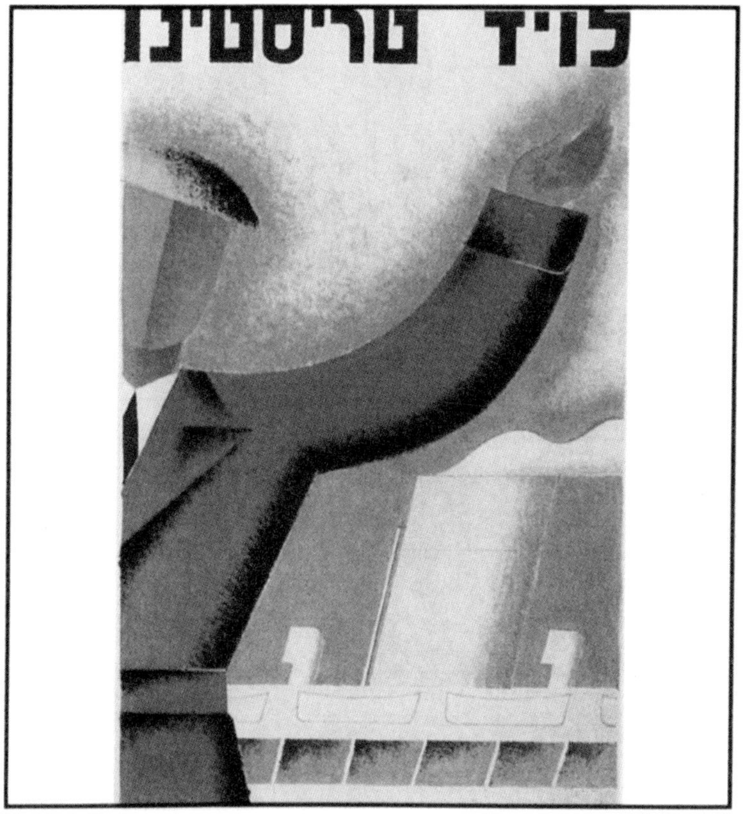

45 Plakat des Lloyd Triestino
Triest wird zum Sammelpunkt der Emigranten aus ganz Europa

So wandert man aus. Aber was wäre gewesen, wenn Paul Löbe am 29. Januar in Ehrenfeld eine mitreißende und überzeugende Rede für die Verteidigung der Weimarer Republik gehalten hätte? »Im November 1933«, oder im Marcheschwan 5694, wie es auf dem vorgedruckten Papier heißt, ist ein Brief datiert, den die Eltern in die Post geben: »In den fünfzehn Jahren, in denen uns Köln zur zweiten Heimat wurde, haben wir das Glück gehabt, einen großen Kreis von guten Freunden und lieben Bekannten zu gewinnen. Und nun sind wir im Begriffe, heimzukehren nach dem Lande unserer Väter, das wir als Zionisten stets innig liebten. Wir können uns leider nicht überall persönlich verabschieden, darum sagen wir Ihnen ein von Herzen kommendes Lebewohl auf diesem Wege. Niemals werden wir die schönen Jahre in Köln vergessen, und stets werden wir uns freuen, falls wir alte Kölner Freunde in Erez Israel wiedersehen können.«

»Mit herzlichen Grüßen«, und wohl guter Dinge und voller Hoffnung, verabschieden sich Alfred Maas und Lucie Maas-Friedmann von Köln. Hätten sie das auch getan, wäre Hitler an diesem verfluchten 30. Januar nicht zum Reichskanzler ernannt worden? Es ist nicht einfach, zwei Geschichten – oder wohl noch mehr – parallel zu schreiben. Aber das müßte geleistet werden. Noch einmal: Auf der einen Seite lebt eine Anzahl deutscher, aus Deutschland stammender Juden in Palästina (unter britischem Mandat) und hat Anteil an der großen Mühe, eine neue jüdische Gesellschaft aufzubauen, ihr Organisationen und Strukturen zu geben, sie mit einem eigenen Selbstverständnis zu versehen und sie in eine Beziehung zur Mandatsmacht und zur arabischen Bevölkerung im Land zu setzen. Sie ist in Verbindung mit den zionistischen Organisationen in Deutschland (wie in anderen Ländern) und auf deren

46 Plakat der Arbeitsgemeinschaft für Kinder- und Jugendalijah
Foto und Montage
Walter Zadek

Unterstützung, auf deren Publikationsorgane – wie etwa die in der Berliner Meinekestraße hergestellte »Jüdische Rundschau« – angewiesen. Einzelne ihrer Vertreter sind an den neuen Experimenten zum Aufbau landwirtschaftlicher Siedlungen, der Kwuzoth und Kibbuzim, beteiligt. Sie stehen wiederum in engster Verbindung mit jüdischen Organisationen aus der Jugendbewegung, dem *Blau-Weiß*, dem *Ha'schomer Ha'zair*, dem *Mizrachi*. Diese Gruppen bauen nach 1933 das bereits bestehende Netz von Einrichtungen, in denen Jugendliche und junge Erwachsene auf eine geplante Einwanderung in Palästina vorbereitet werden, immer mehr aus. Und sie haben viel Zulauf. Kinder aus zionistisch eingestellten Familien, oder auch zionistisch eingestellte Kinder aus assimilierten Familien, nehmen an der *Hachschara*, an der »Vorbereitung« oder »Tauglichmachung«, teil, zu ihnen gesellen sich Kinder, die in der Schule oder auf der Straße erste judenfeindliche Anpöbelei erfahren haben. Auf der anderen Seite leben Juden in Deutschland, in der Hoffnung, die böse Zeit würde vorübergehen. Fritz Rathenau wäre ein interessantes Beispiel, der deutsche Beamte, der die Karriere vom Patentamt ins Innenministerium geschafft hatte, der sich zunehmender Anfeindung ausgesetzt sehen mußte und doch lange Zeit nicht bereit war, auf seine selbstverständliche Zugehörigkeit zu verzichten.[39]

39 Thomas Rink: Doppelte Loyalität. Fritz Rathenau als deutscher Beamter und Jude. Hildesheim 2002 (= Haskala. Wissenschaftliche Abhandlungen, Band 24)

Eine Auswanderung: Die Familie Frank

Als er bereits in Holon bei Tel-Aviv wohnte, 1961, schilderte Leopold Frank in einem Brief an den Stuttgarter Bürgermeister die Atmosphäre vor seiner Auswanderung. Fast 25 Jahre lang war er »Reisender der angesehenen jüdischen Kölner Strumpffirma Rollmann & Rose für Baden und Württemberg und einige angrenzende Städte in Bayern«. Mit vielen Kunden vertraut, mit manchen befreundet, zog Frank 1928 nach Ludwigsburg. Dort sah er »zum erstenmal das Gesicht des Nationalsozialismus«: Als bei einer Gedenkfeier für die Toten des Ersten Weltkrieges auch der »Reichsbund jüdischer Frontsoldaten« einen Kranz niederlegte, zog die ebenfalls anwesende SA-Truppe geschlossen ab. Von Ludwigsburg später nach Stuttgart umgezogen, erfuhr Leopold Frank von einigen Nachbarn ausdrückliche Unterstützung, von anderen dagegen Aggression und Drohung. Er bemüht sich, in diesem Rückblick gerecht und ausgewogen zu schreiben; ein Dokument aus dem Alltag unter dem Nationalsozialismus:

»Ich mietete bei Weidelich, Olgastraße 138. Herr & Frau W. waren bis zu unserer Auswanderung gut zu uns, gaben unseren Kindern Abschiedsgeschenke & brachten uns zuletzt in ihrem Auto zum Bahnhof. Als Frau W., eine biedere, kernige Schwäbin, einmal in unserer Wohnung zufällig neben mich an das offene Fenster trat & ich sagte: ›Wir wollen lieber nicht zusammen am offenen Fenster stehen, man wird sagen, wir trieben Rassenschande‹, da begehrte sie auf: ›Und wenn mir dees tun taete, dann ginget die dees an Scheißdreck aa, die

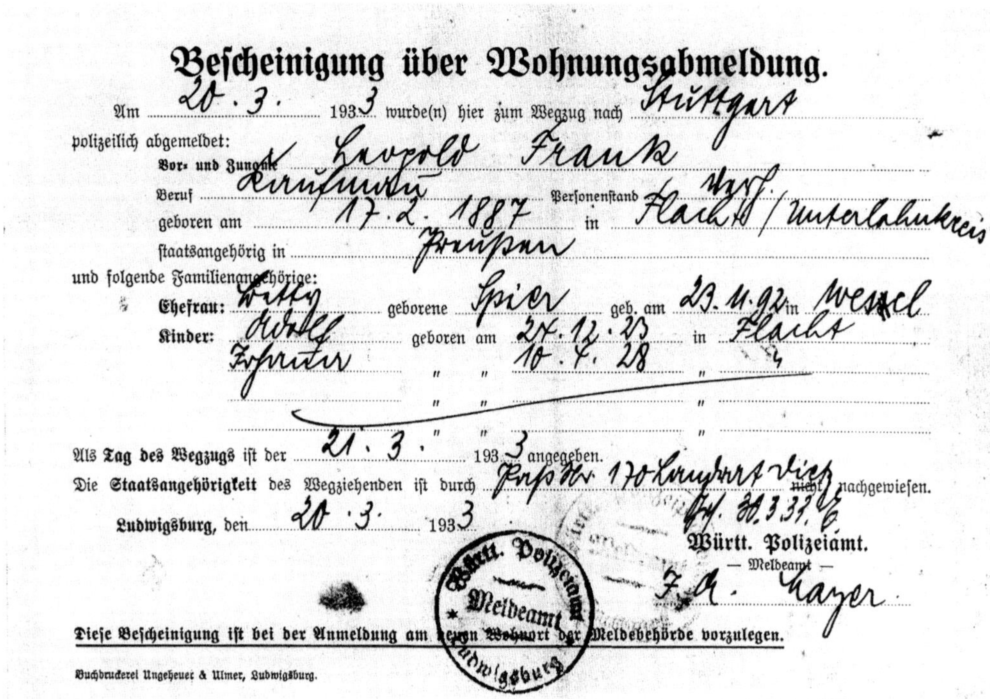

Bescheinigung über Wohnungsabmeldung.

Am 20.3. 1933 wurde(n) hier zum Wegzug nach Stuttgart

polizeilich abgemeldet:

Vor- und Zuname Leopold Frank

Beruf Kaufmann Personenstand verh.

geboren am 17.2.1887 in Flacht/Unterlahnkreis

staatsangehörig in Preußen

und folgende Familienangehörige:

Ehefrau: Betty geborene Spier geb. am 23.11.92 in Wesel

Kinder: Adolf geboren am 24.12.23 in Flacht

[illegible] " " 10.4.28 " "

Als Tag des Wegzugs ist der 21.3. 1933 angegeben.

Die Staatsangehörigkeit des Wegziehenden ist durch [illegible] nicht nachgewiesen.

Ludwigsburg, den 20.3. 1933

Württ. Polizeiamt.

— Meldeamt —

F.A. Mayer

Württ. Polizeiamt Meldeamt Ludwigsburg

Diese Bescheinigung ist bei der Anmeldung am neuen Wohnort der Meldebehörde vorzulegen.

Buchdruckerei Ungeheuer & Ulmer, Ludwigsburg.

47 In den ersten Jahren des Regimes verspricht die Großstadt besseren Schutz

Lompe!‹ Mein Hausgenosse, Amtsrichter Dobler, war betont freundlich. Gegenüber wohnte ein Polsterer, mein Verkehr mit ihm bestand lediglich im ›Grüß Gott‹ sagen, von dem ließ ich vor meiner Abreise verschiedene Möbel überholen. Nach meiner Schuldigkeit gefragt, verlangte er 50 Pfennig. Als ich verwundert fragte, warum er so wenig verlange, sagte er: ›Damit Sie sehen, dass nicht alle Stuttgarter Christen wollen, dass Ihr Juden fort müsst.‹«

Einige andere solcher Geschichten folgen, man will sie beim Lesen gar nicht loslassen, kleine Zeichen der Hoffnung, die auch Leopold Frank mit sich getragen und immer erinnert hat. Aber sie konnten nicht ausreichen, sie waren zu schwach gegenüber den Stimmen derer, auch im Alltag, die damit drohten, »daß es bald gegen die Juden losgeht«. Säumige Zahler, geschäftliche Konkurrenten oder zufällige Passanten konnten den anspucken, der über 25 Jahre lang geachtet, wie er glaubte, in ihrer Mitte gearbeitet hatte. Die hatten ihn gezwungen, seine Existenz aufzugeben. Am 10. Mai 1936 wanderte die Familie nach Palästina aus. Leopold Frank mußte einen Lift packen und ein genaues Inhaltsverzeichnis aller Habseligkeiten anfertigen – Bilanz eines Lebens. Wie in vielen anderen Geschichten, so bildet auch hier die Beschäftigung mit dieser Habe und ihrem Verbleib einen roten Faden für die ersten Jahre der Einwanderung, als wären die Gegenstände, die Dinge des Alltags hartnäckige Zeugnisse einer fortbestehenden Verbindung, deren Lösung doch sein mußte. Eine Versicherungsgesellschaft von J. Schmidt in Haifa, »Versicherungskommissar«, bittet in einem Brief vom 15. Februar 1937 an Herrn Leo Frank in Migdal bei Tiberias um eine Angabe der Einzelwerte aller im Container enthaltenen Gegenstände. Man hatte sich natürlich erkundigt.

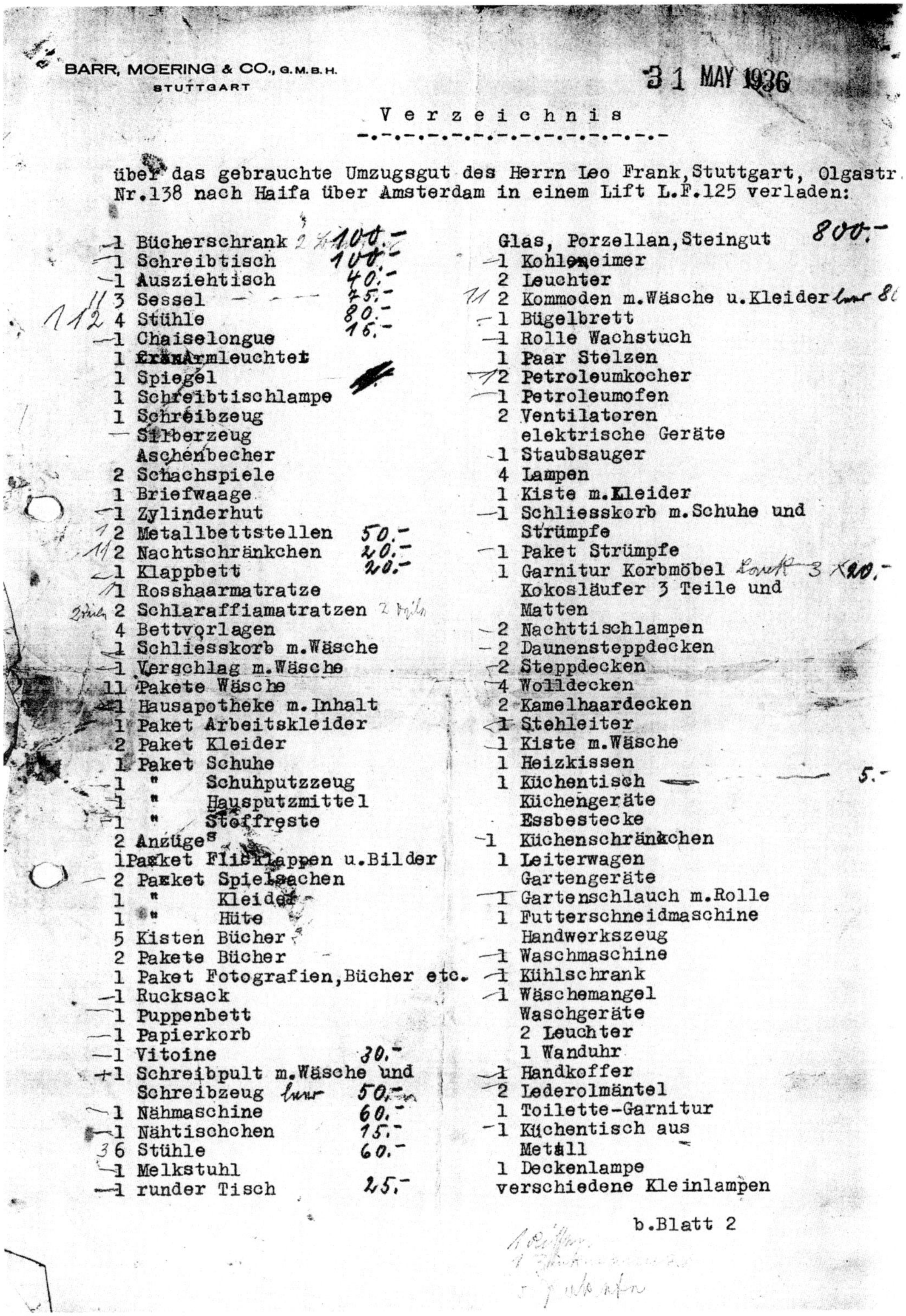

BARR, MOERING & CO., G.M.B.H.
STUTTGART

31 MAY 1936

V e r z e i c h n i s

über das gebrauchte Umzugsgut des Herrn Leo Frank, Stuttgart, Olgastr. Nr.138 nach Haifa über Amsterdam in einem Lift L.F.125 verladen:

1 Bücherschrank 100.-
1 Schreibtisch 100.-
1 Ausziehtisch 40.-
3 Sessel 75.-
4 Stühle 80.-
1 Chaiselongue 16.-
1 Armleuchter
1 Spiegel
1 Schreibtischlampe
1 Schreibzeug
Silberzeug
Aschenbecher
2 Schachspiele
1 Briefwaage
1 Zylinderhut
2 Metallbettstellen 50.-
2 Nachtschränkchen 20.-
1 Klappbett 20.-
1 Rosshaarmatratze
2 Schlaraffiamatratzen
4 Bettvorlagen
1 Schliesskorb m.Wäsche
1 Verschlag m.Wäsche
11 Pakete Wäsche
1 Hausapotheke m.Inhalt
1 Paket Arbeitskleider
2 Paket Kleider
1 Paket Schuhe
1 " Schuhputzzeug
1 " Hausputzmittel
1 " Stoffreste
2 Anzüge
1 Paket Flickappen u.Bilder
2 Paket Spielsachen
1 " Kleider
1 " Hüte
5 Kisten Bücher
2 Pakete Bücher
1 Paket Fotografien, Bücher etc.
1 Rucksack
1 Puppenbett
1 Papierkorb
1 Vitoine 30.-
1 Schreibpult m.Wäsche und Schreibzeug 50.-
1 Nähmaschine 60.-
1 Nähtischchen 15.-
6 Stühle 60.-
1 Melkstuhl
1 runder Tisch 25.-

Glas, Porzellan, Steingut 800.-
1 Kohleneimer
2 Leuchter
2 Kommoden m.Wäsche u.Kleider
1 Bügelbrett
1 Rolle Wachstuch
1 Paar Stelzen
2 Petroleumkocher
1 Petroleumofen
2 Ventilatoren
elektrische Geräte
1 Staubsauger
4 Lampen
1 Kiste m.Kleider
1 Schliesskorb m.Schuhe und Strümpfe
1 Paket Strümpfe
1 Garnitur Korbmöbel
Kokosläufer 3 Teile und Matten
2 Nachttischlampen
2 Daunensteppdecken
2 Steppdecken
4 Wolldecken
2 Kamelhaardecken
1 Stehleiter
1 Kiste m.Wäsche
1 Heizkissen
1 Küchentisch 5.-
Küchengeräte
Essbestecke
1 Küchenschränkchen
1 Leiterwagen
Gartengeräte
1 Gartenschlauch m.Rolle
1 Futterschneidmaschine
Handwerkszeug
1 Waschmaschine
1 Kühlschrank
1 Wäschemangel
Waschgeräte
2 Leuchter
1 Wanduhr
1 Handkoffer
2 Lederolmäntel
1 Toilette-Garnitur
1 Küchentisch aus Metall
1 Deckenlampe
verschiedene Kleinlampen

b.Blatt 2

48 Die Gegenstände erzählen von einem Leben in Auflösung

Leopold Franks Schwägerin Netta Fürth bietet in einem Brief vom 23. Januar 1936 ein einzigartiges Dokument. Es berichtet von den Dingen, die so selbstverständlich waren und auf einmal, eins nach dem anderen, in Frage gestellt und auf ihre künftige Tauglichkeit geprüft werden müssen. »Es ist sehr schwer, Eure Anfrage wegen Mitnehmen von Sachen zu beantworten, da man ja jetzt noch nicht weiß, ob Ihr in der Stadt wohnen werdet oder auf dem Land, ob Ihr zwei Zimmer haben werdet oder drei, ob Ihr Nebenräume haben werdet (Trockenboden, Keller gibt es hier nicht)... So ist es schwer zu raten. [...] Da es sein kann, dass Ihr doch mit zwei Zimmern vorlieb nehmen müßt, so würde ich mir an Eurer Stelle kein direktes Schlafzimmer mitnehmen, sondern mir Stahlcouch oder Betten kaufen und ein oder zwei moderne Kleider- bzw. Wäscheschränke. [...] Mehr als höchstens einen großen Teppich nicht mitbringen, dazu die Läufer, evtl. könnt Ihr einen großen Teppich in Brücken umtauschen. Elektrizität ist hier 220 Volt, Staubsauger auf diese Stärke kann man hier gebrauchen, ebenso Bügeleisen, elektr. Kochtöpfchen.« Bügeleisen und Staubsauger? Ja, natürlich. Man plant ein Leben, es soll so normal sein wie irgend möglich. Die religiöse Familie steht vor einem weiteren Problem, dem der Haltung einer koscheren Küche, die eine Trennung der »milchigen« und der »fleischigen« Speisen und Gerätschaften verlangt; vielleicht wirkt das Problem von Stuttgart aus größer als in der palästinensischen Realität: »Ob ich mich an Eurer Stelle mit gutem und täglichem Geschirr abschleppen würde, weiss ich nicht. Wir haben Milchding nur eins und Fleischding zwei. Doch gebraucht habe ich es nicht.«

Man macht »hier« die Arbeit alleine. Gardinen werden gebraucht. An Küchensachen sollte Betty Frank nur mitnehmen, was sie wirklich braucht. Gute Nähmaschinen sind sinnvoll, eine Schreibmaschine gehört zu den Dingen, »die man hier nötig hat«. Wäsche? Alles. Hemden? Eher nicht. Kurzärmelig, wenn schon, und Strümpfe für die Kinder bestimmt nicht. »Ich würde Euch aber nicht zu unnötigen Dingen raten.« Wichtig ist, was praktisch ist. »Um es noch einmal zusammenzufassen: Ihr müsst Euch überlegen, wie Ihr drei mittelgrosse Zimmer mit Euren Sachen einrichtet und nicht ein Stück mehr mitbringen als nötig sind. Auch an Vasen und unnötige Dinge wie z. B. Weinbowle nur mitbringen was Ihr denkt nötig zu haben. Axt, Säge, Eimer, evtl. Waschbrett sind mitzubringen.«

Bei den Unterlagen findet sich eine vervielfältigte Liste, die am Rand, mit Bleistift geschrieben, die Aufschrift »Frank« trägt, und von der Zweigstelle des Palästinaamts in Berlin an Auswanderer verschickt worden war: »Vor allen Dingen ist zu betonen, dass alle mitgenommenen Gegenstände in besten Zustand vorher versetzt werden.« Dann folgen lange Aufstellungen der mitzunehmenden Dinge: Haushaltartikel zuerst, von Mülleimern mit Fußheben über Standgläser, Milchhäfen – eine in Süddeutschland erstellte Liste, eindeutig – über Satzschüsseln, Eimer, Leitern, Mausefallen, Nägel, Werkzeug, »viele Bürsten in bester Ausführung« bis Arzneimitteln, Verbandwatte und Fußabstreifern, »aber nicht in Drahtgeflecht, sondern mit Eisenstäben«. Dann folgt eine Auflistung elektrischer Artikel, danach Wäsche- und Kleidungsstücke – »es empfiehlt sich, auch noch schlechtere Wäsche und besonders Kleidungsstücke mitzunehmen, weil bei der Arbeit auch die schlechtesten Stücke noch gebraucht

-4-

Allgemeine Ratschläge.

1) Alle Betten und Kissen und Wolldecken reinigen und in Ordnung bringen lassen (möglichst zeitig erledigen)
2) Matratzen auffrischen lassen.
3) Holzbretter, Wäschestangen mitnehmen, nicht verschenken. Das Holz in Palästina ist sehr schlecht.
4) Eventuell vorhandene Stuben-oder Kinderwagen sind sehr gut als Fahrgestell für Waschkörbe etc. zu verwenden.
5) Jn Blechbüchsen, mit Leukoplast verschlossen, etwas eigenes Backwerk mitnehmen, an dem man anfangs sehr froh ist.
6) Nicht vergessen:
Gebetbücher aus der Synagoge holen,
Pelze von der Aufbewahrung holen
Thermometer von den Fenstern entfernen.
Messussot entfernen
Türschilder entfernen
Zeitungen rechtzeitig abbestellen.
Elektrisches Licht, Wasser, Gas rechtzeitig abmelden
Telefon abbestellen
Vereine abmelden.
7) Zum Zahnarzt, Augenarzt gehen und nachsehen lassen.
8) Ersatzbrillen kaufen, Sonnenbrillen
9) Nicht zu viel Spielsachen verschenken
10) Bibliothek ordnen und alle guten Bücher mitnehmen. Man kann sie ja lange in Kisten aufbewahren. Zu Neuanschaffungen kommt man nicht mehr.
11) Gute Farbstifte für die Kinder mitnehmen. Gibt es nicht in Palästina.
12) Für die Seereise ist praktisch einige Kleiderbügel mit Klammern mitzunehmen, um Strümpfe waschen und aufhängen können.
13) Alle grosse Bodenteppiche verkaufen. Nur Brücken und Vorlagen mitnehmen, die täglich aufgenommen werden können.
14) Briefpapier, Schreibutensilien für grösseren Vorrat.
15) Bindfaden in verschiedenen Stärken.
16) Eine grosse starke Taschenlampe
17) Für den täglichen Gebrauch sind gute Uhren untauglich. Billige Uhren sind die besten.
18) Alle Kleinmöbel mitnehmen, möglichst in hellen abwaschbaren Farben anstreichen.
19) Nicht viele Empfehlungsschreiben mitbringen, sie haben doch keinen Wert.
20) Sofakissen mit waschbaren Ueberzügen versehen, wenn sie neu bezogen werden müssen.
21) Nut glatte moderne Beleuchtungskörper mitbringen.
22) Keine Polstermöbel mitbringen.
23) Besteckkörbchen nur aus Holz.
24) Wer beabsichtigt, sich einmal ein Haus zu bauen, tut gut daran, sich fertige Wandschränke mitzubringen, die, in Bretter zerlegt im Lift gut transportiert und aufbewahrt werden können. Ratschläge erteilt sicher gerne die Firma Heinrich Kern, Heilbronn, die bereits solche Aufträge gut ausgeführt hat.

49 Die Zionistische Vereinigung erteilt Ratschläge für die Auswanderung

50 Leopold und Betty Frank mit den Kindern Adolf (Abraham) und Hannah

werden«. Dann Gartengeräte, »nur bestes Material!« Schließlich folgen einige allgemeine Ratschläge auf einer langen Liste (siehe S. 47).

Da könnte auch stehen: Ein Leben auflösen. Sich auf etwas Schwierigeres einstellen – etwa mit dem Satz (Punkt 19 auf der Liste, zwischen »Alle Kleinmöbel mitnehmen« und »Sofakissen mit waschbaren Ueberzügen versehen«), der wenig Mut macht: »Nicht viele Empfehlungsschreiben mitbringen, sie haben doch keinen Wert.« Das ist eine aus Erfahrung, sicher auf der Grundlage der Berichte von Einwanderern, geschriebene Liste, sie berichtet von dem, was die künftigen Neuen erwarten wird; aber sie berichtet auch von einem Leben in Deutschland, von Standards, die nicht unterschritten werden sollen: »Gute Farbstifte für die Kinder mitnehmen. Gibt es nicht in Palästina«, oder »Amerikanische Arbeitsanzüge aus Drill (gibt es bei Breuninger in Stuttgart)«.

Dann steht da noch: »Bibliothek ordnen und alle guten Bücher mitnehmen. Man kann sie ja lange in Kisten aufbewahren. Zu Neuanschaffungen kommt man nicht mehr.« Es ist für mich sehr bewegend, daß ich diesen seltsamen Satz ausgerechnet in den Unterlagen des Vaters von Abraham Frank finde. Bei jedem Besuch in seinem Büro des Irgun Olej Merkas Europa (Organisation der mitteleuropäischen Einwanderer) in Tel-Aviv, nachdem alles Aktuelle ausgetauscht, alles »Geschäftliche« zwischen uns erledigt war, gab Herr Frank mir (und anderen natürlich) die Freiheit, in den Regalen »da oben« Bücher herauszusuchen und mit – zurück – nach Deutschland zu nehmen. So viele Bücher sind damals mitgenommen worden, so viele Kisten, die vielleicht wirklich erst Jahre nach der Einwanderung aufgemacht worden sind. So viele Goethe-, Schiller- und Heine-Gesamtausgaben, daß kein Antiquariat sie mehr haben will. Und Bücher sind ja mehr als Gegenstände – an jedem einzelnen Buch hängt die Erinnerung an ein erstes Lesen, an ein Vorlesen, an eine Gutenachtgeschichte für die Kinder, hängt die Erinnerung an gemütliche oder einsame oder aufregende Abende in vergangenen, aufgelösten Wohnungen. Das mochte der nicht ahnen, der die Liste aufgestellt hat.

Leo Frank kauft ein. Am 4. Mai 1936, wenige Tage vor der Auswanderung, trifft in der Olgastraße 138 eine Rechnung vom Eisenwaren-Großhandel »Hainlin Nachf.« in der Stuttgarter Königstraße ein: Von der Grünfutterschneidemaschine, der Kalkspritze und der Rebschere reicht die Liste über Hacken und Spaten bis zur Beißzange und zum Kistenöffner: 235,42 RM sind »dankend erhalten« quittiert.

Auf die Reise nimmt Herr Frank eine Bestätigung der Zionistischen Vereinigung für Deutschland: »Hiermit wird bestätigt, dass Herr Leo Frank aus Stuttgart seit Anfang des Jahres 1934 der zionistischen Vereinigung für Deutschland, Ortsgruppe Stuttgart, sowie der unabhängigen Landesorganisation des Misrachi, Ortsgruppe Stuttgart, angehört.« Er habe sich »rege« am Aufbau der beiden Ortsgruppen beteiligt, man bittet deshalb: »Herrn Frank alle für ihn notwendigen Unterstützungen bei seiner Niederlassung im Lande zu geben.« Doch ein Empfehlungsschreiben; mitgenommen hat er es, ob es geholfen hat?

Und noch eine Liste. Die Barr, Moering & Co. GmbH in Stuttgart legt ein »Verzeichnis über das gebrauchte Umzugsgut des Herrn Leo Frank, Stuttgart, Olgastraße Nr. 138 nach Haifa über Amsterdam in einem Lift L.F. 125« an. Spediteur und Absender bezeugen mit ihren Unterschriften, daß Herr Frank seinen Wohnsitz in Stuttgart aufgibt, daß die aufgeführten Gegenstände ihm gehört haben und er sie weiterhin benutzen wird. Eine ordnungsgemäße »Bescheinigung über Wohnungsabmeldung«, gestempelt vom Meldeamt Ludwigsburg, liegt bei den Unterlagen, unmittelbar unter einer Urkunde, die bestätigt, daß dem Kaufmann Leopold Frank »im Namen des Führers und Reichskanzlers« und »auf Grund der Verordnung vom 13. Juli 1934 zur Erinnerung an den Weltkrieg 1914/1918« das Ehrenkreuz für Frontkämpfer verliehen wurde. Auch diese Urkunde wird mitgenommen, neben der Unbedenklichkeitserklärung des Finanzamts, einer Fülle von Versicherungsbescheinigungen für das Transportgut, den Überweisungsbelegen an das Palästinaamt und an die Deutsche Bank, neben der amtsärztlichen Bescheinigung über die Impfung der Familienmitglieder Leopold, Betty, Adolf und Johanna und einer Schuldenübernahme-Erklärung für die Familie durch den Schwager in Haifa – Bedingung für die Einwanderung. Wie es der Familie erging, werden wir am Ende dieses Buchs erfahren.

Auswanderung und Politik

Von 1933 an vollzieht sich im nationalsozialistischen Deutschland ein Prozeß der zunehmenden Ausgrenzung und Entrechtung der Juden; Auswanderung wird in diesem Prozeß zunächst gefördert, später eingeschränkt. Jede einzelne Etappe, jedes Gesetz und jeder Erlaß hat Wirkung im Alltag Deutschlands – und in der Emigration. Im Oktober 1933 erscheint eine Broschüre des »Zentralausschusses der deutschen Juden für Hilfe und Aufbau«, deren Autoren versuchen, deutsche Juden zur Auswanderung zu bewegen – nicht nur Bauern seien im alten neuen Land gefragt, »alle Zweige« der Wirtschaft seien vielmehr »erobert«; sollte heißen: Auch Ihr seid gefragt. Ihr deutschen Juden, deren berufliche Struktur so anders ausgerichtet war, als es die Anforderungen im neuen Land verlangten: »Der Prozentsatz der in der *Landwirtschaft* Tätigen«, so schreibt Michael Traub über das Stichjahr 1933, »war in der jüdischen Bevölkerung *17mal kleiner* als in der Gesamtbevölkerung, während der Prozentsatz *im Handel* und *im Verkehr* bei den Juden dreimal größer war.«[40] Diese Schere ging in den ersten Jahren der NS-Herrschaft noch weiter auseinander, denn unter denen, die zuerst auswanderten, waren gerade die »jüngeren Jahrgänge« und »fachlich ausgebildete Elemente«, so Traub. Über die Zahlen der Auswanderung in diesen ersten Jahren lagen keine zuverlässigen Unterlagen vor, aber Traub stellte aufgrund von Informationen aller zuständigen jüdischen Organisationen (Reichsvertretung der Juden in Deutschland, Palästinaamt der Jewish Agency und Hilfsverein der Juden in Deutschland) ein Schaubild zusammen, aus dem deutlich wird, daß ganz exakt ein Drittel aller Auswanderer aus Deutschland nach Palästina ging.

40 Traub 1936, S. 15 (Hervorhebungen im Original).

Eine – in den Bibliotheken sekretierte – Leipziger Dissertation von Walter Hirche faßt, Anfang 1940, »Die jüdische Wanderung und ihre Schwierigkeiten, unter besonderer Berücksichtigung der Verhältnisse in Deutschland (Altreich) von 1933 bis 1939« zusammen, »aufgrund«, wie es heißt, »der jüdischen Publizistik des Altreiches«. Was für eine kalte Sprache: Es »nehmen die nachstehenden Ausführungen die durch die Machtübernahme entstandene Lage als Ausgangspunkt und als bekannt an. Auch werden die von diesem Zeitpunkte ständig wachsende antisemitische Entwicklung und der damit auf das Judentum vom deutschen Volk verstärkt ausgeübte Druck, der Anschluß Österreichs, die Eingliederung des Sudetengaues und die Errichtung des Protektorates Böhmen und Mähren, die bei den Juden zwangsläufig verstärkte Auswanderungsbemühungen erzeugen mußten, als bekannte Faktoren vorausgesetzt.«[41] Tatsächlich bleibt nichts übrig, als diesen Standpunkt mit zu erwähnen. Von da aus gesehen erscheint die »Wanderung« der Jahre 1933 bis 1938 als »verhältnismäßig normal«, weil die Zuwanderungsbestimmungen in den Zufluchtsländern »noch nicht so streng« gehandhabt wurden und weil »diese einwandernden Juden«, wie es heißt, »in der Aufnahme keine sonderlichen Schwierigkeiten bereiteten«. Eine kalte, glatte Operation. Walter Hirche, der Verfasser dieser Dissertation, kann sich auch wirklich auf jüdische Quellen berufen, wenn er für die Zeit nach 1938 einen Schnitt ansetzt; so schreibt das »Jüdische Nachrichtenblatt« vom 17. März 1939: »Im letzten Jahre hat diese Bewegung die nicht zu verkennenden Merkmale des Aufbruchs angenommen.« Juden aller Schichten und Altersklassen, »die sich bereits wieder einzuleben begannen«, sahen sich nun zur Auswanderung gezwungen, mit der gescheiterten Konferenz von Evian vom Juli 1938[42] sahen sie sich aber mit einer immer restriktiveren Politik der möglichen Aufnahmeländer konfrontiert. Es ist vielleicht nicht falsch, an diese Stelle noch ein längeres Zitat aus einer Arbeit zu setzen, die im völligen Einvernehmen mit der judenfeindlichen Politik der NS-Regierung steht – und sei es nur, um darauf hinzuweisen, wie sehr das Ungeheuerliche bereits in

51 Ein Dokument der Entrechtung: der Reisepaß von Walter (Ben) Katz

41 Die jüdische Wanderung und ihre Schwierigkeiten, unter besonderer Berücksichtigung der Verhältnisse in Deutschland (Altreich) von 1933 bis 1939, dargestellt anhand der jüdischen Publizistik des Altreiches von Walter Hirche, Leipzig. Diss. Univ. Leipzig 1939, S. 6 f.

42 Auf der vom amerikanischen Präsidenten Roosevelt einberufenen Konferenz von Evian-les-Bains (6.–15. Juli 1938) scheiterte der Versuch, eine große politische Lösung für das Flüchtlingsproblem zu finden.

den Alltag eingedrungen war: »Es ist erforderlich, an dieser Stelle nachdrücklich darauf hinzuweisen, daß die Mehrzahl der in Deutschland lebenden Juden [...] bis zum Einsetzen dieser neuen Welle nur mit dem Gedanken einer Auswanderung spielte, aber nicht ernstlich an eine wirkliche Auswanderung dachte. Bestimmend für diese Haltung des Judentums war die trügerische Hoffnung, daß es wie in früheren Zeiten kraft seiner Anpassungsfähigkeit auch das nationalsozialistische Deutschland, das zwar die Rechts- und Existenzgrundlage der Juden beschnitt, aber nicht vernichtete, zu überdauern glaubte. So ist ein Einfügen in die nach 1933 geschaffene Lage unverkennbar.«

Spätere Generationen werden nicht erst vor Auschwitz fassungslos stehen. Sie werden schon diese Sätze, in denen einer stolz verkündet, man habe doch den Juden das Recht und die Existenz genommen, und noch immer wollten sie nicht gehen, als Ausdruck der Barbarei lesen. Und uns bleibt nichts, als den sachlichen Gehalt anzunehmen: Die deutschen Juden, die geblieben sind, weil sie Deutsche waren und sich so empfanden, haben sich in die neue »Lage« gefügt. Sie haben in der von den Nationalsozialisten eingerichteten Ghetto-Situation neue Formen jüdischen Lebens geschaffen, den Kulturbund, eine in sich geschlossene Welt von Theateraufführungen und Konzerten, die an anderer Stelle[43] dargestellt wurden. Und noch mehr, sie haben außerhalb dieser durchaus künstlichen und vom Regime kontrollierten Gelegenheiten versucht, in Deutschland, als Deutsche, weiter zu leben. Aus der NS-Sicht liest sich das so: »Der im Volksmund und in Partei- und Staatskreisen gebrauchte Ausdruck ›Tarnung‹ und die vom Beauftragten für den Vierjahresplan am 22. 4. 1939 erlassene Tarnungsverordnung mögen als Kennzeichen für die Anpassung der Juden, die in gesetzlichen Schranken kein Hindernis sieht, genügen.« Die von Hirche zitierte »C.V.-Zeitung«, das Blatt des Centralvereins deutscher Staatsbürger jüdischen Glaubens, hat tatsächlich in diesen Jahren des arabischen Aufstands »die blutigen, den Leser an [!] einer Auswanderung nach Palästina abschreckenden Ereignisse herausgestellt« und Ratschläge für das Weiterleben in Deutschland erteilt. »Erst im November 1938«, so Hirche, sei den Lesern der jüdischen Blätter, selbst der zionistischen »Jüdischen Rundschau«, erst zum Bewußtsein gekommen, »daß Deutschlands Wille zur Lösung des Judenproblems unabänderlich ist«. Mit der Gründung der Reichszentrale für jüdische Auswanderung im Januar 1939 »wird allem jüdischen Organisationsdurch- und Nebeneinander ein Ende gesetzt und vor allem die Auswanderung in einheitlich ausgerichtete Bahnen gelenkt«, sagt Hirche. Als hätte es in den Händen der Verbliebenen gelegen, für ihren endgültigen Ausschluß aus Deutschland selbst sorgen zu können. Denn welche Länder für die Aufnahme der deutschen Juden in Frage kommen sollen, sagt auch er nicht. Ein Land sollte es nicht sein: »Die vorstehenden Ausführungen lassen keinen Zweifel darüber, daß Palästina trotz jüdischer Proteste, blutiger Unruhen und Streikaktionen, trotz XXI. Zionistenkongreß, trotz Angriffen der Opposition des englischen Parlaments, Völkerbund und USA, durch die eingeschlagene Politik der englischen Regierung einer Einwanderung verschlossen ist.« Das ist wahr, auch wenn die Einschätzung aus einer NS-Quelle stammt. »Die jüdische Meinung erhoffte von Tag zu Tag dank der sich mehrenden Angriffe

43 Neben den Arbeiten von Henryk M. Broder und Eike Geisel über den Kulturbund sei hier vor allem die im Sommer 2000 abgeschlossene Dissertation von Susanne Urban-Fahr, »Der Philo-Verlag. Abwehrkampf und Selbstbehauptung, 1933–1938« genannt. Die Druckfassung erschien in Hildesheim 2001.

52–57 Stationen einer Auswanderung: Venedig – Belgrad – Tel-Aviv

eine Änderung in der Palästina-Politik der englischen Regierung. Durch die kriegerischen Ereignisse mußten aber auch diese an sich minimalen Aussichten auf eine Wendung der Palästina-Politik vorläufig begraben werden.«

Großbritannien blieb bei seinem System einer Erteilung von Zertifikaten nach Kategorien: »A« erfaßte »Personen mit eigenem Vermögen«, »B« Personen »mit gesichertem Lebensunterhalt«, Waisenkinder darunter und Religiöse, die schon an eine bestehende Institution vermittelt werden konnten; die Kategorie »C« galt den »Arbeiterzertifikaten«, während »D« für die Anforderung der »Nachwanderung« von Ehefrauen und anderen Familienangehörigen galt. Eine eigene Kategorie bildete die »Jugend-Alijah«. Alles zusammengenommen, sind ca. 55 000 deutsche Juden zwischen 1933 und 1938 aus Deutschland nach Palästina ausgewandert, erfaßt in einer dieser Kategorien, für die sie niemals gemacht waren.

In Palästina selbst wurden die entsprechenden Statistiken vom Central Bureau for the Settlement of German Jews geführt. Das zählte von Januar 1933 bis Dezember 1935 genau 24 499 Einwanderer, von denen 22 747 offizielle Immigranten und 1752 »nachträglich legalisierte Touristen« waren. Weitere 3500, so wurde geschätzt, kamen mit Refugee-Zertifikaten, 1000 kamen »als Kapitalisten«, 200 mit Schüler- und Jugend-Alijah-Zertifikaten. Die Begriffe weisen schon darauf hin, daß hier ein ganzes Konglomerat aus verschiedenen Zuständigkeiten, Regelungen und Behinderungen den vielen einzelnen gegenüberstand, die sich dazu entschlossen, von Deutschland nach Palästina zu gehen. Da war zunächst die deutsche Regierung, deren bürokratische Institutionen noch keineswegs vollständig von der Ideologie und dem Personal der NSDAP durchsetzt waren; und auch innerhalb der NS-Partei war die Haltung zur Auswanderung der Juden nicht einheitlich.[44] Noch arbeiteten auch die genannten jüdischen Institutionen, zerrissen zwischen der natürlichen Verpflichtung, Auswanderungswilligen Hilfestellung zu gewähren, und der Hoffnung auf ein Scheitern der nationalsozialistischen Machthaber. In Palästina bestimmte die vom Völkerbund eingesetzte Mandatsmacht Großbritannien über den Umfang der Einwanderung, während die Institutionen der Zionistischen Bewegung sich bemühten, über die »Qualität« der Ankommenden und über ihre Verteilung im Land mitzubestimmen. Schließlich ist auch für diese Jahre die Position der in Palästina ansässigen arabischen Bevölkerung und ihrer Organisationen mit zu berücksichtigen, da sie wachsenden Einfluß auf die Politik des Mandatars hatte. Erst in der Zeit kurz vor dem Ersten Weltkrieg hatte sich eine arabisch-palästinensische Nationalbewegung zu formieren begonnen, aber angesichts der jüdischen Zuwanderung fand sie bald Zulauf bei den abhängigen Fellachen im Land und bei den arabischen Staaten. Eine Gewichtsverschiebung in der britischen Regierung, vom Außenministerium – aus dem die Balfour-Erklärung von 1917 stammte, in der Baron Rothschild die Zusicherung gemacht wurde, die Regierung Seiner Majestät unterstütze die Bestrebungen zum Aufbau

44 Rolf Vogel zitiert in seiner Dokumentensammlung »Ein Stempel hat gefehlt. Dokumente zur Emigration deutscher Juden« (München/Zürich 1977) einen Brief des Beauftragten für den Vierjahresplan, Hermann Göring, an den Reichsminister des Innern vom 24. 1. 1939. Darin heißt es: »Die Auswanderung der Juden aus Deutschland ist mit allen Mitteln zu fördern.« Solche Dokumente sind schon genügend interpretiert – aber man denke auch hier an die Situation des einzelnen, der sich überlegt, ob diese Lebensentscheidung für ihn in Frage kommt: Er konnte noch im Januar des Jahres, in dem der Krieg begann, glauben, es wäre noch Zeit.

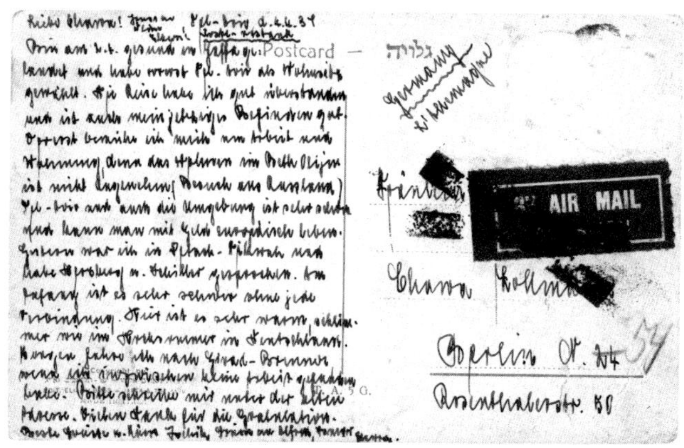

einer »jüdischen Heimstätte« in Palästina – hin zum Kolonialministerium öffnete die Tür für die »arabische Frage«.[45]

Alle Autoren, gleich aus welcher Perspektive sie auch schreiben, ob als Zeitgenossen oder von heute aus, im Rückblick, sind sich in einem Punkt einig: Die Auswanderung nach Palästina stellt einen Sonderfall dar; auch wenn sie vom Umfang her, wie Traub zeigt, nur ein Drittel der gesamten Wanderungsbewegung bis Ende 1935 bildete. Freilich sind die Motive auch dieser knapp 25 000 nicht einheitlich, aber allgemein ist der Einschätzung von Wolfgang Benz wohl zuzustimmen: »Die Auswanderung nach Palästina stärkte das jüdische Selbstbewußtsein.«[46] Nur diese Emigration, die auf der anderen Seite des Mittelmeers als Immigration, als gezielte Ankunft, angesehen wurde, konnte auf die (noch) in Deutschland bleibenden Juden zurückwirken. Diskriminierung und Verfolgung in den Orten der angestammten Heimat überzeugten manche, die zuvor dem Zionismus ferngestanden hatten, von der Notwendigkeit, eigene Konsequenzen zu ziehen. Berichte von Einwanderern, die nicht nur ihre Familien in Deutschland erreichten, sondern auch in der zionistischen Presse publiziert wurden, sprechen dafür, daß einzig der Weg nach Palästina dem Schicksal »Weggehenmüssen« einen positiven, konstruktiven Aspekt verleihen konnte – jeder andere Weg war Flucht, führte ins Exil. Wir haben die Berichte vorliegen, in denen vor allem die Tatsache hervorgehoben wird, daß hier, im neuen Land, Juden wirklich alle Arbeiten verrichteten: »Es gab sogar jüdische Straßenkehrer, und dabei waren sie immer korrekt angezogen«,[47] heißt es da, oder: »Ich sah mein eigentliches Vaterland das erste Mal, und noch etwas anderes, etwas Großes, sah ich das erste Mal. Den jüdischen Arbeiter, durch den das schlechte Land wieder zu einem Land wird, in dem Milch und Honig fließt.«[48] In der Einschätzung von Michael Traub liest sich das so: »Die Juden, die während dieser dreieinhalb Jahre aus Deutschland nach Palästina gingen, haben sich wirtschaftlich und in erheblichem Maße auch kulturell in das Gesamtgefüge des Landes eingegliedert. [...] Im Gegensatz zu anderen Immigrationsländern, in denen die Lage der einheimischen jüdischen Bevölkerung durch den Zuzug jüdischer Einwanderermassen häufig erschwert würde, hat daher die Einwanderung der Juden aus Deutschland nach Palästina die wirtschaftliche und politische Gesamtsituation der palästinensischen Judenheit gefestigt, gleichzeitig aber auch ein wichtiges Aufnahmereservoir für weitere jüdische Einwanderung aus Deutschland nach Palästina geschaffen.«[49]

Im Jüdischen Buchverlag erscheinen 1938 die »Auswanderungsvorschriften für Juden aus Deutschland« von Heinz Cohn und Erich Gottfeld. Die Einleitung schreibt Artur Prinz vom Hilfsverein der Juden in Deutschland: »Unter diesen Umständen kann der Hilfsverein es nur als eine Erleichterung seiner Arbeit ansehen, wenn in dem vorliegenden Werk zwei sachkundige Autoren einmal alle die Fragen gemeinverständlich darstellen, die der Auswanderer lösen muß, *bevor* er noch das Reichsgebiet verläßt.« Praktische Ratschläge, allgemeinverständlich formuliert, für das »große Publikum« geschrieben: Der erste Ratschlag betrifft interessanterweise die Notwendigkeit einer Informationsreise in das »erstrebte Einwanderungsland« – wegen des Klimas, aber auch wegen der Einreise-Erlaubnis, der Fürsprache, der

45 Offenbar gab es auch Einreiseverweigerungen; davon berichtet Ingo Piel: Ein kritischer Kommentator: Siegfried Thalheimer (1899–1981), Journalist und Publizist. In: Aspekte jüdischen Lebens in Düsseldorf und am Niederrhein. Düsseldorf 1997, S. 212–219

46 Benz 1998, S. 166.

47 Fanny Cymberg: Wenn die Erinnerungen kommen. Manuskript, Archiv Zentrum für Antisemitismusforschung TU Berlin, S. 25.

48 Loewy, Jugend in Palästina, S. 52 f.

49 Traub 1936, S. 22.

nötigen Bürgschaft. Nötig ist weiter die Ausstellung eines Reisepasses, der Besuch bei einer Beratungsstelle, der Nachweis von Korrespondenzen – »glaubwürdig« muß das Interesse sein. »Der Informationsreisende nach Palästina kann eine Genehmigung zur Mitführung von Hotel- und sonstigen Gutscheinen nach Palästina erhalten, wenn durch Vorlage einer Bescheinigung des Palästina-Amtes dargetan wird, daß die beabsichtigte Reise *nachweislich* der Prüfung und Vorbereitung einer späteren Auswanderung dient.«

Pflichten und Fehler

Nur eine Minderheit bereitete sich ernsthaft darauf vor, das zionistische Programm zum Teil der eigenen Lebensplanung zu machen. Man wußte, so lese ich die Dokumente im Rückblick, ja auch noch nicht so richtig, was das denn bedeuten würde: »Umschichtung«. 1923 wurde der deutsche Landesverband des *Hechaluz* gegründet. Die Organisation der »Pioniere« war während des Ersten Weltkriegs in den USA und in Rußland entstanden, die erste Weltkonferenz fand parallel zum 12. Zionistenkongreß in Karlsbad statt, 1921. Zur Vorbereitung auf ein Arbeitsleben in Palästina entstand die Einrichtung der *Hachschara*. Vor allem junge Menschen wurden in Gruppen auf Lehrgütern außerhalb der Städte oder auch in den Städten selbst »auf landwirtschaftlichen, handwerklichen und hauswirtschaftlichen Gebieten« ausgebildet. Das programmatische Ziel der »Umschichtung« hatte hier seinen praktischen Ort. Wie Andreas Paetz schreibt, der eine große Studie über die Hachschara-Einrichtungen in Brandenburg (also im Berliner Umland) bearbeitet, war in den zwanziger Jahren die Chaluzbewegung in Deutschland eng mit den zionistischen Organisationen und ihren Programmen verbunden. »In der Zeit der Weltwirtschaftskrise, der Massenarbeitslosigkeit und der sozialen Not« spürten viele das Bedürfnis, sich beruflich neu zu orientieren, eine neue soziale Perspektive für sich zu gewinnen. »Trotzdem konnte der deutsche Hechaluz nicht spürbar an Kraft gewinnen.« Nicht alle Formen der »Umschichtung« waren zwingend an die zionistische Idee oder gar an eine Übersiedlung nach Palästina gebunden: »Allein die Tatsache, einen landwirtschaftlichen oder handwerklichen Beruf zu ergreifen und damit mit traditionellen Berufen wie Kaufmann, Arzt oder Anwalt zu brechen, bedeutete schon das Suchen und Finden einer neuen sozialen Identität und führte in den Familien zu Auseinandersetzungen zwischen den Generationen.«[50] Auch wenn die Hachschara erst nach 1933 wirklich an Bedeutung gewann – 1934 hatte der deutsche Hechaluz bereits 15 000 Mitglieder –, war hiermit doch ein Instrument, eine eingespielte Struktur als Brücke von Deutschland nach Palästina entstanden. Im idealen Fall bildete sich die Gruppe, die Kwuzah, die später im Land Pionierarbeit leisten sollte, bereits in der Hachschara. »Das Leben in einer *Kwuzah* bedeutete gemeinsame Arbeit, gemeinsames Lernen, gemeinsames Feiern jüdischer Feste. Berufliche Arbeit, Leben in der Gemeinschaft, Unterricht in Hebräisch, zionistischer

50 Andreas Paetz: Auf Hachschara in Brandenburg. Die Vorbereitung junger Juden auf ihre Auswanderung aus Deutschland. Unveröff. Ms. (Entwurf für ein Habilitationsvorhaben), S. 2.

Geschichte, Geschichte des Judentums, Palästinakunde und die freie Aussprache in der Gruppe über alle Belange des Lebens [...] waren die vier festen Elemente in den zahlreichen Lehrgütern und -werkstätten.«[51] Und das wollten die Teilnehmer dieser Programme mit hinübernehmen in das altneue Land.

51 Ebd., S. 3.

Elly Freund, die ich im Wohnheim »Mediterranean Towers« in Bat Yam besuche, hat für einige Jahre Transporte der *Jugend-Alijah* aus Europa nach Palästina organisiert und begleitet. Sie lächelt heute, wenn man sie nach dem Bild dieses »geraden Wegs« befragt. Sie spricht vom Dreiklang »Hachschara – Alijah – Kibbutz«: Der Weg war vorgezeichnet, von der Vorbereitung über die Einwanderung zum Ziel. In dieser Planung erschien zum Beispiel Tel-Aviv als »verbotene Stadt«. Es gab keinen anderen Weg als den in den Kibbutz, die Stadt war »ideologisch verboten«. Städtische Einwanderer waren Kapitalisten. Tel-Aviv war das Symbol des Bürgertums, des verbotenen Weges. Stadtleben kam nicht in Frage. Dann lehnt sie sich zurück und sagt: »Alles lächerlich heute.« Damals war es sehr ernst gemeint. Die Hachschara war Teil eines umfassenden Prozesses, der in erster Linie als Absage gelesen werden muß: eine Absage an das existierende jüdische Leben in Deutschland, eine Absage an die Hoffnung der Assimilation oder Akkulturation – eine Absage an Europa, wie es war. Kaum verwunderlich, daß sich in dieses scheinbar klare Bild romantische Vorstellungen vom »anderen« Land, dem entstehenden Israel, einwoben.

»Der Keren Kajemeth le-Israel«, so heißt es im Katalog des Jüdischen Museums Berlin zu den Bildern von Herbert Sonnenfeld, »stellte den jüdischen Schulen Lehrmaterial zu den Themen ›Alijah‹ und ›Palästina-Aufbau‹ zur Verfügung.« Darunter waren Bücher, Dias, eine Palästina-Ausstellung, Modelle jüdischer Siedlungen zum Ausschneiden und Zusammenbauen und das ›Alijah-Spiel‹. Es simulierte eine Reise von der Beantragung des Einwanderungszertifikats im Palästina-Amt in der Meinekestraße bis zur Ankunft in Jerusalem. Vertauschte Koffer, das Verpassen des Schiffs, eine verhinderte Ausbootung, ein verdorbener Magen und die Strafe ›darf sich wegen schlechter Hebräisch-Kenntnisse nicht am Oneg Schabat auf dem Schiff beteiligen‹, waren eingeplante Hindernisse.«[52] Ein Spiel – noch.

52 Herbert Sonnenfeld, Berlin-Museum, S. 74. Eines der wenigen erhaltenen Exemplare aus der Sammlung Tartakower befindet sich heute im Jüdischen Museum Berlin.

Alfred J. Fischer beschreibt in seinen Erinnerungen, wie Angehörige assimilierter Familien, die den Kontakt zu zionistisch eingestellten Freunden abgebrochen hatten, nach dem 30. Januar 1933 die alten Verbindungen wieder aufzunehmen versuchten – und wie Palästina, das bis dahin höchstens als Fluchtort für die osteuropäischen Juden aus dem »ghettoartigen Scheunenviertel« in Betracht gekommen war, unversehens näherrückte; das formuliert auch einer der Beiträge in der Sammelschrift »Ja sagen zum Judentum«, die die »Jüdische Rundschau« 1933 veröffentlichte: »Es hat ein plötzlich erwachtes Masseninteresse für Palästina eingesetzt. Es sind vielleicht harte Worte, aber sie müssen gesagt werden: In guten Tagen wollte man von Palästina nichts wissen, wandte sich hochmütig ab, wollte nicht mitarbeiten; nun, da durch die Arbeit derer, die sich nicht abschrecken ließen, aus Palästina etwas geworden ist, erinnert man sich in schlechten Tagen des einst verachteten Werkes. Der Spruch des Propheten ist wieder bestätigt: Der Stein, den die Bauleute verworfen haben,

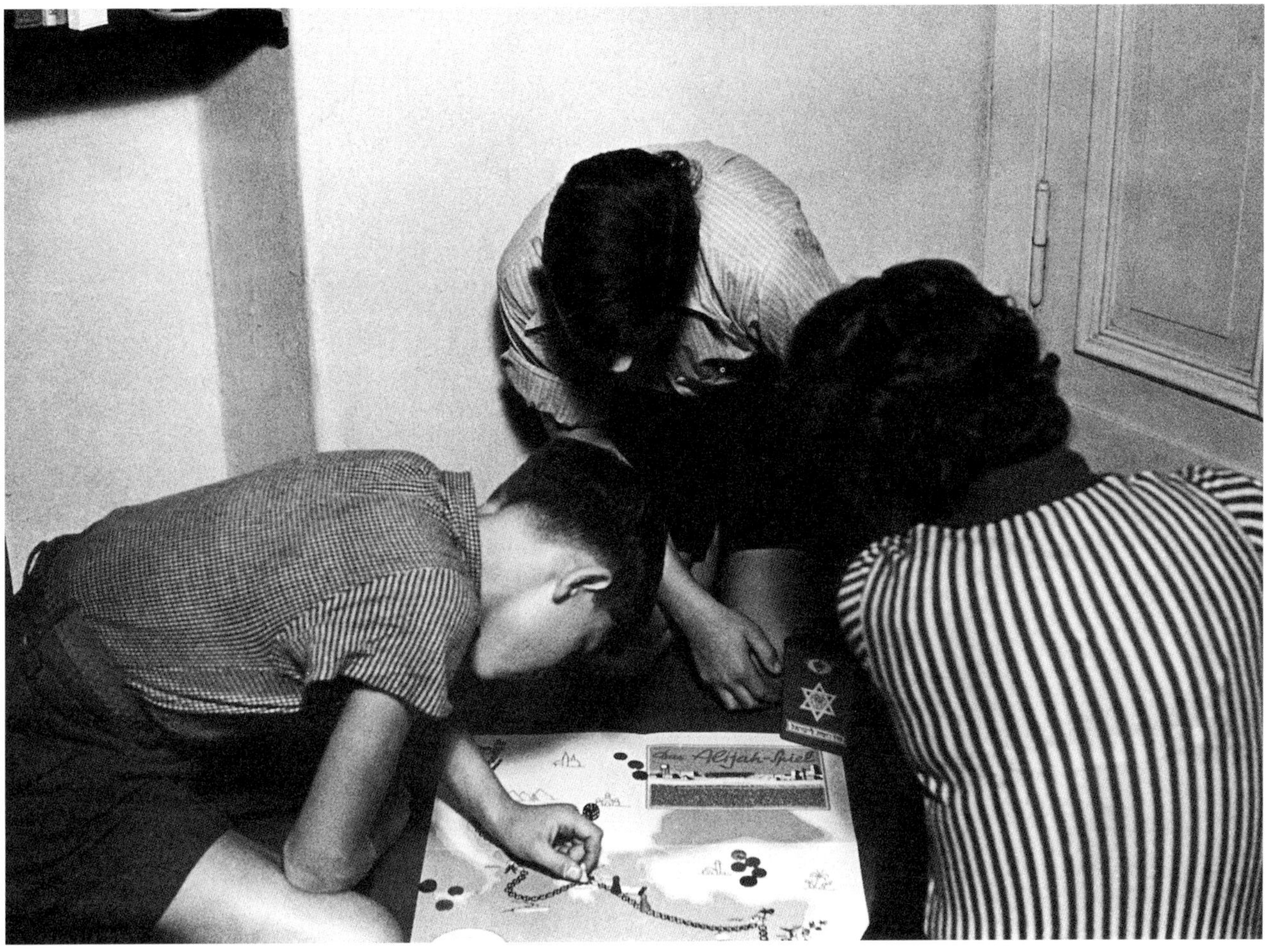

58 Zwei Schüler der Theodor-Herzl-Schule spielen das »Alijah-Spiel« Foto Herbert Sonnenfeld

wurde zum Eckstein: Rosch Pinah. Für unzählige deutsche Juden ist das Wort Palästina heute eine Hoffnung. Erst tauchte hier und da diese Lösung auf, man raunte es von Ohr zu Ohr, nun wird es immer stärker. Die Büros der Zionistischen Organisation werden von Menschen belagert, die Ratschläge und Hilfe für Palästina-Übersiedlung wünschen.«[53] Auch in Romanen wie »Die Tondowski's. Eine Familie geht nach Palästina« von Paul Dobranicki wurde die Möglichkeit Palästina popularisiert. Aber kehren wir noch einmal zu Michael Traubs Bild von der jüdischen Wanderung zurück. Der Hilfsverein der deutschen Juden veröffentlicht seit den frühen zwanziger Jahren ein »Korrespondenzblatt des Centralbureaus für jüdische Auswanderungsangelegenheiten«. Das liest sich in seinen ersten Jahrgängen wie ein Dokument des bloßen Übergangs – Auswanderer aus dem Osten Europas werden betreut, vermittelt, begleitet; aber dann verlassen sie Deutschland und gehen in die USA, nach Südamerika, nach Südafrika. Ein deutsches Problem ist das lange Zeit nicht. Am Beispiel dieses kleinen Blatts läßt sich ablesen, wie drängend es unversehens wird: 1930 heißt es noch, »der Hilfsverein führt die Fürsorgearbeit für Durchwanderer durch seine Zentrale, seine Komitees

53 Deutsche Juden und Palästina. Leitartikel vom 28. März 1933. In: Ja sagen zum Judentum. Eine Aufsatzreihe der »Jüdischen Rundschau« zur Lage der deutschen Juden. Berlin 1933, S. 40.

in Hamburg und Bremen, Vertrauensleute an der West- und Ostgrenze, wie durch Bahnhofsdienste in Berlin, Stentsch und Osnabrück durch.«[54] Im Februar 1933 ist schon die Einleitung viel länger, und sie ist gezwungen zuversichtlich: »In erster Linie harren die großen Überseeländer der Erschließung und wirtschaftlichen Entwicklung, wozu sie Menschenkräfte brauchen. Die oft angeführten Gegensätze: Volk ohne Raum, Raum ohne Volk, wirken sich im Laufe der Zeit durch ihre Konsequenzen aus.« Das heißt: Die Politik hat das Thema der Auswanderung für sich entdeckt. Auswanderung wird zum Instrument. Konsuln sind zuständig für die Erteilung von Visa innerhalb festgelegter Quoten. Von größter Bedeutung ist deshalb in diesen Krisenzeiten die Auswandererfürsorge. Noch einfacher ausgedrückt: Keiner weiß, wohin die Massen gehen sollen. Das gilt bereits für diesen Moment; um wieviel drängender werden die Fragen, wenn aus der Theorie plötzlich Praxis werden muß: »Durch die inzwischen eingetretene Steigerung der Auswanderung aus Deutschland kommt eine weitere Zahl von Ländern als bisher für die Einwanderung in Betracht [...]. Kolonien in weiter Ferne treten in den Bereich der Wanderungsziele. [...] Auf eins muß noch besonders hingewiesen werden: Die Existenzmöglichkeiten, insbesondere in überseeischen Ländern, sind, was oft verkannt wird, größtenteils erst im Lande selbst zu schaffen. [...] Es sind Probleme, die der Einwanderer selbst durch eigene Kraft, Ausdauer und Anpassungsfähigkeit zu bewältigen hat. Von größter Wichtigkeit, das ist nicht oft genug zu sagen, sind Sprachkenntnisse und vor allem Kenntnis der Landessprache.«[55]

Das Blatt veröffentlicht in dieser Ausgabe auch den »Runderlaß des Reichswirtschaftsministers Nr. 54 vom 28. August 1933 betr. Auswanderung«. Das Ha'avara-Abkommen[56], aus der zionistischen Sicht schon häufig dokumentiert, erscheint hier als deutsches Dokument:

> »Auswanderern, denen die Auswandererberatungsstelle bestätigt, daß über den als Einreisegeld erforderlichen Mindestbetrag von 1000 £P hinaus weitere Beträge zur Gründung einer Existenz in Palästina erforderlich und angemessen sind, kann im Rahmen dieses Gutachtens für den 15 000 RM. übersteigenden Betrag die Genehmigung zur Einzahlung auf ein bei der Reichshauptbank errichtetes Sonderkonto I der Bank der Tempel-Gesellschaft (Bank of Temple Society Ltd.) zugunsten einer in Palästina zu errichtenden jüdischen Treuhandgesellschaft (bzw. bis zur Errichtung dieser Treuhandgesellschaft zugunsten der Anglo Palestine Bank Ltd.) erteilt werden. Das Sonderkonto I, für das zusammen mit dem weiter unten zu erwähnenden Sonderkonto II zunächst ein Gesamtbetrag von 8 Millionen RM. vorgesehen ist, wird von der Tempelbank als Treuhandkonto für die genannte jüdische Treuhandgesellschaft geführt. Aus dem Konto werden deutsche Warenlieferungen nach Palästina bezahlt.«

54 Korrespondenzblatt über Auswanderungs- und Siedlungswesen. Hrsg. v. Hilfsverein der Deutschen Juden, Zentralbüro für jüdische Auswanderungsangelegenheiten. Berlin, Mai 1930, S. 1.

55 Dass., Oktober 1933, S. 1.

56 Vgl. dazu Werner Feilchenfeld, Dolf Michaelis, Ludwig Pinner: Haavara-Transfer nach Palästina und Einwanderung deutscher Juden, 1933–1939. Tübingen 1972

Und erst dann sollten die Auswanderer (die ja noch in Deutschland das ihnen gehörende Vermögen nur auf dieses Konto einzahlen konnten) in Palästina den »Gegenwert ihrer Einzahlungen nach Maßgabe der aus dem Absatz der deutschen Waren in Palästina zur Verfügung stehenden Beträge« wiederbekommen. Ein perfides Unternehmen, das gleichwohl einer Vielzahl deutscher Juden die Auswanderung, gedanklich zunächst, dann auch praktisch möglich erscheinen ließ. Das hat viele Leben gerettet. Es hat auch dazu geführt, daß Palästina – Ort einer neu sich formierenden Gesellschaft auf dem Weg zum Staat – in den ersten Jahren der NS-Herrschaft statt des politisch angestrebten Boykotts den Import deutscher Waren forcierte.

Die Reichsfluchtsteuer wurde erstmals 1918 eingeführt, 1925 aufgehoben, unter der Regierung Brüning trat sie 1931 wieder in Kraft. Die Verschärfung 1933/34 ging mit der bürokratisch schon lange schlummernden Idee einher, Auswanderer »zu einer letzten großen Abgabe« heranzuziehen. Zwischen den Ministerien wurde über den Sinn der Fluchtsteuer gestritten, manchen galt sie als »auswanderungshemmend«. In einer Denkschrift des Auswärtigen Amtes vom 25. Januar 1939 an alle Botschaften und Konsulate heißt es: »Es besteht deutscherseits ein größtes Interesse daran, die Zersplitterung des Judentums aufrecht zu erhalten [...]. Je ärmer und damit belastender für das Einwanderungsland der einwandernde Jude ist, desto erwünschter ist die Wirkung im deutschen propagandistischen Interesse.«[57] Im gleichen Jahr begann der Krieg.

57 Wichtige Hintergründe zur Organisation der Auswanderung aus Sicht des NS-Staates gibt Dorothee Mussgnug: Die Reichsfluchtsteuer 1931–1953. Berlin 1993.

Drei Jahre davor, 1936, publizierte das »Korrespondenzblatt über Auswanderungs- und Siedlungswesen« eine Broschüre »Jüdische Auswanderung«, deren allgemeiner Teil – im Länderteil folgen Situationsbeschreibungen aus den Aufnahmeländern – einen Artikel enthält, der den schönen Titel »Drei Pflichten des jüdischen Auswanderers« trägt. Einleitend heißt es: »Der Jude, der heute aus Deutschland fortzieht, um im Ausland eine neue Heimat zu suchen, verläßt das Land, in dem oft seine Väter viele Generationen hindurch gelebt und sich heimisch gefühlt haben, im allgemeinen nicht aus eigenem Willen oder aufgrund irgendeines individuellen Zufalles, sondern wegen seiner jüdischen Abstammung.« Wie selbstverständlich liest sich das, wie kalt beinahe – und welche Tragik liegt in dem bürokratisch formulierten Satz: Die da »fortziehen« sollten, wollten doch gar nicht gehen. Die brutale Ironie unserer Geschichte wird im folgenden Satz deutlich: »Darüber hinaus aber ist in vielen Fällen seine Zugehörigkeit zur jüdischen Gemeinschaft auch der Grund, der ihn zur Auswanderung erst befähigt; denn ohne die weitgehende Hilfe jüdischer Institutionen des In- und Auslandes würde ein großer Teil der Juden aus Deutschland ihr Auswanderungsvorhaben nicht durchführen können.«

Das stimmte, und das verstärkte sich in den kommenden Jahren noch, bis Ende 1938, Anfang 1939 die Drohung das Schicksal des eigenen Lebens unversehens mit dem der ganzen europäischen Kultur verknüpfen sollte: Wer, als deutscher Jude, als jüdischer Deutscher, ach was: als Deutscher, angesichts der drohenden Gefahr Abschied nehmen mußte doch nicht bloß von einem Haus, einer Wohnung, einer Gegend, von Nachbarn, Kollegen und allem, was vertraut war, sondern auch von einer Lebensvorstellung: dazuzugehören, dem blieb tatsächlich nichts anderes, als solche Hinweise zu lesen und ernst zu nehmen.

> »1. Jeder jüdische Auswanderer hat die Pflicht, sich im Ausland so zu verhalten, daß er die Gesamtinteressen der jüdischen Auswanderung nicht schädigt, sondern fördert. [...]
> 2. In den meisten Ländern, in die Juden aus Deutschland heute einwandern, bestehen aber schon jüdische Gemeinschaften, und es ist Sache des Einwanderers, sich diesen Gemeinden möglichst bald anzuschließen und sie mit seiner Mitarbeit, seinen Kenntnissen und Erfahrungen zu stärken.
> 3. Der Hilfsverein kann selbst nur helfen, wenn ihm immer wieder geholfen wird; und die wichtigsten Helfer sind die früheren Auswanderer mit ihren neu erworbenen Kenntnissen und Erfahrungen. Der Hilfsverein bittet deshalb hiermit auf das eindringlichste alle Auswanderer [...], ausführlich über ihre Erfahrungen zu berichten, und zwar nicht nur in den ersten Wochen und Monaten ihrer Einwanderung [...], sondern vor allem auch nach längerer Ansässigkeit im Lande, wenn sie die Unterlagen zu einem begründeten Urteil gewonnen haben.«

Das ist ungenügend geschehen, wer will sich darüber wundern? Wer es geschafft hat, wer sich plötzlich im neuen Land wiederfindet, wie sollte er dort anfangen, zurückzudenken und sogar zurückzuschreiben? Die in Deutschland Gebliebenen ließen nicht nach, sie wollten noch von Berlin aus für eine ruhige Form der Auswanderung sorgen und notierten, aufgrund der immerhin eingegangenen Berichte, was sie für »Typische Fehler unserer Auswanderer« hielten:

> »1. Eine der verhängnisvollsten Schwächen unserer Auswanderer ist ihre Abneigung, sich von den größten Städten loszumachen und in die kleineren Städte oder gar aufs Land zu gehen. Gewiß handelt es sich hier um eine Einstellung, die aus der soziologischen Struktur und bisherigen Lebensweise der Juden in Deutschland leicht verständlich wird – um so notwendiger ist aber die bewußte willensmäßige Korrektur dieser natürlichen Neigung. [...]
> 2. Mit der geschilderten Neigung unserer Auswanderer, dorthin zu gehen, wo schon möglichst viele Juden aus Deutschland leben und sich in ihrem Kreis aufzuhalten, steht ein anderer Kardinalfehler unserer Menschen im Zusammenhang: ihre mangelnde Energie bei der Erlernung der Landessprache. [...] wer die Sprache des Landes nicht lernt, verurteilt sich selbst dazu, mit seinen Schicksalsgenossen in einem Ghetto zu leben – abgeschlossen von dem pulsierenden Leben um ihn.
> 3. Ist die Erlernung der Landessprache das sichtbarste äußere Kennzeichen für den Willen zur Anpassung an neue Verhältnisse, so besteht ein anderer, allzu häufig

begangener Fehler unserer Auswanderer in der mangelnden Bereitschaft, sich auch innerlich dem neuen Lande anzupassen und nicht stets und ständig jenen Maßstab des Althergebrachten, in Deutschland Gewohnten, an alles anzulegen, der seinen charakteristischen Ausdruck in den beiden Worten findet: ›Bei uns …‹ In allen Einwanderungsländern ist viel böses Blut dadurch geschaffen worden, daß unsere Menschen, statt in erster Reihe sich als Lernende und Empfangende zu fühlen, als die überlegenen Lehrmeister aufgetreten sind und an andere, oft noch halbkoloniale Länder die zivilisatorischen Maßstäbe etwa des Berliner Westens anlegen wollten.
4. Ist so im Äußeren und Inneren die Bereitschaft, zu lernen und sich anzupassen, dringend notwendig, so muß andrerseits auf das dringlichste gewarnt werden, in das andere Extrem zu verfallen, d. h. sich aufzugeben und seine Vergangenheit zu verleugnen. Weder unsere Zugehörigkeit zum Judentum noch unsere Herkunft aus Deutschland sind etwas, dessen wir uns auch nur im entferntesten zu schämen hätten.«

Auch in der neuen Lebenssituation sollen die Auswanderer den Versuch unternehmen, eine Balance aus wenigstens zwei Zugehörigkeiten (»Identitäten« sagt sich so leicht) zu finden. Wie sollte ein einzelner Mensch, verstoßen aus dem, was er für seine Heimat hielt, hineingeworfen in eine unbekannte Ferne, diese Balance schaffen? Die Ratschläge sind gut – aber sie werden von denen geschrieben, die selbst den Schritt (noch) nicht machen. Was bleibt, sind die Berichte vom Alltag des Abschieds: »Rösl Meyer (Schalit), Renchen Reiner und ich, Leo Baumann, sind am Abend des 1. September 1936 vom Chemnitzer Hauptbahnhof in Richtung Palästina abgefahren. Wir waren im Besitz eines Zertifikats, das war das Einreisevisum der britischen Behörde für die Einwanderung nach Palästina. Das war auch, wie wir heute wissen, das Zertifikat für das Überleben. Irgendwie muss es sich in der Jüdischen Gemeinde herumgesprochen haben, dass drei ihrer Mitglieder heute abend Chemnitz Richtung Erez Israel verlassen. Ich glaube, dass an diesem Abend die noch vorhandene gesamte jüdische Gemeinde im Hauptbahnhof versammelt war. Auffallend war, dass der Naziaufseher, der bei jeder jüdischen Versammlung dabei sein mußte, auch davon überrascht wurde und nicht erschien. Die Hunderte zählende Menge begann ungestört, jüdische und hebräische Lieder zu singen, und mit dem Gesang der Hatikwah [Hoffnung] fuhr der Zug feierlich aus dem Bahnhof in Richtung Erez Israel.«[58]

58 Bericht von Leo Baumann anläßlich eines Besuchs in seiner Heimatstadt Chemnitz. Privatbesitz.

Passage

»Caught, as it were forever, in the act of immigration«

Eli Lederhandler[59]

59 Eli Lederhandler: New York City, the Jews, and »The Urban Experience«. In: People of the City. Jews and the Urban Challenge. Studies in Contemporary Jewry. An Annual. XV, 1999, ed. by Ezra Mendelssohn. New York, Oxford 1999, S. 49–67, hier S. 64.

Von zwei Seiten her erreichen vielfältige Anforderungen die Auswanderer. Deutschland, die fremder werdende Heimat, hält sie noch fest; mit den bürokratischen Anforderungen, mit den nötigen Besorgungen, mit der Angst, die es auf einmal auslöst – aber auch mit seiner Sprache, die noch jede Handlung prägt und jeden Alltag bestimmt. Das jüdische Palästina erwartet die Ankunft, und welche Fülle von alltäglichen Anforderungen würde sich hinter diesem kleinen Wort verbergen! Der Ort des Zusammenstoßes all der vielen Signale, Hinweise und Herausforderungen – noch einmal: aus zwei Richtungen – ist das Schiff, das hier ablegt und dorthin fahren soll. Die erste Etappe führt dorthin, wo die Schiffe warten.

59 Ausbootung im Hafen von Jaffa
Foto Walter Zadek

In Triest

Vor dem Auswanderer liegt, wenn er Deutschland verläßt, das ganze südliche Europa, von besseren Reisen her vertrautes Gelände für viele. Das muß durchquert werden, oft in großer Eile, aber gelegentlich, in den Anfangsjahren, auch noch in aller Ruhe. Heinz Fenchel, in erfolgreichen Berliner Jahren Filmarchitekt bei der UfA, schreibt: »Dann kam die immerhin schöne und hoffnungsvolle Vorbereitungszeit bei Dora Sussmann zur Auswanderung, wo sich Unsummen von Geldern (sicherlich übertrieben) in unseren Händen befanden, und wo die schönen Tage der Einkäufe das Leben schön machten. Ausserdem tauschten wir in diesen Tagen den alten Buick gegen einen kleinen, aber netten Fiat, und so schien wirklich alles für ein ›Neues Dasein‹ im gelobten Lande gerüstet. Der 13. Dezember [1936] kam, allwo wir per Auto die tschechische Grenze überschritten – unbehelligt von allen Schikanen, denn auf dem Gebirge empfing uns ein solch starker Schneesturm und Nebel, dass sich keine Maus aus dem Loch getraut hat, und das taten die Deutschen auch nicht. Und nachdem wir uns mühselig im Nebel bis Teplitz-Schönau geschlichen hatten, dachten wir, ach warum haben wir nicht den Wagen mit Goldbarren vollgestopft, wir hätten jetzt sicherlich weniger Sorgen ... – nun ja, wir hatten sie in Germany nicht, und wir werden sie voraussichtlich auch nicht erwerben! Dann führte uns der Weg nach Prag, in meine zweite Heimat. [...] An einem eiskalten Sonntagmorgen brachen wir dann von Prag auf. Es war drei Tage vor Abgang unseres Schiffes, und immerhin 1200 km zu bewältigen. Am Nachmittag erreichten wir die österreichische Grenze. Schneesturm und Verwehungen zwangen uns, einige Kilometer nach der Grenze [...] umzukehren. Der nächste Tag brachte uns mittags nach Wien, eisige Kälte, Glatteis, selbst in der Stadt 17 Grad unter Null, unser Mut sank von Stunde zu Stunde, noch $1\frac{1}{2}$ Tage standen uns zur Reise bis Triest zur Verfügung, und wir waren beinah so weit, den Wagen dort zu lassen und den Weg mit der Bahn anzutreten. Aber wir wurden für unseren Mut belohnt, herrliche Wege über den Semmering, ganz Kärnten und Burgenland, dann die italienischen Dolomiten, bei immer wärmer werdendem herrlichem Winterwetter, mit Neuschnee und strahlender Sonne! Die zweite Nacht verbrachten wir in Judenburg in Kärnten. Bis Udine in Oberitalien war es eine wahre Freude, aber dann die letzten 50 km nach Triest, es war inzwischen schon acht Uhr abends geworden, waren wohl das schönste, aber auch gefährlichste Stück der Reise. [...] Triest, tot und ausgestorben, der Verkehr hatte seit zwei Tagen wegen Glatteis geruht! Der nächste Morgen brachte viel Aufregung, ausserdem erwarteten wir verschiedene Postsendungen, auch Geld vom Bruder Werner, und so verließen wir dann bei strömendem Regen Europa. Für immer? – hoffen wir nicht!«[60]

Ein merkwürdiger Rückblick: »Und so verließen wir ... Europa.« Triest, oder seltener Genua, Bari, später auch Marseille, das sind Ausgangsorte: weg von Europa, hin auf die andere Seite gerichtet, nach Südosten, zur Levante hin. Was Mitteleuropa hieß und sich selbst als Kern, als Zentrum ansah, wird unversehens unter dem Druck der Migration zum Grenzort:

60 Ich habe die Wohnung Heinz Fenchels in Tel-Aviv kurz vor ihrer Auflösung gesehen, die Zeichnungen aus seiner Zeit als »set designer« bei der UfA werden derzeit für eine Ausstellung aufgearbeitet.

PALÄSTINA DIENST
TRIEST-HAIFA

D. „TEL-AVIV“

FAHRPLAN UND FAHRPREISE
BEFÖRDERUNGSBEDINGUNGEN
SONSTIGE ALLGEMEINE MITTEILUNGEN FÜR DIE PASSAGIERE

PALESTINE SHIPPING CO., LTD.
HAIFA

FAHRPLAN 1935 D. „TEL-AVIV“

Fahrplan Nr. 1.

Abfahrt von Triest		Ankunft in Haifa	
Mittwoch	13. März, 14 Uhr	Montag	18. März, 8 Uhr
Freitag	29. März, 14 Uhr	Mittwoch	3. April, 8 Uhr
Freitag	12. April, 14 Uhr	Mittwoch	17. April, 8 Uhr
Freitag	26. April, 14 Uhr	Mittwoch	1. Mai, 8 Uhr
Freitag	10. Mai, 14 Uhr	Mittwoch	15. Mai, 8 Uhr
Freitag	24. Mai, 14 Uhr	Mittwoch	29. Mai, 8 Uhr
Freitag	7. Juni, 14 Uhr	Mittwoch	12. Juni, 8 Uhr
Freitag	21. Juni, 14 Uhr	Mittwoch	26. Juni, 8 Uhr
Freitag	5. Juli, 14 Uhr	Mittwoch	10. Juli, 8 Uhr
Freitag	19. Juli, 14 Uhr	Mittwoch	24. Juli, 8 Uhr
Freitag	2. Aug., 14 Uhr	Mittwoch	7. Aug., 8 Uhr
Freitag	16. Aug., 14 Uhr	Mittwoch	21. Aug., 8 Uhr

Abfahrt von Haifa		Ankunft in Triest	
Donnerstag	21. März, 15 Uhr	Dienstag	26. März, 9 Uhr
Freitag	5. April, 15 Uhr	Mittwoch	10. April, 9 Uhr
Freitag	19. April, 15 Uhr	Mittwoch	24. April, 9 Uhr
Freitag	3. Mai, 15 Uhr	Mittwoch	8. Mai, 9 Uhr
Freitag	17. Mai, 15 Uhr	Mittwoch	22. Mai, 9 Uhr
Freitag	31. Mai, 15 Uhr	Mittwoch	5. Juni, 9 Uhr
Freitag	14. Juni, 15 Uhr	Mittwoch	19. Juni, 9 Uhr
Freitag	28. Juni, 15 Uhr	Mittwoch	3 Juli, 9 Uhr
Freitag	12. Juli, 15 Uhr	Mittwoch	17. Juli, 9 Uhr
Freitag	26. Juli, 15 Uhr	Mittwoch	31. Juli, 9 Uhr
Freitag	9. Aug., 15 Uhr	Mittwoch	14. Aug., 9 Uhr
Freitag	23. Aug., 15 Uhr	Mittwoch	28. Aug., 9 Uhr

Die Einschiffung in Triest findet 2 Stunden vor der festgesetzten Abfahrtszeit statt.

60, 61 Wie man Europa verläßt: Fahrplan Triest–Haifa

»Ein weißer Leuchtturm: Triest! Den Leuchtturm werde ich wohl nie vergessen …« – so heißt es in einem der Briefe, die in dem 1936 edierten (und nach Berlin gerichteten) Band »Jerushalajim, den … Briefe junger Menschen schildern Erez Israel« zusammengefaßt sind.[61] Triest ist der Ort des Abschieds, der Blicke nach vorne und zurück, die sich hier kreuzen – wahrlich ein geeigneter Ort dafür. Triest enthält in sich alle Widersprüche des Bildes von Europa: Habsburgerstadt war sie und in diesem Reich die dritte nach Wien und Prag; Grenzstadt ins Slawische schon immer; aber in den Jahren, die dieser Migration vorangingen, auch mehr und mehr Stadt der neuen »Italianità«: Ort der Nationalismen und ihrer (vergeblichen) Überwindung im Kaffeehaus.[62] Und gar nicht weit von Venedig gelegen.

Gideon Kaminka, Mitglied der zionistischen Jugendorganisation »Blau-Weiß«, entschied sich im Alter von 22 Jahren 1926 zu einer Reise nach Palästina. »Wie um uns selber vor Augen zu führen, was wir in Europa hinter uns ließen, hatten wir beschlossen, Venedig auf der Reise in den Einschiffungshafen Triest ›mitzunehmen‹.« Zwei Erlebnisse blieben im Gedächtnis – die Ansicht der Verbindung von Piazza (dem schönsten Salon Europas, dem als Decke nur der Himmel dienen darf) und Piazzetta, in den Augen des jungen Reisenden ein »Höhepunkt von Ordnung und Schönheit«. Kaminka kommentiert: »Das vermochte Europa!« Auf diesem gleichen unvergleichlichen Platz sah und hörte er eine Kundgebung der italienischen Faschisten, erlebte, »wie denkende Menschen zu einer gelenkten Masse gemacht wurden« – und kommentiert wieder: »Auch das vermochte Europa!«[63] Kaminka kehrte nach

61 Hrsg. v. Rudolf Melitz. Berlin 1936.

62 Noch immer unübertroffen Angelo Ara, Claudio Magris: Triest. Eine literarische Hauptstadt in Mitteleuropa. München, Wien 1987; zuletzt sehr anregend John McCourt: The Years of Bloom. James Joyce in Trieste, 1904–1920. Dublin 2000.

63 Gideon Kaminka: »…ins Land, das ich dir zeigen werde.« Geschichte einer ruhigen Auswanderung in stürmischer Zeit. Zürich 1977, S. 53 f.

62 Triest: Panorama mit dem Hafen Postkarte

dieser Besuchsreise zurück nach Österreich, arbeitete als Architekt in Wien und entschloß sich im September 1933, eine weitere Reise zur tatsächlichen Einwanderung zu nutzen. Er schildert, wie er auf dem Schiff, der »Martha Washington«, eine deutsche Dame kennenlernte, die leidend war und für ihre Diät Äpfel brauchte. Auf seinen etwas zynischen Einwand, sie sollte besser entweder das Leiden oder die Diät aufgeben, denn Äpfel hätte das Land nicht, habe sie entgegnet: »Aber man braucht Äpfel und wird sie von nun an eben pflanzen!« Das gilt ihm als Zeichen der Lebenskraft dieses deutschen Judentums, das zur programmatischen Entbehrung nicht bereit war. Auf dem Schiff herrschte nun – anders als 1926, als alles noch Experiment war – »eine Atmosphäre des Planens und Rechnens«. Der Blick war nach vorne gerichtet. Zurück blieb Europa.

Bei der Recherche stößt man gelegentlich auf Belege, die fast zu deutlich sind, zu gut passen. Sie streifen oft die Grenze zum Kitsch, weil sie so plakativ wirken; wie ein Notizzettel aus einem Archiv ist das folgende Gedicht von Robert Gilbert während der ganzen Jahre liegengeblieben, sollte gar nicht verwendet werden. Aber es läßt mich nicht los.

Berlin Ade

Leb wohl Berlin, es muß geschieden sein,
Rixdorf, ich muß dich lassen.
Anhalterbahnhof, ja da steig ich ein
Und zieh dahin mein Straßen.
    Allüberall die Hakenwimpel wehen,
    Auch ein SA-Mann sitzt mit im Coupé.
Wer weiß, wann wir uns wiedersehen,
am grünen Strand der Spree.
Die Lichter schimmern durch die Scheibe noch.
Ich kenn' fast jedes Haus. So grüßt mich
    Meine alte Bleibe noch zum Städtele hinaus.
    Hab keinen Dunst, wie lange es dauern wird,
und was vom Elbstrom bis zum Rhein
aus allen Arbeitern und Bauern wird,
Lieb Vaterland und kann nicht ruhig sein.

Zollrevision. Devisen. Paßkontrolle.
Ach, man läßt mich durch. Es ist gelungen.
Da murmelt doch der letzte deutsche Bach,
es ist ein Ros' entsprungen.
Da, wo die galgenlangen Pappeln stehen
Deutschland ade.
Wer weiß, wer weiß, ob wir uns wiedersehn
Am grünen Strand der Spree.[64]

64 Autor unbekannt Archiv Joachim Schlör

Wer damit beginnt, die Anspielungen auf deutsche Volkslieder in diesem Couplet zu zählen, begibt sich auf ein arg weites Feld: Wieviel Deutschland, wieviel Deutsches – so läßt sich ja doch bei der Lektüre fragen – haben sie mitgenommen auf ihre orientalische Reise, die auf einmal nicht mehr Test und Versuchsreise war, sondern endgültiger Abschied? Und: Wie schreiben wir, heute, darüber? »Am grünen Strand der Spree« sitzen wir heute und wissen, oder ahnen wenigstens, daß die Spreestadt nicht mehr dieselbe ist wie zuvor. Interessieren uns die *Jeckes* – so oder auch »Jekkes« und »Jekken« nennt man in Israel die aus Deutschland (»und nicht aus Überzeugung«) Eingewanderten; allerdings wurde der Begriff auch schon in Osteuropa für die *daitsche*, die Aufklärer in ihren kurzen Jacketts verwendet –, weil wir in ihnen das Verlorengegangene zu finden hoffen? Und werden wir ihnen damit gerecht? Diese Frage stellt sich, wenn wir die Memoiren von Alex Bein zu lesen anfangen. Der Text beginnt so: »Das Leben unserer Familie, von dem ich noch öfter berichten werde, und mein Leben mit ihr und außerhalb ihres Kreises sind ein Stück Geschichte der deutschen Juden. Beinahe das volle erste Jahrzehnt meines Lebens habe ich als Dorfjude gelebt wie meine Vorfahren und die Mehrheit der Juden in Deutschland mindestens bis Mitte des 19. Jahrhunderts; das zweite Jahrzehnt habe ich mein Leben in Lern- und Schaffensbezirken einer mittelgroßen Stadt geführt; das dritte Jahrzehnt hat mich im Lernen und Wirken nach der größten Stadt Deutschlands, nach Berlin, gebracht und ins preußischste Preußen, nach Potsdam. Von da ging dann der Weg mit einer mir schon damals wie selbstverständlich erscheinenden Logik nach Jerusalem, sofort nachdem der als beinahe messianischer Retter gefeierte Zerstörer des deutschen Landes an die Macht kam, und bevor er seine Absicht der Judenvernichtung in die Tat umzusetzen begann.«[65]

65 Alex Bein: »Hier kannst Du nicht jeden grüßen«. Erinnerungen und Betrachtungen. Hrsg. von Julius H. Schoeps. Hildesheim, Zürich, New York 1996, S. 12

Vielleicht gibt es wenig andere Dokumente, aus denen wir so viel über die Geschichte der deutschen Juden – und deshalb auch: über die Geschichte der deutsch-jüdischen Einwanderer in Palästina und Israel – lernen können wie dieses. Auch das ist so »typisch«, daß man beinah zurückschreckt vor weiterer Erläuterung. Vom Landjudentum über das kleinstädtische Leben in die große Stadt. Nach Berlin. Und sogar noch nach Potsdam. Und von dort, als läge die Stadt an der Bahnstrecke wie Brandenburg oder Magdeburg: Jerusalem. »Selbstverständlich«. Das alles klingt sehr stringent und überzeugend. Wie ungewöhnlich die Situation wirklich war, wird uns vielleicht nur deutlich, wenn wir an dieser Stelle unterbrechen und noch einmal zurück in das Berlin der späten Weimarer Republik und parallel in das Tel-Aviv der arabischen Unruhen von 1929 blicken:

Aus Nürnberg zum Studium in die Hauptstadt gekommen, wo der Bruder erfolgreich als Fabrikant tätig war, schrieb sich Alex Bein, der bereits dem zionistischen Jugendverband »Blau-Weiß« angehörte, in die Friedrich-Wilhelm-Universität ein. Berlin war »die Quelle vieler Anregungen auf allen Gebieten«, Bein nennt die Theater, die Konzerte, und besonders die Universität mit ihrer Bibliothek. So führt er ein Leben mit zwei Schwerpunkten: Da ist das Studium der Geschichte mit Vorlesungen bei Erich Marcks und Friedrich Meinecke, dort sind die Seminare beim »Blau-Weiß«; da lernt er, »Dokumente der neueren Geschichte zu interpretieren, d. h. kein Wort und keinen Satz als selbstverständlich zu nehmen«, dort lernt er »Methoden der Bibelinterpretation aus einer gewissen Distanz«. Beides paßt gut zusammen und spricht für die von Bein auch so erlebte Möglichkeit, ein jüdisches Leben jenseits von Assimilation, aber auch ohne religiöse Bindung, selbstbewußt zu führen. 1925 nahm er am Zionistenkongreß in Wien teil und lernte dort die führenden Personen der Bewegung kennen, zugleich arbeitete er an seiner Dissertation. Durch die Empfehlung Friedrich Meineckes erhielt Bein eine Arbeitsstelle beim Reichsarchiv in Potsdam. Heirat und beruflicher Erfolg geben die Perspektive vor, die heißt weiterhin: Deutschland. In Palästina ereignen sich im gleichen Jahr 1929 Unruhen, die der Aspirant auf eine deutsche Verbeamtung sorgsam notiert: »Am Festtag des Tischa be-Av war es in Jerusalem zu Zusammenstößen zwischen radikalnationalistischen Zionisten und radikal antizionistischen Arabern gekommen. [...] Zehn Tage dauerten die Unruhen, bis es dem zögernd eingreifenden englischen Militär und der jüdischen Selbstverteidigung, die sich überall im Lande gegen den Willen der Engländer gebildet hatte, gelang, den Aufstand niederzuschlagen. 130 Juden hatten dabei ihr Leben verloren, Hunderte waren verwundet worden. Jetzt also hing ich Nächte am Radio, um von irgendwelchen Stationen, die ich durch Kombinationen der Spulen und des Einstellungsrades ausfindig machte, immer neue Meldungen zu hören. Jede klang bedrohlicher als die vorhergehende. Ich verfolgte den Gang der Unruhen so genau, wie es möglich war.« In diesem Moment, so Bein, wurde ihm bewußt, »wie eng mein Lebens- und Schicksalsgefühl damit« – mit dem jüdischen Palästina, dem zionistischen Siedlungswerk – verbunden war. Jetzt wurde ihm auch eine eigene Zukunft in Palästina vorstellbar. Mit seiner Arbeit an einer Biographie Theodor Herzls verstärkte sich diese Bindung – und hätte wohl doch zu einer schnellen Auswanderung nicht hingereicht. Noch war der Zionismus, war die Lektüre von Herzls Briefen oder das Studium der hebräischen Sprache »etwas wie ein schützender Panzer gegenüber all dem Unheildrohenden, das uns wie alle Juden in Deutschland nun immer mehr umgab«. Nach dem »Boykottag«, dem 1. April 1933, verteilte Bein unter den Kollegen im Reichsarchiv die Sondernummer der »Jüdischen Rundschau« mit Robert Weltschs großem Artikel »Tragt ihn mit Stolz, den gelben Fleck« – eine filmreife Szene! Die konservativen Herren im Archiv, Militärs wie Zivilisten, bekunden dem Juden ihren Respekt. Und entlassen ihn zum 30. September. Auf die Frage seines Vorgesetzten, was er

63 Der Philosoph Martin Buber auf dem Weg von Tel-Aviv ...
64 im Rückspiegel des Autobusses ...

65 und bei seinem Vortrag in Ben Shemen
Fotos Walter Zadek

nunmehr zu tun gedenke, antwortet Bein: »Den Staub Deutschlands von meinen Füßen schütteln.«

Mit Hilfe einiger vom Bruder beschaffter »Kapitalistenzertifikate« wurde die Einwanderung vorbereitet. Bein schildert die Atmosphäre des Übergangs: »Da ein großer Einwanderungsstrom nach Palästina eingesetzt hatte, waren von dort immer schärfere Beschränkungen zu erwarten. Andererseits verschärfte sich die Lage in Deutschland beinahe täglich. Ich hatte nach meiner Entlassung den April und Mai in Berlin damit zugebracht, täglich viele Stunden in der Staatsbibliothek die fünfzig Bände der ›Neuen Freien Presse‹ über Herzls Korrespondententätigkeit durchzusehen [...]. Dann gab ich meine Wohnung auf. Da sich herausstellte, daß die bloße Übersendung meiner Bibliothek und meines Flügels, die für mich unabdinglich waren, beinahe so teuer kamen wie in einem Container den größten Teil meiner übrigen Möbel mitzunehmen, entschloß ich mich dazu und nahm außer unserem Schlafzimmer alles mit.«

So beginnt eine Auswanderung: In einer bürgerlichen Wohnung in Berlin, Heim eines Aspiranten zum Archivrat, seiner Gattin und des kleinen Sohnes Hänschen, sitzt ein »Parteibeamter der Nazis«, trinkt ein Glas Bier und liest in einem zionistisches Buch. Alexander Bein packt zusammen, was in einen Lift paßt. Über Prag und Brünn erreicht die Familie Wien, wo Bein vierzehn Tage Aufschub erhält, um an den Handschriften Theodor Herzls zu arbeiten. Hunderte von Seiten ließ er abschreiben, einen Koffer voller Unterlagen über das Leben des Begründers der politischen Bewegung, die er jetzt selbst für sich in die »That« umsetzte, konnte er mitnehmen. Zuerst nach Triest, dann (wie Gideon Kaminka) auf die »Martha Washington«. Da ist Zeit für letzte Rückblicke. Nimmt man nicht, was man zuletzt gesehen, gehört hat, noch mit auf die Reise?

Nicht mehr in Europa, noch nicht in Israel. Das Schiff erst wird die Übergangs-Station von einem Leben in das andere sein. In den Erinnerungen des Anwalts Elchanan Scheftelowitz gibt es eine Szene, die für das Thema Passage sehr bezeichnend ist: »Ein kurzer Schock traf mich am Hafenquai von Triest (Italien), von dem wir mit dem Schiff »Gerusalemme« nach Palästina ablegen sollten. Ich stand mit meiner Mutter vor dem Schiff, und wir betrachteten die Lastträger, welche die Koffer ins Innere des Schiffes brachten. Plötzlich zitierte meine Mutter mit Tränen in der Stimme das Gedicht ›Die Auswanderer‹ des deutschen Dichters Freiligrath, während die Lastträger die kümmerlichen Überreste unseres Besitzes auf das Schiff brachten.«

Freiligrath, natürlich. Mit diesem Gedicht treffen wir die deutsch-jüdischen Auswanderer in einer, wie soll man das sagen, historisch und philologisch vertrauten Situation. So geht das Gedicht (1838 geschrieben, hundert Jahre vorher):

Die Auswanderer

Ich kann den Blick nicht von euch wenden;
Ich muß euch anschaun immerdar:
Wie reicht ihr mit geschäft'gen Händen
Dem Schiffer eure Habe dar!

Ihr Männer, die ihr von dem Nacken
Die Körbe langt, mit Brot beschwert,
Das ihr aus deutschem Korn gebacken,
Geröstet habt auf deutschem Herd;

Und ihr, im Schmuck der langen Zöpfe,
Ihr Schwarzwaldmädchen, braun und schlank,
Wie sorgsam stellt ihr Krüg' und Töpfe
Auf der Schaluppe grüne Bank!

Das sind dieselben Töpf' und Krüge,
Oft an der Heimat Born gefüllt!
Wenn am Missouri alle schwiegen,
Sie malten euch der Heimat Bild:

[...]

O sprecht! warum zogt ihr von dannen?
Das Neckartal hat Wein und Korn;
Der Schwarzwald steht voll finstrer Tannen,
Im Spessart klingt des Älplers Horn.

Wie wird es in den fremden Wäldern
Euch nach der Heimatberge Grün,
Nach Deutschlands gelben Weizenfeldern,
Nach seinen Rebenhügeln ziehn!

Wie wird das Bild der alten Tage
Durch eure Träume glänzend wehn!
Gleich einer stillen, frommen Sage
Wird es euch vor der Seele stehn.

Der Bootsmann winkt! – Zieht hin in Frieden:
Gott schütz' euch, Mann und Weib und Greis!
Sei Freude eurer Brust beschieden,
Und euren Feldern Reis und Mais!

Die historische Migrationsforschung hat in der letzten Zeit damit begonnen, solche Momente genauer zu betrachten; im Mai 2001 fand etwa in Stuttgart eine Tagung statt, die sich mit der »Rückseite« von Emigration, nämlich dem Zurückbleiben (und dem Zurückdenken) beschäftigte. Elchanan Scheftelowitz selbst erinnert sich, »daß ich in dem Augenblick zu mir selbst leise sagte, gleichsam als Abschied von Europa und von den beiden Berufen, die ich gelernt hatte, die man mich aber nicht hatte ausüben lassen: ›Leb wohl, Europa – leb wohl, Herr Rechtsanwalt – leb wohl, Herr Rabbiner, jetzt ist all dies vorbei.‹« Es gibt eine Richtung, man bemüht sich um den Blick nach vorn. Der Heilbronner Arthur Reis schreibt, »die Schwere des Abschieds von den lieben Zurückgebliebenen und die lastende Bedrücktheit über das Kommende waren einem Gefühl der Freiheit und Hoffnung gewichen.« Diese Transformation ereignet sich in Triest. Triest ist die Heimatstadt des Versicherungsangestellten und Schriftstellers Giorgio Voghera. Vor einigen Jahren wurde sein Bericht »Meine

66 Einfahrt in den Hafen von Haifa
Zeichnung Lea Grundig

Heimat ist die ganze Welt« über die zehn Jahre in Palästina 1938 bis 1948 wieder veröffentlicht.[66] Etwas weniger bekannt ist sein Buch »Gefängnis in Jaffa«. Dort, in diesem von den Engländern betriebenen Gefängnis, erzählt einer von Schriftstücken, die er gefunden haben will, »Texte, die von jungen Einwanderern in der Zeit zwischen den Kriegen geschrieben wurden«. Diese junge Leute kamen fast alle aus Deutschland, in Gruppe, aber ohne Familie, sie reisten »auf ihrem Weg ins Gelobte Land fast alle über Triest«, nicht anders als die Erwachsenen, die auch in diesen Jahren zum größeren Teil aus Osteuropa kamen. Die italienischen Juden hatten Hilfsorganisationen auf die Beine gestellt, um die Durchreisenden zu betreuen. Der Erzähler meint, es habe nur entweder »Optimisten« oder »Pessimisten« gegeben, kaum eine mittlere Position. Die Sensibleren, Introvertierten, die Mädchen auch, »sind noch ganz ihren Familien zugewandt, hängen trotz aller Bitterkeit der letzten Jahre noch den liebgewordenen Lebensgewohnheiten nach aus denen man sie gerissen hat«. Die lassen die Reise eher über sich ergehen und notieren in ihren Tagebüchern eher die Schwierigkeiten, »überfüllte Züge oder Schlafsäle, lange Wartezeiten bei Hitze oder Regen, Verspätungen und Versehen aller Art«. So bleibt in ihren Berichten von Triest nur: die Hitze, die Kälte, der Wind. Die anderen begeistern sich schon jetzt am Pionierleben »in freier Natur, sie

66 Giorgio Voghera: Meine Heimat ist die ganze Welt. Überleben im Kibbuz, 1938–1948. Mit einem Nachwort von Joachim Schlör: Triest in Palästina in Triest. Gerlingen 1997.

67 Die Bucht von Haifa mit dem Hafen vom Berg Karmel aus Zeichnung Beatrice Zweig

»erleben alles mit Intensität und wachen Augen«, und Triest ist hier schon Teil des Prologs ihrer Reise nach Palästina – ein Abenteuer. Nur vom Meer schreiben alle, viele sahen es hier zum ersten Mal. »Ich würde sagen, daß jeder zweite Tagebuchschreiber begeistert von dem Moment spricht, als das Meer sich plötzlich vor seinen Augen zeigte, während der Zug noch oben die felsige Küste entlangfuhr.«[67]

Es ist historisch von großem Interesse, daß der Lloyd Triestino und andere Reiseveranstalter das Potential, das hier lag, für sich bereits 1927 entdeckt und in einer Broschüre auch veröffentlicht haben. Auch deshalb steht unsere Geschichte im Zusammenhang des Reisens, vor allem des Reisens im Mittelmeer: »Die bekannte Reise- und Transport-Gesellschaft ›Schweiz-Italien‹, welche in der Organisation komfortabler Reisen nach Palästina sich bereits einen vorzüglichen Ruf erworben hat, stellte uns von einer Palästina-Fahrt Reise-Eindrücke zur Verfügung«, schreibt die Jüdische Pressezentrale Zürich im Januar 1927 ins Vorwort einer Entwicklungsgeschichte des Jischuw. Nimmt man solche Dokumente zusammen mit denen von christlichen Pilgerreisen[68] und womöglich noch mit denen nichtzionistischer

67 Giorgio Voghera: Gefängnis in Jaffa («Carcere a Giaffa«). Salzburg und Wien 1993, S. 96 f.

68 Als Beispiel: Mit dem Peer Gynt ins Heilige Land. Erlebnisse und Eindrücke einer Palästina-Pilgerfahrt. Hrsg. im Auftrag des deutschen Vereins vom Heiligen Lande von J. Schröder, Generalsekretär. Köln 1926.

oder sogar vehement antizionistischer Reisender[69], dann erscheint das Unternehmen der Zionisten zumindest nicht mehr ganz so isoliert. Da ist viel Bewegung, das Land zieht viele an, auch diejenigen, die ihr Empfinden so formulieren: »Ich sehe dich also wieder, Land der uralten Verheißung. Denn ein Wiedersehen ist es doch wohl, wenn ein Jude auch nur zum erstenmale die heiligen Stätten besucht.«[70] Rabbiner Armand Kaminka (wohl nicht verwandt mit dem zitierten Gideon Kaminka) kann ganz unverbraucht vom »wohlvertrauten Elternhaus« reden, das Erez Israel für jeden Juden darstelle – denn er besucht es eben wie ein Elternhaus, von dem sich ein erwachsener Mensch doch in aller Regel gelöst hat. Kaminkas Porträt der entstehenden Pioniergesellschaft schwankt zwischen Begeisterung und Distanz, aber lesbar ist das: »So haben viele begeisterungsfähige jüdische Jünglinge, der Religion entfremdet, aber instinktiv zum Judentum zurückstrebend und mit modernen Kulturgedanken in dessen Dienst tretend, das ›Land‹ als Weg der Rettung entdeckt und zur politischen Parole gemacht.« So kann man wohl zusammenfassen, was geschehen ist. Kaminka nennt, was geschieht und was er selbst mit einiger Distanz sieht, eine Verankerung des Judentums in der Wirklichkeit, die sich in diesem neuen – und für ihn höchst seltsamen – »zentralen Reservoir« vollzieht. Für uns bleibt das Stichwort der »Verankerung« haften.

Wir müssen noch mehr solcher Berichte sammeln. Einer der beeindruckendsten stammt von Paul Mühsam. Sein »Ich bin ein Mensch gewesen« (Berlin, 1988) gehört zu den großen Zeugnissen der deutsch-jüdischen Literatur dieses Jahrhunderts; und zu den unvergeßbaren Elementen dieser Literatur gehört dies: »Am 8. September 1933 traten wir vormittags unsere Reise an. Außer unserer Hilde und Trude Wallach hatten sich Bernhard und Luise eingefunden, bei denen wir den vorhergehenden Abend, den letzten in Deutschland, verbracht hatten. Und als sich der Zug langsam in Bewegung setzte, hatte ich das Gefühl, als ließe ich meine Jugend hinter mir liegen und als würde wieder ein Stück von meinem Herzen losgerissen.« Eine deutsche Literatur, die diesen Moment nicht kennt – er kann nicht immer thematisiert werden, aber er muß anwesend, spürbar sein –, stiehlt sich aus ihrer eigenen Geschichte davon. »Die Fahrt ging über Leipzig und Weimar, tausend Erinnerungen weckend, Erfurt und Frankfurt am Main nach Karlsruhe« – und von dort nach Kehl, zur Grenze. An irgendeiner der offenen Stellen mußte man die Grenze überschreiten und die »Hölle« verlassen: »Noch vor einem Jahr hätte ich jeden für einen Verleumder erklärt, der zu behaupten gewagt hätte, ich werde es noch einmal als Glück ansehen, mein Heimatland hinter mir zu lassen.« Von Kehl nach Straßburg, nein, schon: nach Strasbourg, wo die Freiheit lebt, nach Lyon, nach Marseille, zur Canebière. Und selbst hier tritt dieser merkwürdige Moment ein, der die Emigration zu günstigeren Zeiten, also noch in den Jahren vor 1938, unversehens vom Bild der Flucht in das der Reise verwandelt: »Am 14. September traten wir unsere Seereise auf dem der französischen Gesellschaft Messageries maritimes gehörenden Dampfer »Marietta Pacha« an. Um 1 Uhr lichtete er die Anker. Die Reise übte einen so wohltuenden, anregenden und beglückenden Einfluß aus, daß man fast die unerquicklichen Umstände vergaß, unter denen sie erfolgte.«

69 Zwischen Ruinen und Aufbau in Erez-Israel. Eindrücke einer Erez-Israel-Reise mit der Palästina-Zentrale der Agudas-Jisroel von S. Schachnowitz. Frankfurt am Main 1932.

70 Meine Reise nach Jerusalem. Skizzen aus Ägypten und Palästina von Rabbiner Dr. Armand Kaminka. Frankfurt am Main 1913, S. 29.

68 Ein Bote des Landes: die »Tel-Aviv«

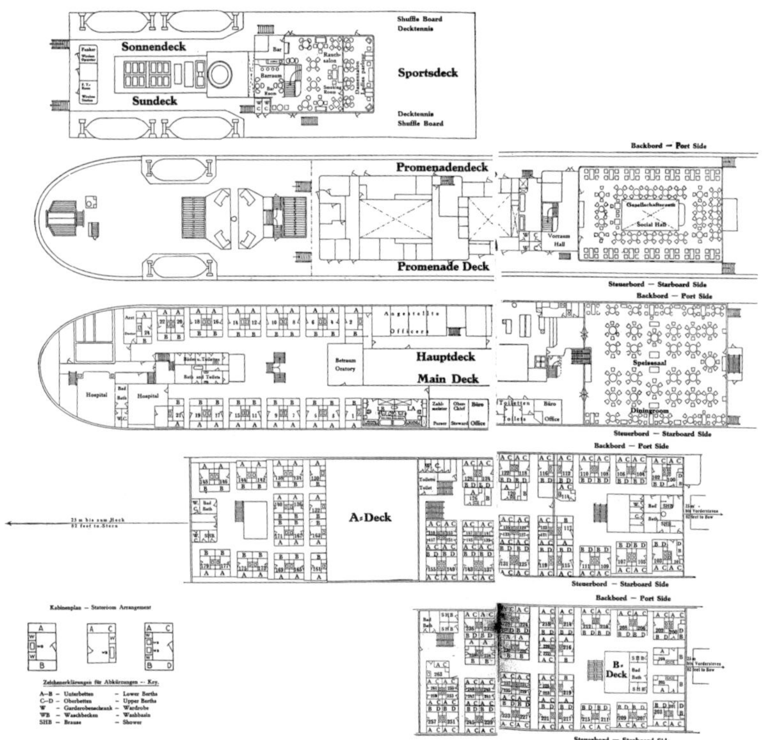

KABINENPLAN
SS »TEL-AVIV«

10000 TONS DEPLACEMENT
LÄNGE 125 METER, BREITE 15 METER

69, 70 (rechts)
Ein Schiff, geplant für friedliche Zeiten und Reisen

Es mag zynisch wirken, aber es ist notwendig, dieses Gefühl der Befreiung – das hier und längst nicht nur hier das Bild einer Ferienreise annimmt – in der Erinnerung zu behalten. Das hält bis zur Ankunft. An Griechenland vorbei geht es, wie auf einer Kreuzfahrt, nach Alexandria. Was sich hier ereignet, verdient mehr als alle anderen Gegenstände der Untersuchung europäischer Geschichte in diesem absurden Jahrhundert den Begriff der »Passage«. Paul Mühsam schreibt: »Mit einer Anzahl der Mitfahrenden hatten wir uns bereits so weit bekannt gemacht, daß wir über ihre Vergangenheit und Hoffnungen unterrichtet waren. Die meisten waren Juden aus Deutschland, hauptsächlich Auswanderer und nur ein geringer Prozentsatz Touristen, die sich in Palästina über Zukunftsmöglichkeiten informieren wollten. Auch katholische Missionare sowie Benediktiner und Schwestern gehörten zu den Passagieren, deren Ziel entweder Jerusalem und Haifa oder Syrien war. Aber die Zahl der Emigranten überwog so sehr, daß man fast nur deutsch sprechen hörte. Sie befanden sich alle in derselben Lage.«

RAUCHSALON

Sie befanden sich alle in derselben Lage. Sie befanden sich alle: unterwegs. Sie hatten alle ein *Woher* bei sich und ein *Wohin* vor sich. Und sie hatten Pläne: »Alle bemühten sich, Hebräisch zu lernen. Alle hatten den Willen, sich umzustellen, sich einzuordnen und festen Fuß zu fassen, und standen erwartungsvoll vor der Schwelle zu einem neuen Leben. Die meisten wußten noch nicht einmal, welchen Ort sie als Domizil wählen werden. Jeder nahm sich vor, erst einmal auf einer Rundreise das Land kennenzulernen. Den meisten begegnete man später immer wieder.«

AUF DEM SPORTDECK

Bevor diese Gruppe, zufällig zusammengewürfelt, »am 20. September früh um sechs bei herrlichem Sonnenschein in Jaffa vor Anker« geht, bevor überhaupt Jaffa und das Land ins Blickfeld rücken, müssen wir noch einmal innehalten. Was geschieht auf der Passage?

SACKHÜPFEN – LUSTIGES BORDSPIEL

Abschied von Europa. Vorbereitung auf die Ankunft. Das Vergangene im Blick zurück, das Kommende vor den Augen. Und im Hintergrund der eigenen schmerzlich-hoffnungsvollen Erfahrung die Erinnerung an jüdisches Schicksal: zum Wandern bestimmt. Es ist wohl nicht zufällig so, daß zu den Begleitbüchern vieler Emigranten neben Goethe, Schiller, Heine auch die Zyklen des Dichters Wilhelm Müller, nebst ihrer Vertonung durch Franz Schubert, gehörten. »Fremd bin ich eingezogen, fremd zieh' ich wieder aus.« Dieses Gefühl des Fremdseins, der Einsamkeit und Verlorenheit, ist eine Grunderfahrung der Moderne, von den Städtebewohnern längst erprobt (vielleicht sogar überwunden geglaubt) – aber vielleicht an keinem anderen Ort auf der Erde und zu keiner anderen Zeit als in den Jahren nach 1933 und vor 1939 so stark verdichtet wie: auf diesen Schiffen.

Auf dem Schiff

Auf dem Schiff nach Palästina fahren die Chaluzim, die Pioniere des Bodens, die friedlichen Eroberer des Landes, kommend vom Ende einer Zivilisation, wie die früheren Mönche gefahren sind, den Boden zu beackern und die Menschen einer neuen Gemeinschaft zu gewinnen, getragen von einer Idee. [...] Auf dem Schiff fahren alte, gesetzestreue Juden. Der Religion ergeben, dem Geist und der Vergangenheit. [...] Auf dem Schiff fährt eine Familie aus Moskau, Vater, Mutter, Tochter von neunzehn, Sohn von dreizehn. Sie mussten vierhundert Goldrubel zahlen, um Russland verlassen zu können. [...] Auf dem Schiff fahren jetzt die Deutschen. Bald viele, bald weniger viele – ein unaufhörlicher Strom. Sie stehen an der Reling, im städtischen Anzug, in langen Hosen. Der Wind kommt, die Sonne, sie haben nur eine Reisemütze, als einziges, das sie sportlich macht, sie sehen aus wie Herren, zu denen der Arzt gesagt hat, ›Ihre sitzende Lebensweise verlangt, dass Sie einmal eine Schiffsreise machen, Ihre Nerven gründlich auskurieren‹. Es sind keine Flüchtlinge mit roten Betten und geschnürtem Bündel, es sind nur Reisende, aber der Boden wurde ihnen unter den Füssen weggezogen und ihre Namen gelöscht von der Tafel der Börsenmakler, Rechtsanwälte und Kaufleute.« So schreibt Gabriele Tergit, die selbst diese Reise antreten sollte.[71]

In den ersten Jahren waren überdurchschnittlich viele Jugendliche unter den Reisenden. Sie hatten als Mitglieder zionistischer Jugendorganisationen eine landwirtschaftliche oder handwerkliche Ausbildung in der *Hachschara* gemacht wie die Gruppe von Ilana Michaeli, die unter der Anleitung von Martin Gerson im brandenburgischen Gut Winkel auf ihre Reise vorbereitet wurden und später den Kibbuz Hasorea gründeten; sie hatten, wie Marianne Awerbuch, als Kinder aus assimilierten Elternhäusern in der Schule judenfeindliche Diskriminierung erfahren und sich selbst zur Auswanderung entschlossen. Manche kamen außerdem als eine Art von Kundschaftern, die eine Existenz im Land einmal ausprobieren sollten, bevor ihre Familien dann nachkamen. Ernst Loewy wurde 1920 in Krefeld geboren. Im Alter von 15 Jahren begann seine »Vorbereitung« im Rahmen der Jugend-Alijah auf dem Gut Schniebinchen bei Forst in der Niederlausitz. Nach einigen Monaten kehrte er kurz zu seinen Eltern zurück, und am 25. März 1936 begann die Reise mit einer Gruppe aus 18 Jungen und 12 Mädchen. In einer Postkarte an die Eltern schreibt er:

> Triest, 26. 3. 1936
> Meine Lieben!
> Ich bin hier gut gelandet. Die Fahrt war fabelhaft. Wir sind gefahren über Salzburg, Gastein, die Hohen Tauern, Kärnten, Jugoslawien, Triest. Der ganze Zug voller Juives. Alles Palästinareisende.
> Morgen geht die Schiffahrt los. Viele Grüsse und Küsse,
> Euer Ernst.

71 Gabriele Tergit: Im Schnellzug nach Haifa. Mit einem Vorwort von Jens Brüning und einem Nachwort von Joachim Schlör: Im Schnellzug nach Haifa. Und zurück. Berlin 1996, S. 11.

Da ist noch viel jugendlicher Übermut, viel Vorfreude und Erwartung zu spüren. Die nächste Nachricht wird schon auf dem Schiff geschrieben: »S.S. Tel-Aviv, den 27. 3. 1936.« Die Tel-Aviv ist ein besonderes Schiff; nicht nur trägt sie den Namen der ersten jüdischen Stadt der Moderne, sie symbolisiert auch die Rückkehr der Juden zum Meer, zur Schiffahrt – und vor allem den Anspruch auf eine selbst verantwortete und selbst erlebte Beendigung der Existenz in der Diaspora, auf den »Kibbuz Galuyot«: Wir sorgen selbst dafür, daß unsere verfolgten Angehörigen in das neue alte Land gebracht werden. Ernst Loewy: »Nun über die *Tel-Aviv*. Äußerlich ist sie nicht besonders schön. Aber innen ist sie ganz fabelhaft eingerichtet. Aber, wenn man sie sich doch mal ein bißchen genauer ansieht und mal in die Mannschaftskabinen sieht, dann vergeht einem wirklich die Freude. Schauderhafte, von Schmutz stierende Löcher, das sind die Wohnungen der Matrosen. Die *Tel-Aviv* ist übrigens schon ein sehr altes Schiff, nur vor zwei Jahren vollkommen überholt worden. Die Kabinen, Eßräume, Klosetts und Waschräume alle vollkommen neu und prachtvoll eingerichtet. In den Mannschaftsräumen aber war bestimmt seit Jahren nicht das Geringste mehr gemacht worden. Das verdirbt einem eigentlich die ganze Freude, wenn man sieht, wie schön hier alle wohnen und in welchen Dreckbuden hier die Matrosen hausen. Die Räume bei uns sind ganz fabelhaft. Fließendes warmes und kaltes Wasser, vier Betten in einem Raum, über jedem ein besonderes Licht, ein elektrischer Ventilator usw.

Nun Schluß.

Laila tow (auf Deutsch: Gute Nacht!)«

71 Überfahrt von Ernst Loewy auf der »Tel-Aviv«, 27. 3.–2. 4. 1936

Schon heißt es »Laila tow«. Und schon meldet sich die kritische Stimme eines klassenbewußten Reisenden, der zugleich aber noch ein aufgeregter Junge ist: »Einen Tag noch, und dann sind wir da. Ich bin ja so riesig gespannt auf alles. Die Seereise war aber doch bedeutend länger, als ich vorher gedacht habe.«[72] Die Seereise bedeutet: verzögerte, hinausgeschobene, fast eingefrorene Zeit. Wenigstens in diesen frühen Jahren wirken die Umstände der Reise – die fast schon vornehme Einrichtung, die Eßsäle mit ihren Speisekarten, die Liegesessel an Bord – mit einem Effekt der Verfremdung. Sie halten die Zeit für eine Weile an und besorgen erst dieses Gefühl, sich auf einer Brücke zu befinden, auf einem Kissen der Ortlosigkeit zwischen den Klammern der Vergangenheit und den neuen Anforderungen in einem unbekannten Land.

72 Alle Zitate aus Loewy, Jugend in Palästina, S. 43–47.

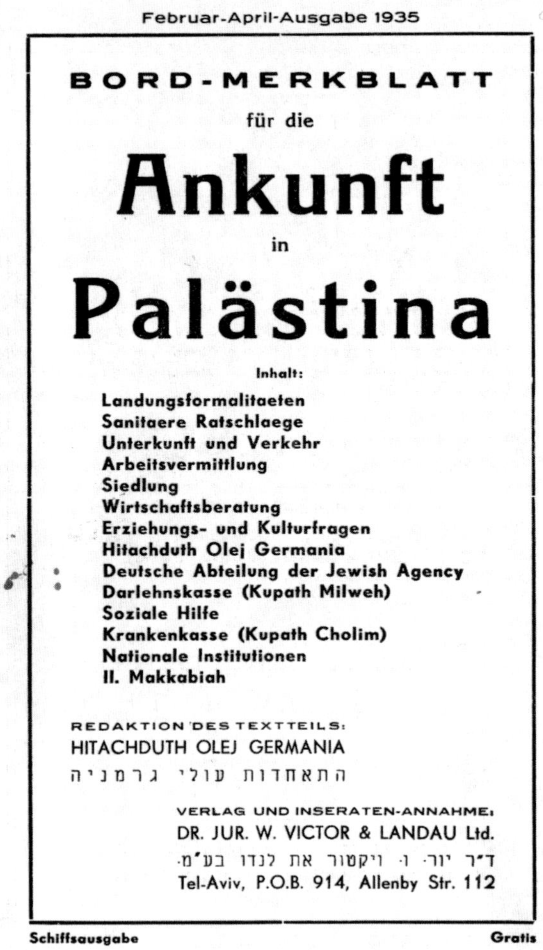
Februar-April-Ausgabe 1935

BORD-MERKBLATT
für die
Ankunft
in
Palästina

Inhalt:
Landungsformalitaeten
Sanitaere Ratschlaege
Unterkunft und Verkehr
Arbeitsvermittlung
Siedlung
Wirtschaftsberatung
Erziehungs- und Kulturfragen
Hitachduth Olej Germania
Deutsche Abteilung der Jewish Agency
Darlehnskasse (Kupath Milweh)
Soziale Hilfe
Krankenkasse (Kupath Cholim)
Nationale Institutionen
II. Makkabiah

REDAKTION DES TEXTTEILS:
HITACHDUTH OLEJ GERMANIA
התאחדות עולי גרמניה

VERLAG UND INSERATEN-ANNAHME:
DR. JUR. W. VICTOR & LANDAU Ltd.
ד״ר יור׳ ו׳ ויקטור את לנדו בע״מ.
Tel-Aviv, P.O.B. 914, Allenby Str. 112

Schiffsausgabe Gratis

72 Ein ernstes Zeichen: Das ist keine Urlaubsreise
Bord-Merkblatt der HOG

Auf dem Schiff treffen schon Nachrichten aus Palästina ein. Das »Bord-Merkblatt« wurde von der Hitachduth Olej Germania, »der gemeinnützigen Vereinigung der aus Deutschland eingewanderten Juden«, redigiert und vom Verlag Dr. jur. W. Victor & Landau herausgegeben, damit schon auf dem Schiff Fragen beantwortet werden können, »die der neu Ankommende sonst an die verschiedenen Stellen zu richten gezwungen wäre«. Wie immer bei diesen Blättern sind es die Anzeigen, die zuerst unser Interesse erregen. Die Palestine Lloyd Insurance Ltd wirbt – und ersucht zugleich »bewährte Fachleute und Acquisiteure«, sich gleich nach Ankunft in der Zentrale zu melden. Das verspricht Zukunft. In Haifa bietet die Philip Mayer & Co. Bauparzellen, Grundstücke und Häuser, Hypotheken und Kapitalsanlagen, ebenso die Fidelity-Emun in Tel-Aviv, die ihre leitenden Direktoren so vorstellt: Max M. Rosenfeld, Tel-Aviv (früher langjähriger Präsident des zionistischen Landesverbandes Luxemburg) und Werner Eichwald, Tel-Aviv (»vh. Rechtsanwalt am Hanseatischen Oberlandesgericht«). Die Litwinsky Brothers bieten »Das Eigenheim in der Gartenstadt« an.

Die kleine Stadt Tel-Aviv, von der in den Reiseberichten bei aller Begeisterung doch immer etwas herablassend die Rede gewesen war, »ist jetzt eine bedeutende grosse Stadt«, die selbst wiederum eine »Gartenvorstadt« braucht, »ca. 20 Minuten von der City entfernt« und durch einen eigenen Autobus mit dieser verbunden. Auch das »Mitteilungsblatt« der deutschen Einwandererzentrale, Hitachduth Olej Germania (HOG), das ebenfalls im Verlag Victor & Landau erscheint, stellt sich als »das beste Insertionsorgan zur Erfassung der Kaufkraft der Einwanderer« dar: Seriosität, Urbanität, beste Entwicklung – das ist die Botschaft der ersten Seiten. Zur Begrüßung schreibt Jizchak Grünbaum:

»Schalom! Seid gegrüsst mit diesem alten schönen Gruss des Friedens in dem Augenblick, da Ihr die neue Heimat betretet. Im Namen der Jewish Agency heisse ich Euch

von Herzen willkommen. Ich weiss, wie schwer die ersten Stunden für jeden Einwanderer sind, der nach Palästina kommt – besonders für den, dessen Sehnsucht nicht von jeher dem Leben in diesem Lande galt. [...]
Wir wissen, welch schweres Schicksal sie tragen, dass ihr ganzes bisheriges Leben mit seinen vielen geistigen Gütern ihnen zerstört wurde. Mit unsagbarer Härte sind grosse Teile des deutschen Judentums mitten aus einer Welt herausgerissen worden, in der schon ihre Vorfahren Generationen hindurch lebten. Noch unter dem Eindruck all dieser Geschehnisse treten sie in eine neue Welt, die ihnen naturgemäss vielfach noch fremd sein wird.«

Da wird der Ton schon etwas härter. »Der Einwanderer« wird sich auf einen neuen Beruf einstellen müssen, »Anpassungswillen, Selbstvertrauen und Geduld« werden nötig sein, und ohne Einschränkung beschreibt Grünbaum die Aufgabe der im Lande ansässigen Organisationen: »den Einwanderern den Übergang zu erleichtern, sie vom Leben im Galuth hinzuleiten zu einem freien Leben der tätigen Arbeit für unser jüdisches Land«. So wird der Eindruck der gesamten Broschüre auf ihre angespannten Leser gewesen sein, schwankend zwischen der beruhigenden Zusicherung eines europäischen Niveaus, die aus den Anzeigen spricht, und der Ahnung von einer sehr großen Mühe, von der die Zwischentexte berichten. Aber noch sind wir auf dem Schiff. Was mochte auf die Zuwanderer warten? Das Hotel »Jam Hatcheleth« in Tel-Aviv, »unmittelbar am Strande gelegen«, oder vielleicht das »Haus Dr. Meyer« im Tel-Aviver Stadtteil Montefiori? Wer mit Familie kam, wohin sollte er seine Kinder geben? In der Tel-Aviver Hamagid-Straße, »in schönster Umgebung zwischen Rothschild Boulevard und Jehuda-Halevy-Straßen«, befand sich die Realschule (mit Schülerheim) *Nachmania* »unter Leitung erfahrener akademisch gebildeter Lehrkräfte, die das deutsche Schulwesen u. die Mentalität der deutschen Kinder kennen«. Das Gymnasium *Nordia*, seit 1927 bereits im Lande tätig, empfiehlt sich mit gezielten Vorbereitungsklassen: »Vorbereitungskurse für neu ins Land kommende Schüler.« Werbung für sich betreibt auch die *Kupath Milwe schel Olej Germania*, eine im Dezember 1933 von der Einwandererzentrale Hitachduth Olej Germania (HOG) gegründete und nur auf die deutschen Zuwanderer eingerichtete Darlehenskasse.

Noch ist dies alles nur: Katalog. Möglichkeit. Größere Sicherheit bieten die vertrauten Namen. So teilt das Bord-Merkblatt auch mit, daß Dr. Arthur Ruppin die Leitung des im Oktober 1933 gegründeten »Central Bureau for the Settlement of the German Jews« übernommen hat. Mit dem Namen von Arthur Ruppin verbinden sich erfolgreiche Geschichten über die Gründung von Siedlungen (und ganzen Städten, wie eben Tel-Aviv), von Landerwerb auf friedliche Weise, von denen Nachricht durch die »Jüdische Rundschau« auch nach Deutschland gekommen war. Mit Ruppin arbeiteten in dieser Abteilung der Jewish Agency Werner Senator und Georg Landauer. Sie gehören alle auch zum Leitungskreis der Hitachduth Olej Germania:

73 Walter Krips, Schiffskoch auf der »Tel-Aviv«

74 Von irgendeinem Hafen: Nachricht an die Familie

»Sie ist der auf Freiwilligkeit beruhende Zusammenschluß der deutschen Juden in Palästina, sowohl der im Lande ansässigen, wie der neu eingewanderten, zum Zwecke der Hilfe bei der wirtschaftlichen und kulturellen Eingliederung der Neueinwanderer aus Deutschland in das Leben von Erez Israel. [...]
Sie hilft bei der beruflichen Umschichtung, insbesondere der Erlernung eines landwirtschaftlichen oder handwerklichen Berufs. [...]
Sie bietet in verschiedenen Formen Möglichkeiten zur Erlernung der hebräischen Sprache und zur Beschäftigung mit den Problemen des Aufbaus von Palästina.«

Die HOG ist keine Einrichtung für soziale Unterstützung, und sie kann auch auf politischer Ebene den Einwanderern nichts abnehmen: »So bleibt doch die eigene Initiative, Zähigkeit und der Opferwille zusammen mit seinem nationalen Verantwortungsgefühl die wichtigste Voraussetzung für das Gelingen seiner Einordnung in Palästina.« Zähigkeit, Opferwille, Verantwortungsgefühl. Einordnung – harte deutsche Wörter. »Der Weg in das Land«[73] sollte, vom Land her gesehen, den neu Ankommenden durchaus nicht leicht gemacht werden. Wer, wie Eugen Höflich, schon zuvor, ohne die äußerste Bedrückung, gekommen war, mochte solche Wörter für ein Symbol der eigenen Bereitschaft, wirkliche Opfer zu bringen, gut hören; wer 1933 ankam, konnte über den Klang der Wörter erschrecken, unterschieden sie sich doch nicht so sehr von den Schlagworten des ganz neuen, schrecklichen Deutschland, das sie vertrieben hatte. Was sollte aus den Bürgern werden? Die Warnungen waren deutlich, Eugen Höflich selbst sprach von den »Schattenseiten« der Kolonisation: »Es ist leicht begreiflich, daß an den Pflanzer, der mit seiner Scholle weitaus nicht so verwachsen ist wie der Bauer in Galiläa, der vielleicht gar nicht in der Kolonie, sondern in Tel abib, dem jüdischen Stadtteil Jaffas, wohnt und die Bajare von einem Pächter bewirtschaften läßt, leicht die Versuchung zu kommerziellen Spekulationen herantritt.« Eine große Bewegung sei erforderlich, schreibt Höflich, um »gegen das Eindringen des Merkantilismus in Palästina kämpfend Stellung zu nehmen«, und noch weiter geht seine Absage: das neuartige Gemeinschaftsleben, das hier versucht wird, beruht »auf einer neuen, Europa fernen, Europa überwindenden Ethik«. Schwer genug war es schon für diejenigen,

73 Dies der Titel der »palästinensischen Aufzeichnungen« von Eugen Hoeflich aus Wien, die 1918 in Wien und Berlin erschienen; als Mosche Yaacov Ben-Gavriel wurde er zu einem erfolgreichen Romancier.

die nach 1933 kamen, Europa als geographischen Ort zu verlassen – den Appell, »Europa« auch als Gedanken hinter sich zu lassen, mußten sie als Angriff auf ihr Innerstes verstehen.

Zurück zum Schiff. Wir können für einen Moment Atem holen und uns klarmachen, von wo aus wir auf die Vergangenheit zurückblicken: zum Beispiel in Berlin-Friedrichshagen. Dort wohnt Sonja Mühlberger. Sie ist selbst in Shanghai geboren (im Oktober 1939) und aufgewachsen. Der Vater Hermann Krips, geboren 1910 in Frankfurt, war nach der »Kristallnacht« festgenommen und in das KZ Dachau eingeliefert worden; als er seine Einwilligung zur Auswanderung gab und die Reise ins ferne China vorbereitete, wurde ihm klar, daß er nur einen Bruchteil dessen mitnehmen konnte, was seine Existenz bis dahin bestimmt hatte. Deshalb finden sich in der kleinen Sammlung von Frau Mühlberger Fotos, die aus Alben herausgerissen wurden, Bilder, an deren Rückseite noch die schwarzen Reste des Albums kleben oder die sogar an manchen Stellen zerrissen sind. Das wenigstens, diese kleine Erinnerung, dieses Gesicht wollte er mitnehmen, wenn schon das ganze Album zu schwer war. Zwanzig Kilo Gepäck waren erlaubt. Unter diesen Fotos sind auch einige, die Hermanns Bruder Walter zeigen. Der hatte Koch und Konditor gelernt und verdiente sich sein Geld – auf dem Schiff. Zwischen Triest und Haifa. Eines der Bilder zeigt den Schiffskoch stolz und jung mit seiner Kochmütze auf der »Tel-Aviv«. Auf einem weiteren Foto schaut er aus der Kombüse heraus, und auf einem dritten Bild sitzt Walter Krips auf einem Poller in irgendeinem Hafen, im Hintergrund liegt das Schiff. Dieses Foto wurde auf allen Seiten abgeschnitten, die Textspuren auf der Rückseite einer Postkarte erzählen noch

75 Die Krips-Brezel – Erkennungszeichen

76 der von Walter Krips in Haifa gegründeten Konditorei

von einem Adressaten in Frankfurt, das Wort »Triest« erscheint, der »28. Juni« – wohl 1938 – und ein Gruß von »Walter, Palestine Shipping Company«. Walter Krips lebt längst nicht mehr, seine Erinnerungen an die Zeit auf dem Schiff blieben ungeschrieben. Für die Einwanderer war das Schiff Transitstation, schwimmender Grenzübergang – Metapher und banale Realität: »In der Kabine, die uns zugewiesen wurde«, schreibt Alex Bein, »natürlich 3. Klasse, einem engen, stickigen Raum, durch den Heizrohre für die Küche gingen, fanden wir unser kleines Gepäck, aber ein Koffer fehlte, der Koffer mit den Abschriften aus dem Herzl-Archiv. Fünf Tage dauerte die Reise. Es waren Herbstchamsine. Man konnte es in unserer Kabine kaum aushalten. In einer anderen Kabine, in der ich eine Nacht verbrachte, war mein Genosse ein Schwäblein aus der deutschen Kolonie in Jerusalem.« Der Koffer wurde wiedergefunden, und »so konnte ich, wie alle jüdischen Passagiere des Schiffes [...] mit Spannung und einem seltsamen Hochgefühl auf dem Deck stehend die Küste Palästinas sich nähern sehen. Eine Stadt wurde sichtbar – Jaffa. Das Schiff ging vor Anker. Kleine arabische Boote kamen, wir stiegen in eines ein oder wurden beinahe hineingeworfen und wurden ans Land gerudert und von einem Arzt oder Veterinär mit einer Typhusspritze empfangen. Dann durften wir an Land. Da stand, seit Stunden wartend, mein Bruder Harry und nahm uns in Empfang. Wir waren im Lande.«

Die »Ankunft im Hafen von Jaffa« will schon vor der Ausbootung vorbereitet werden, da sind Steuern, Ausbootungskosten, Lagergelder zu bezahlen; da muß man darauf achten, daß das Gepäck im gleichen Boot landet wie man selbst. Da muß man eine »grosse weisse Karte« des Gesundheits-Departements erhalten (und zwar erst dann, wenn man eine Privatadresse angegeben hat, bei der man zu erreichen sein wird, Hoteladressen genügen nicht). Da ist eine Zollrevision zu überstehen, bei der immerhin »Vertreter der Stadt Tel-Aviv (weisse Armbinde mit Stadtwappen)« helfen. Von Jaffa aus muß man sich nach Tel-Aviv transportieren lassen, erst dann ist man, solange die britischen Behörden es dulden, wirklich und richtig am Ziel.

Illegalität

In Triest begegnen wir Elly Freund – durch einen Text, den sie 1984, im Alter von 75 Jahren, zu schreiben angefangen hat. Carsten Hueck, Autor des Films »Jeckes«, hat mir den Kontakt zu Elly Freund vermittelt und mir ein Exemplar ihrer Memoiren mitgebracht. Geboren 1909 in Breslau, ging Elly Freund mit 19 Jahren nach Heidelberg, um dort Medizin zu studieren. Die eigene Befreiung aus einem streng orthodoxen Haus, die Suche nach Unabhängigkeit für das eigene Leben, ist der Leitfaden dieser Erinnerungen. Über eine erste Annäherung an die kommunistische Idee kam sie zum Zionismus: »The idea of a socialist Jewish society in Palestine appealed to me. The Kibbutz was to be the realisation of the ideal communist life, such as could never materialize in Germany under Hitler.« Englisch? Ja, die

Erinnerungen wurden für die Kinder und Enkel geschrieben. Deutsch ist die Sprache der Vergangenheit. Vom Jung-Jüdischen Wanderbund (»Brit Haolim«) führte der Weg zu einer Arbeitsstelle in der zionistischen Bewegung: für die Jugend-Alijah. Recha Freier ist die zentrale Figur in dieser Unternehmung: jüdische Kinder und Jugendliche nach Palästina zu bringen, wo sie in Kinderdörfern – wie in dem von Siegfried Lehmann gegründeten Ben Shemen – in der Landwirtschaft ausgebildet und zu einem friedlichen Zusammenleben mit den arabischen Nachbarn erzogen werden wollten. Bereits vor 1933 versuchten die Mitarbeiter der Jugend-Alijah, wie Elly Freund in Breslau, Eltern davon zu überzeugen, ihre Kinder nach Palästina gehen zu lassen. Erst nachdem Hitler an die Macht gekommen war, waren mehr Eltern bereit, ihre Kinder wegzuschicken – weil sie zu Recht sahen, daß dies ihre einzige Möglichkeit war, selbst nachzukommen. 1935 traf Frau Freund mit Henrietta Szold zusammen, die zwei Jahre zuvor die Organisation von Recha Freier übernommen hatte.

Unter den Bedingungen der NS-Herrschaft bildeten sich kleine Gruppen, in denen die Jugendlichen eine sozialistisch orientierte politische Formierung und eine »Erziehung zum Kibbuzleben« erhielten. Für unseren Zusammenhang sind die Überlegungen von Elly Freund sehr wichtig. Sie war, nach der »Machtergreifung«, davon überzeugt, daß jüdisches Leben in Deutschland nicht mehr möglich war, und blieb doch selbst bis 1938. »Man könnte fragen: ›Warum hast Du nicht Deine Sachen gepackt und bist nach Palästina gegangen?‹« Ihre Antwort wirft ein Licht auf die Situation der Juden in Deutschland nach 1933: »Die Juden wurden aus dem deutschen Leben nach 1933 ausgeschlossen. Aber in den großen Städten war es ihnen noch gestattet, ihre eigene erzieherische und kulturelle Infrastruktur aufzubauen. [...] Wir mußten die Gestapo über unsere Treffen informieren, und man schickte Leute, die uns ›schützen‹ und zugleich bespitzeln sollten, um Informationen über Anti-Nazi-Aktivitäten zu erhalten.« Weiter heißt es im Original: »In this ghetto atmosphere it was our important task to educate Jewish youth to a future life in Palestine, and especially to a pioneering life in the kibbutz.« Wie deutsch ist dieses Englisch! Und wie dringlich kommt uns in diesen Erinerungen der Moment des Übergangs, der Transformation entgegen, der schon vor der eigentlichen Auswanderung einsetzte: »Das alles änderte sich im Januar 1933, als mein ›Doppelleben‹ begann. In der Universität war ich die Jüdin, diskriminiert von den Nazistudenten, und mußte über Rassismus und ›Ausmerzung der Untauglichen‹ hören. Mein ›zweites‹ Leben bestand in der Identifizierung mit der Aufbauarbeit in Palästina und meiner Vorbereitung für den Kibbuz.«[74]

74 Elly Freund, Einige Lebenserinnerungen bis zur Staatsgründung Israels. Manuskript von der Verfasserin.

Von 1935 an arbeitete Elly Freund in Berlin, »zusätzlich zu den jüdischen Themen versuchte ich immer noch, einige der deutschen kulturellen Werte zu vermitteln«. Ihr *Beth Halutz*, ihr Pionierhaus, war in der Elsässer Straße 54. Noch immer gab es im Berlin der NS-Herrschaft »jüdische Orte«, Rückzugsorte, Inseln vor der Flucht. »Unser Leben in der Lessingstraße 40 war so etwas wie ein städtischer Kibbuz. Wir aßen zusammen, und jeder ging zur Arbeit in der Meinekestraße 10 oder in der Kantstraße 159.« Für einige Monate arbeitete Elly Freund zusammen mit ihrem Mann noch in einer Hachschara in Ellguth (Oberschlesien).

77 Im Hafen von Alexandria: Eine erste Adresse in Haifa für die Familie Zweig Zeichnung aus dem Skizzenbuch von Beatrice Zweig

Aber die Bewachung durch die Gestapo wurde intensiver, die Drohung rückte immer näher. So geht eine Auswanderung: »Weil wir keine gültigen Pässe hatten, versuchten wir auf gut Glück, sie im Rathaus von Oppeln, der Hauptstadt Oberschlesiens, erneuern zu lassen. Und – oh Wunder! Wir bekamen neue Pässe ausgestellt. Wir wurden nicht als Juden erkannt, weil der ›J‹-Stempel noch nicht eingeführt worden war. In Berlin erhielten wir sofort Visa für Palästina, und Transitvisa für die Tschoslowakei, Ungarn und Italien. [...] Wir packten in Edgars Wohnung in Breslau unsere paar Habseligkeiten, in der Gegenwart von vier wachsamen Gestapomännern (vier Kisten Bücher, ein Grammophon und einige Arbeitsklamotten), sagten Mutter und Großmutter Auf Wiedersehen am Breslauer Bahnhof, und fuhren nach Prag. In unseren Taschen hatten wir jeder zehn deutsche Mark.«

Über Triest kamen Elly und Edgar Freund nach Palästina: »Im Hafen von Tel-Aviv begrüßten uns Georg und Senta, die uns die Dizengoff-Straße entlang mit dem Taxi in die Stadt führten. Es ist unmöglich, dieses Gefühl des Nachhausekommens zu beschreiben, das Gefühl, unseren sicheren Hafen nach der Odyssee aus Deutschland erreicht zu haben.« In Briefen erfuhren sie, daß die Gestapo das Hachschara-Haus in Ellguth geschlossen hatte. Nach einem längeren Aufenthalt im Kibbutz Givat Haim entschloß sie sich zunächst, Edgar nach Jerusalem zu folgen. Aber noch einmal führte der Weg zurück nach Europa: nach Triest. Der Krieg hat längst begonnen, als sie Ende Februar 1940 dort ankommt. »Ich empfand es als meine Mission, so viele Kinder wie möglich aus Hitlers Europa zu retten. Im Februar 1940 schickten mich Fräulein Szold und Hans Beyth nach Triest, um Kinder aus den von den Nazis besetzten Ländern einzusammeln und sie nach Palästina zu bringen.«

Auszüge aus dem Tagebuch: »Triest, 29. 2. 1940. Bei der Ankunft hörte ich, daß Barlas [Direktor der Jewish Agency] vier Tage zuvor nach Genua gefahren war. Keine Nachrichten von Winter. Von Barlas erhielt ich eine Liste von Kandidaten (im Alter von 7–17 Jahren) – die blockierten 169 Zertifikate. Die Namen der Kinder, die zwischen 12 und 17 Jahre alt sind, wurden von der Regierung durchgestrichen. [...] Freitag, 1. 3. 1940. Da es keinen direkten Kontakt mit Berlin gibt, habe ich keine Ahnung, wie weit sie dort mit den Reisevorbereitungen sind. Es scheint mir unmöglich, daß die Kinder hier innerhalb von fünf Tagen eintreffen können, um noch die Abfahrt der S.S. Rodin am 7. März zu schaffen. Auf diesem Schiff sollte ich den ersten Transport begleiten, um dann 10–12 Tage später wieder in Triest zu sein, rechtzeitig für den nächsten Transport am 21. März. [...] Samstag, 2. 3. 1940. Keine Nachrichten. [...] Mittwoch, 6. 3. 1940. Über das Gepäck beim Lloyd Triestino. Habe drei Holzkisten gefunden. Ein Angestellter des Lloyd fragte mich vorwurfsvoll, warum ich alle diese Kinder in die Wüste sende! Jetzt noch etwas über die zionistische Bewegung in Italien:

Die Union Jüdischer Gemeinden in Italien wurde 1930 gegründet. In den letzten zehn Jahren hat die zionistische Bewegung viele Sportlertreffen organisiert. Zwanzig Tage im Winter, sechs Wochen im Sommer. Der Keren Kayemet sammelt Geld, aber sehr wenig, und hat die Erlaubnis, es aus dem Land hinauszubringen. Im kulturellen Bereich gibt es allgemeine Vorträge über das Judentum, über Palästina als Heimatland, über die Vorbereitung zum Pioniersein, kein Hebräisch, ziemlich viel Gesang.«

Die zugespitzte Situation wird in einem Schreiben deutlich, das Elly Freund am 7. März von Alfred Selbiger von der Jüdischen Jugendhilfe aus Berlin erhält: »Wir sind sehr froh, daß Du die Gruppen nach Palästina begleiten wirst. Unglücklicherweise haben wir noch keinen verläßlichen Zeitplan. Die Adriatika hat uns darüber informiert, daß alle Tickets für die Schiffe am 15. März und am 21. März ausverkauft sind. Du kannst Dir wahrscheinlich gar nicht vorstellen, was das für uns bedeutet. Gestern hörten wir, daß es vielleicht möglich wäre, Plätze für ein anderes Schiff am 29. März zu buchen. Aber das ist noch ganz unsicher. Ein weiteres Problem besteht darin, daß die Zertifikate für die Kinder um einige Tage verlängert werden müssen, weil sie nur in der ersten Aprilwoche an Land gehen dürfen. Daneben gibt es neue Sorgen. Wir erhielten plötzlich ein Telegramm von Barlas, daß Jerusalem für jedes Jugend-Alijah Zertifikat 100 Pfund verlangt. Wenn dieses Geld nicht bezahlt wird, würde es Schwierigkeiten geben. Das ist natürlich unmöglich für uns ...«

Die Ausstellung von Visa wird manchmal selbst denen verweigert, die gültige Zertifikate und die Aufnahme in eine Schule in Palästina haben. Auch um solche Fälle muß Elly Freund sich kümmern, vor allem muß sie endgültige Listen für die Schiffe erstellen. Gepäck geht verloren und muß umständlich gesucht werden: »Ich habe allein vier Koffer im Gewahrsam der

78 Der jüngste Hafen der Welt: Tel-Avivs »Sha'ar Zion«

79 Ausladung »illegaler Einwanderer« in der Nähe von Tel-Aviv, 1940 Foto Walter Zadek

Maritima und des Hauptbahnhofs von Triest gefunden, ohne einen Beweis für ihre Herkunft zu haben außer der Idee, sie könnten von der Jugend-Alijah stammen, weil sie ursprünglich aus einem bestimmten Ort kamen, oder weil sie einfach so aussahen.« Aus verschiedenen Städten kommen Briefe und Telegramme mit der Bitte, daß Elly Freund sich auch um die von dorther anreisenden Gruppen kümmern möchte. Sie schreibt am 22. März an Selbiger nach Berlin: »Aufgrund einiger Mißverständnisse kam es zu neuen Verspätungen, und ich mußte mit Entsetzen und Hilflosigkeit mit ansehen, wie der Stapel von Telegrammen immer weiter anwuchs und wir nicht in der Lage waren, zu handeln.«

Sehr sachlich und dadurch wohl um so trauriger beschließt Elly Freund diesen Teil ihrer Erinnerungen: »Alfred Selbiger blieb auf seinem Posten bei der Jugend-Alijah in Berlin und schaffte es nicht nach Palästina. Er ging im Holocaust zugrunde. Ich blieb in Triest bis kurz vor dem Moment, da Italien in den Krieg eintrat, und ging zurück nach Palästina mit einer Gruppe von 300 aus Europa geretteten Kindern. Es gab keine legale Möglichkeit mehr, von Europa nach Palästina zu kommen.«

Es gab keine »legale« Möglichkeit mehr, Europa zu verlassen. Wer legt fest, was legal ist? Wessen Gesetze gelten? Die britischen, die italienischen, die deutschen Gesetze griffen ineinander und schufen ein schier undurchdringliches Netz. Jüdische Familien mit oder ohne Kinder versuchten zu flüchten, kamen auf Dampfern, auf der Donau, durch die Slowakei, Rumänien, Bulgarien, wollten nach Konstantinopel. Dort – oder in anderen Hafenstädten – konnten sie vielleicht für viel Geld einen Platz auf einem der »Seelenverkäufer« (schon ausgesonderte Schiffe, für diese Misssion wieder in Dienst genommen und oft teuer bezahlt) erwerben, die versuchten, das Land trotz der britischen Seeblockade zu erreichen.

80 Mitglieder der Haganah bringen Überlebende der »Parita« an Land (21. 8. 1939) Foto Walter Zadek

Elly Freund wurde von Henrietta Szold in das Internierungslager Atlit geschickt, um dort mit Kindern und Jugendlichen zu arbeiten: »Im Lager waren viele hundert Menschen. Sie lebten in großen Baracken, 50 Menschen in jeder einzelnen, Männer und Frauen getrennt. Eine der Baracken wurde als Schule eingerichtet, eine andere als Krankenhaus. Bald gab es eine Typhus-Epidemie und andere ansteckende Krankheiten. Das Lager war von einem Stacheldrahtzaun umschlossen, zwischen ihm und einem weiteren Zaun befanden sich Baracken

81 Ein britischer Polizeioffizier (links) organisiert den Abtransport von 850 »illegalen« Einwanderern, 21. 8. 1939
Foto Walter Zadek

für die britischen Soldaten und für uns. Wir wurden von der Jewish Agency geschickt, Georg Josefthal für die Erwachsenen, Joseph Wind für die Religiösen, und ich für die Kinder und die Jugendlichen. In meinem Raum stand nichts als ein eisernes Bettgestell, das auch als Schutz gegen die Angriffe der italienischen Luftwaffe diente.«

Zwei kleine Erfolge konnte sie verbuchen. Die Engländer gestatteten die Anlage eines Gartens, und im Sommer konnte Elly Freund die Kinder zum Baden mit ans Meer nehmen. Einzelne Internierte wurden freigelassen, wenn Verwandte ihre Aufnahme garantierten. Aber ständig kamen neue »illegale« Transporte. Immerhin wurden bis September 1941 die Kinder entlassen, wer keine Eltern hatte, wurde in Kibbuzim oder »boarding schools« geschickt. »Für viele von den Kindern war es schrecklich schwer, sich einzugewöhnen, und ich versuchte ihnen zu helfen, so gut ich konnte. Man hatte verstanden, daß es in Deutschland keine Zukunft für die jüdischen Kinder und Jugendlichen gab. Ihre Zukunft lag in Israel (im damaligen Palästina), und langsam verstand man auch, daß diese Flüchtlingskinder irgendwann den Staat aufbauen würden. Edgar und ich hatten beide das Gefühl, es wäre sehr wichtig für die Kinder und für uns, daß wir deutsch mit ihnen redeten. Offiziell erwartete man von ihnen, sie würden hebräisch lernen, und wir sollten auch nur hebräisch mit ihnen reden. Aber tatsächlich sprachen wir oft deutsch. Obwohl unsere eigene Alijah so viel einfacher gewesen war, weil wir sie ja fünf Jahre lang vorbereitet hatten, in Deutschland noch, fiel es auch uns sehr schwer, im Kibbuz Hebräisch zu sprechen. Es war noch ganz unmöglich, sich intellektuell und emotional auszudrücken – wir hatten keine hebräische Kultur im Hintergrund und konnten den Kindern nichts Neues geben. Aber wir konnten ihnen bei ihrer Entwicklung helfen. Die letzten Transporte aus Hitlers Europa brachten Kinder, die in keiner Weise vorbereitet waren. Sie wußten noch nicht, so wenig wie wir, daß ihre Eltern ermordet werden sollten. Sie wurden ihren Eltern weggenommen, aus ihrem Milieu in der Schule gerissen, und es war sehr schwer, ihnen diese Dinge zu erklären, überhaupt rational zu denken. Manchmal machten sie uns Vorwürfe, weil wir sie zwangen, ihre Eltern zu verlassen. So vieles wurde ihnen weggenommen, sogar ihre Namen. Was wir ihnen noch vermitteln konnten, war die Kultur, die wir aus Deutschland mitgebracht hatten.«

Wir haben die Brücke errichtet, auf der sie hierher kamen, sagt Frau Freund. Jetzt leben diese Kinder ein israelisches, oder jedenfalls (wenn sie das Land verlassen haben und nach Amerika gingen, auch anderswo) ein gegenwärtiges Leben. Aber die Brücke, über die sie gingen, hatte ihre Fundamente in Europa, in Deutschland. Eine »Kultur«, von der die Kinder erfahren sollten – und die sie als gebrochene, als vom Verlust geprägte Kultur (ihrer Eltern, die in vielen Fällen in Deutschland blieben) erfuhren.

Letzte Abschiede

Mit Beginn des Jahres 1938 »häuften sich in erschreckendem Maße die Nachrichten von zu Hause über das verhängnisvolle Schicksal der dortigen Juden, dem sie die täglich neuen Verordnungen und Maßnahmen des Gewaltregimes entgegentrieben.« Arthur Reis und seine Schwester Karola verstärkten ihre Bemühungen, die Mutter »aus der Neckarstadt« doch noch ins Land zu bringen. Die Situation verändert sich. Nach der Veröffentlichung des britischen Weißbuchs vom September 1939, das eine starke Reduzierung der Immigration vorsah, wurde die »illegale Immigration«, die *Alijah Beth*, zur letzten Hoffnung der europäischen Juden, den Kontinent des Mordens verlassen zu können. Dem Datum des 9. November, dem Signaldatum der Pogrome, folgte eine »Politik der Austreibung ohne Rücksicht auf Einwanderungsmöglichkeiten in andere Länder«.[75] Bis 1938 war zwischen den staatlichen Stellen, der Zionistischen Vereinigung mit ihren Hilfsorganisationen und den entsprechenden Partnern in potentiellen Aufnahmeländern ein »sorgsam geknüpftes Netz organisierter Auswanderung« entstanden, eine Form der jüdischen Auswanderung aus Deutschland, die

75 Dan Diner: Die Katastrophe vor der Katastrophe. Auswanderung ohne Einwanderung. In: Dirk Blasius, Dan Diner (Hrsg.): Zerbrochene Geschichte. Leben und Selbstverständnis der Juden in Deutschland. Frankfurt am Main 1991, S. 138–160; hier S. 139.

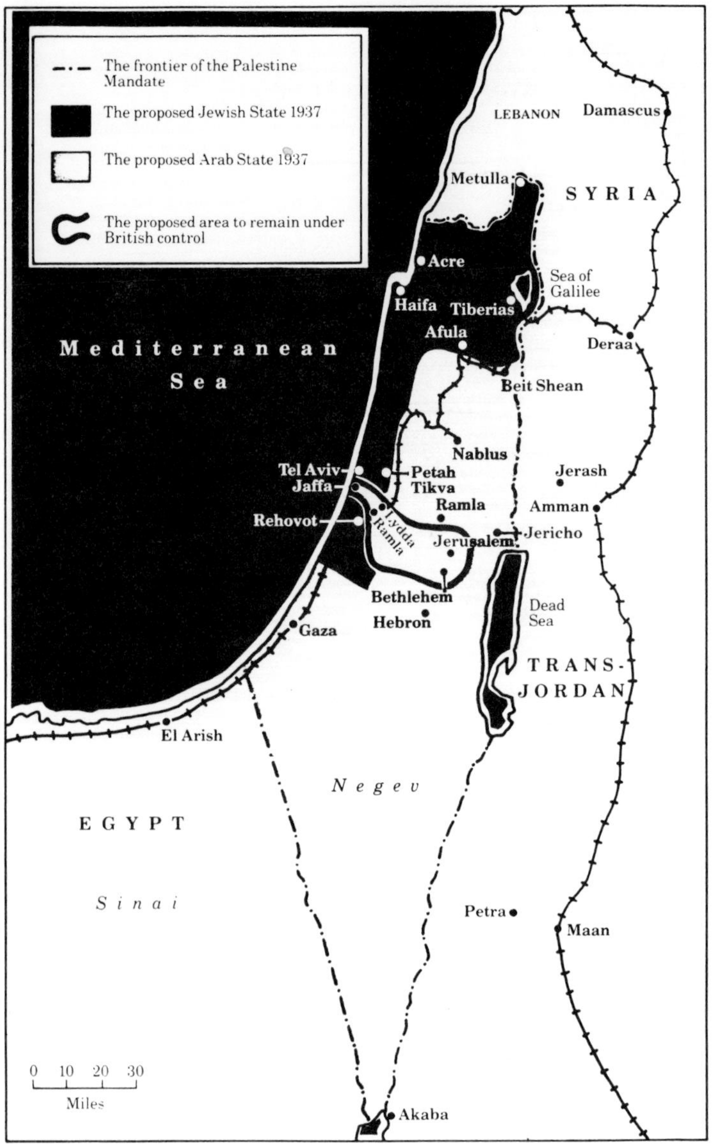

82 Der erste britische Teilungplan für Palästina von 1937

auf Langfristigkeit angelegt war und den Möglichkeiten der Immigrationsländer angepaßt war. Dabei wurden die »ohnehin auf Auswanderung drängenden zionistischen Organisationen« durch die Nazis favorisiert, sie verfügten über eine für die Organisation der Auswanderung nötige Infrastruktur. Für eine massenhafte Evakuierung aber waren auch sie nicht eingerichtet. Auch auf der vom amerikanischen Präsidenten Roosevelt initiierten Konferenz über Hilfsmaßnahmen vom Juli 1938 in Evian »stand nur eine in langfristigen Zeitvorstellungen zu realisierende Auswanderung zur Debatte«. Außer der Dominikanischen Republik erklärte sich keines der 32 vertretenen Länder zur Aufnahme der sogenannten »political refugees from Germany and Austria« bereit. Mit der Pogromnacht wurde eine neue Entwicklung eingeleitet: Die Verschleppung der 30 000 Männer in Konzentrationslager und ihre anschließende Freilassung gegen die Zusage sofortiger Auswanderung dienten »als Hebel für die Austreibung«. Damit hatte die Entwicklung »in der sich langsam ausbildenden Tendenz zur Massenvernichtung« eine neue Stufe erreicht. Die jüdische Katastrophe »vor der Katastrophe« faßt Dan Diner in das Bild einer »Auswanderung aus dem von den Nazis beherrschten mitteleuropäischen Bereich ohne ihr adäquate Einwanderungsmöglichkeiten«. Zugleich muß sich der Blick auf das britische Mandatsgebiet Palästina richten. Die Führung des Yishuv, der jüdischen Gemeinschaft im Land, bot unmittelbar nach der »Kristallnacht« die Aufnahme von 10 000 Kindern und 100 000 Erwachsenen an.

Von dieser Situation berichtet Eva Wohl. Geboren 1919 in Kiel, wuchs die Schwester von Uri Toeplitz[76] in einer sehr behüteten und kultivierten Atmosphäre auf. Sie erlebte die Jahre nach der »Machtergreifung« wie einen bösen Traum. Der Vater, Mathematikprofessor, verlor sein Prüfungsrecht. Der lungenkranke Bruder Walter wanderte nach Südafrika aus, wo er

76 Uri Toeplitz, Sohn des großen Bonner Mathematikers Otto Toeplitz, veröffentlichte seine Biographie: Und Worte reichen nicht. Von der Mathematik in Deutschland zur Musik in Israel. Konstanz 1999.

1938 starb. Erich war seit 1936 in Palästina als Flötist beim Palestine Philharmonic Orchestra; aus Evas Plänen, mit der Jugend-Alijah auszuwandern, wurde nichts, sie besuchte Schulen in Köln und später in Frankfurt das Philanthropin und nahm an Hachschara-Kursen teil. Wie ein Ring um das Herz schloß sich die Bedrückung immer enger um die Familie. Eva erlebte die Ausweisung der Juden mit polnischer Staatsangehörigkeit, »die deutsche Bevölkerung stand daneben und tat so, als wäre nichts geschehen«. Dann schreibt sie: »Am 9. November 1938 ging ich wie jeden Morgen in die Schule. In den Strassen war es merkwürdig ruhig. Ich ging mit meiner Freundin zusammen, und als wir in die Schule kamen, sahen wir unseren Direktor zwischen zwei SA-Männern durch die Schule gehen.« Von überall her kamen die gleichen Nachrichten, vom Beth Chaluz in Frankfurt, von Bonn, wo die Eltern lebten. Die so verzweifelt angestrebte Normalität war endgültig vorbei: »Man versuchte, Visen für alle möglichen Länder zu bekommen. Die Amerikaner wollten nicht von ihrer Quotenpolitik abweichen, die Engländer liessen Kinder und Frauen als Hausangestellte kommen, Verwandte meines [späteren] Mannes gingen mit noch vielen anderen nach China (Shanghai). Die Eltern einer Freundin gingen nach Bolivien, und viele der heutigen Israelis, die aus Südamerika stammen, sind die Kinder solcher Auswanderer.« Evas Vater wurde endlich von Salman Schocken an die Hebräische Universität berufen, mit ihm erhielt auch Eva ein Studentenzertifikat.

»Meine Eltern beschlossen Anfang Februar [1939], Deutschland zu verlassen. Die Wohnung musste aufgelöst werden. Man durfte keinerlei Wertsachen mitnehmen. Alle Silbersachen mussten dagelassen werden. Meine Mutter verschenkte was sie konnte. Es konnten nur kleine Möbel mitgenommen werden. Glücklicherweise hatte meine Mutter ja schon bei ihrem Besuch in Palästina gesehen, wie klein die Wohnungen in Jerusalem waren. [...] Es durften keine neuen Sachen angeschafft werden, es sei denn, man bezahlte den Wert noch einmal an irgendeine Steuerbehörde. Eine Freundin meiner Mutter, die jüdische Frau des berühmten Philosophen Karl Jaspers, wollte Mutter einen Kühlschrank schenken. Mutter musste leider ablehnen, denn sie hatte das Geld nicht, diese Steuer zu bezahlen. Der grösste Wert, den die Eltern mitbrachten, war die sehr wertvolle mathematische Bibliothek des Vaters. Da ja schon einige Generationen vor meinem Vater sich der Mathematik zugewandt hatten, waren in der Bibliothek wichtige Journale vom ersten Tag ihres Erscheinens. Diese waren eine wirkliche Seltenheit und sehr wertvoll. Die Nazis hatten keine Ahnung, was sich dort befand und liessen die Bibliothek unbehelligt. Als alles gepackt war, kam ein Gestapobeamter und untersuchte gründlichst, ob nicht doch etwas Unerlaubtes eingepackt worden war. Als er damit fertig war, versiegelte er die Lifte, und sie konnten abgeholt und auf das Schiff geladen werden, das sie von Triest nach Palästina brachte. [...] Inzwischen musste ich alle Formalitäten beim Passamt erledigen und mit der Erlaubnis auszureisen, die einem die Gestapo geben musste. Es war ein nervenzerrüttendes Gelaufe, immer wieder musste man kommen, und man bekam eine Erlaubnis nur, wenn es die andere schon gab. Jedesmal wenn ich auf der Gestapo erschien, hatte ich Angst, hier nicht mehr lebendig herauszukommen.«

83 Die zionistische Frauenorganisation ruft zur Rettung der Kinder auf WIZO-Broschüre, Titelfoto Walter Zadek

Eva Wohl fuhr nach Berlin, um sich von den Großeltern zu verabschieden. »Berlin war furchterregend. Es gab kaum einen Platz, an dem nicht angeschrieben war, dass Juden ›verbeten‹ oder ›unerwünscht‹ seien. Man konnte nirgendwohin gehen, um auch nur eine Tasse Kaffee zu trinken. Aber in Geschäften musste man ja doch kaufen. Selbst die Bänke in den Parks trugen diese Aufschriften. Ich erinnere mich an ein jüdisches Lokal, das düster und ungemütlich war, die Kundschaft war nur mit ihrer Auswanderung beschäftigt.« Der Paß erhielt den roten »J«-Stempel, als Eva Pauline Sarah Toeplitz verließ die junge Frau ihre Heimat. Der Zug nach München »war voll mit Auswanderern, die das Schiff in Triest besteigen wollten«. Der Zug blieb auf der Strecke stundenlang stehen – »wir wanderten an dem Tage aus, an dem Deutschland in die Tschechoslowakei einmarschierte, deshalb wurden alle Eisenbahnen stillgelegt«. März 1939. Eine wanzenreiche Nacht in der Triester Herberge für »Olim«: »Das Schiff hiess ›Palästina‹ und gehörte einer italienischen Schiffahrtsgesellschaft. Es war ein verhältnismäßig kleines Schiff, auf dem dicht gedrängt viele Auswanderer zusammengepfercht waren. Ich hatte das Glück, nicht seekrank zu werden, sodass ich immer Platz im Speisesaal fand. Alle waren sehr aufgeregt und hoffnungsfreudig, die primitiven Bedingungen störten niemand. Man sang zionistische Lieder, ein Lehrer gab hebräischen Unterricht. Es gab die verschiedensten Menschen, die man sich vorstellen konnte – alle waren glücklich, die Möglichkeit gehabt zu haben, der Nazihölle noch in letzter Minute entwischt zu sein.«[77]

77 Eva Wohl (Haifa), Erinnerungen. Von Deutschland bis Israel. Manuskript, Mai 2001, S. 54.

Das ist eine Geschichte aus Berlin. Je weiter sich die nationalsozialistische Herrschaft ausdehnte, um so knapper wurde die Zeit, die den Bedrohten für die Flucht blieb. Das »Mitteilungsblatt« der Hitachduth Olej Germania veröffentlicht im Oktober 1940 eine Erzählung von Alice Holdheim: »Ein Abschied«. Im Vorspruch heißt es: »Dieses schrieb ich, als ich nach Hause kam, am 23. August 1939, auf meinem Balkon in meiner damaligen Wohnung in Charlottenburg. Nach der Abreise vom Jungen.« Diese Zeit der Abschiede ist noch drängender als in den Jahren davor; langsam entsteht die Furcht, es könnte ein Abschied für immer sein:

»Das letzte, was man sieht, ist ein schwarzes Viereck. Die Rückwand des letzten Wagens. Dann biegt es um die Ecke. Dann ist nichts mehr als Geleise, Signalstangen und ganz hinten ein Brückenbogen mit einem Signalhaus. Das sieht aus wie ein Bild im Sucher, umrandet von den riesenhaften schwarzen Bögen der Bahnhofshalle.

Meine Beine sind schwer wie Klötze. Wollen sich nicht von den Steinen heben, wie ich mich umdrehe. Umdrehe, um zurückzugehen. Zurück wohin? [...]

Wie vergnügt der Junge war. Dreissig Jungen und Mädel von 14 und 15 Jahren. Das ist ja eine Landpartie, ein Schulausflug! Die können ja gar nicht stille sein, oder traurig. Das muß ja lachen und Ulk machen. So eine weite Reise.«

Die Mutter überlegt; sie ist sich sicher, daß sie den Jungen bald wiedersehen wird. Sie macht sich Sorgen; sie beginnt zu träumen, sie würde einfach ihren Koffer packen, ihren Paß stempeln lassen und ihm hinterherfahren – wir wissen heute: Nur wer diesen hektischen Plan, als Tourist, verwirklicht hat, konnte noch aus Europa entkommen.

Die nächste Station war Wien. Miriam Grenzbauer aus Wien, die heute in einem Altersheim in Ramat Gan lebt, erzählte ihre Erlebnisse einem der jungen deutschen Betreuer, die heute dort arbeiten: »Für den 4. Februar 1939 war die Abfahrt geplant, mit Hilfe des zionistischen ›Perl-Transports‹, mit dem 150 österreichische Juden illegal in das Land gebracht werden sollten. Alle hatten Pässe mit falschem Zielland, wie ›Uruguay‹ etc. Sieben Monate waren diese 150 Leute dann unterwegs. – Im Bahnhof in Wien waren die Pässe konfisziert worden, so konnte die Abfahrt erst eine Woche später erfolgen. Die Waggons des Zuges wurden abgeschlossen, ein Soldat stand zur Bewachung davor. Unterwegs brachten die Einwohner fremder Orte Lebensmittel zum Zug. Nach einer Nacht Zugfahrt kamen sie in der rumänischen Hafenstadt Constanza mit der Hoffnung an, ihr Schiff zur weiteren Reise vorzufinden. Das Schiff war nicht da. Die 150 österreichischen Juden waren gezwungen, in der Gepäckaufbewahrung des Bahnhofs auf Steinfußböden zu übernachten.«

Noch in der Vermittlung des schriftlich festgehaltenen Interviews ist die direkte Erzählung, das »Und dann« eines lebendigen, wie frisch erinnerten Berichts zu spüren. Das Entsetzen über die drohende und gerade überstandene Gefahr. Eine Scharlachepidemie. Ein Busunglück. Das erste Schiff, ein Schafstransporter, auf dem nach drei oder vier Tagen ein Feuer ausbrach, Zwischenaufenthalt auf einer kleinen Insel. Aufnahme durch ein italienisches Kriegsschiff. Wochen auf Rhodos. Einige junge Leute sperrten den Kapitän des endlich angekommenen Schiffs ein und führten selbst den Weg Richtung Palästina. »An einem Freitagabend gingen die Schiffe nun bei Netanja vor Anker; die Einwohner (Juden, darunter Rabbiner) brachten ihnen Essen.« Festnahme durch die Engländer, Übernachtung im Lager bei Sarafand. Und dann die plötzliche Freilassung. Anders als die Einwanderer der frühen Jahre stehen die Österreicher völlig mittellos da, waren auf die Hilfe von Verwandten oder Fremden angewiesen. Ihre Distanz zur Heimat ist größer, nach Wien fährt Frau Grenzbauer nicht zurück.

Landung und Ausbootung

Aus Berlin kam Paula Glaeser.[78] »Als mein Vater das dritte Zertifikat ablehnte, wollte ich mit der Jugend-Alijah nach Palästina gehen und so kam es, daß wir Berlin Hals über Kopf verließen. Wir nahmen nur ein Lift mit, hauptsächlich die Werkzeuge meines Vaters [der Goldschmied und Taschenuhrgehäusemacher war, seine Werkstatt lag in den Hackeschen Höfen in der Rosenthaler Straße]. Vom Anhalter Bahnhof ging es dann per Bahn nach Triest und von Triest nach dem damaligen Mandat Palästina. Wir kamen im Jaffa Port an, wo man uns in kleinen Booten an Land brachte. Wir landeten in einem Beth Olim (ein Emigrantenheim, ein altes arabisches Haus). Ich kann mich genau erinnern. Es gab auf dem Hof nur einen Platz, wo es Wasser gab, und zwei Stehtoiletten. Mit Wasser wurde sehr gespart. Es gab jemanden, der aufpaßte. Zum Essen gingen wir ziemlich weit zu einem Mittagstisch. So kam Berlin nach dem damaligen Palästina.« Und Frau Glaeser fügt in ihrem Brief noch hinzu: »Wie es weiter ging, wie und was sich danach ereignete, wie sich Berlin in Palästina machte, ist eine 62-jährige Erfahrung, die im Moment da ich diese Zeilen schreibe, wie ein langer Film vor mir abläuft.«

Die Erfahrung der Passage lebt ihr eigenes Leben weiter. Einen eindrücklichen Beleg für die These, daß die »Passage« – symbolisch gefaßt im Bild des Schiffs, das Europa verläßt – im wesentlichen eine Reise ins Innere, ins Selbst darstellt, bieten die Erinnerungen von Margarete Sallis.[79] Die Ereignisse in Deutschland machten das Weiterleben dort unmöglich – aber wohin sollte sie sich wenden? Zwei Texte rüttelten sie auf, Robert Weltschs vielfach zitierter Beitrag »Tragt ihn mit Stolz, den gelben Fleck« in der »Jüdischen Rundschau«, geschrieben nach den Boykottaktionen vom 1. April 1933[80]; und Gerson Sterns Roman »Weg ohne Ende«, der »Stärke und eine Hoffnung für die Zukunft« vermittelte. An der Universität wurden die Namen der jüdischen Stifter aus der Wand geschlagen, »Rektor wurde ein bekannter nationalsozialistischer Philosoph aus Heidelberg«. Frau Sallis konnte ihre Dissertation noch einreichen, die mündliche Prüfung wurde für Dezember 1933 angesetzt. Der Sohn Klaus erfuhr selbst in der reformorientierten Odenwaldschule Diskriminierung, deshalb brachte sie ihn in einer neuen Schule in Bayern unter. In einem kleinen Ort am Starnberger See, »die Wirtsstube war voll von biertrinkenden Männern und Tabaksqualm«, hörte die kleine Familie »eine von Hitlers großen Reden am Radio«. Wie sollte man sich verhalten? Aufstehen und hinausgehen? Oder schweigend dulden? »Nein, in diesem Lande konnte man nicht mehr leben, wir waren schon innerhalb weniger Monate Fremdlinge geworden.«

Die Prüfung ging noch über die Bühne, aber »ich buchte meine Palästina-Reise auf Mitte März 1934, Rückreise am 15. Mai«. Vorher ging sie noch nach England, um ihren Lehrer Professor Mannheim, den Soziologen, zu treffen. Vielleicht würde es dort eine Möglichkeit geben, weiter zu arbeiten? Die Mutter wollte nicht nach Palästina: »Der Gedanke Palästina war ihr nicht sympathisch, die wenigen Zionisten, die sie kennengelernt hatte, waren irgendwie anders als die Menschen ihres Lebenskreises, die Literatur, die ich ihr gegeben hatte, war ihr fremd. Unsere Familie hatte niemals Beziehungen zu Menschen aus dem Osten, aus Polen

78 Vgl. Joachim Schlör: In weiter Ferne: Berlin. Das Bild der Stadt in den Erinnerungen deutsch-jüdischer Emigranten. In: Menora. Jahrbuch für deutsch-jüdische Geschichte 1998, S. 267–296. Beim Wiederlesen fällt mir wieder die mit Großbuchstaben gedruckte Zeile ins Auge: »Wie man damals sang: *Es gibt nur ein Berlin und das ist mein Berlin und wenn die Sterne am Himmel ergluehn so gab es für mich seinerzeit nur ein Berlin.*«

79 Margarete Sallis: Meine beiden 40 Jahre. Nathanya 1975. Leo Baeck Institute New York, Memoir Collection, ME 550. Im Manuskript liegt ein handgeschriebener Zettel: »In Palästina zählen die Jahre doppelt.« M. Sallis wanderte im Sommer 1934 ein, versuchte sich in der Organisation von Reisen, arbeitete dann als Englisch-Korrespondentin für die »Shell«-Vertretung.

80 Robert Weltsch hat sich zehn Jahre später, am 15. April 1943, in der Tel-Aviver Tageszeitung »Haaretz« vom Tenor seines Artikels in einer sehr selbstkritischen Weise distanziert. Danke für die Information an Christian Preiser.

oder Russland gehabt, niemand konnte jiddisch, jedem von uns gab es einen Stich, wenn wir ein mit Akzent oder Jargon gesprochenes Deutsch hörten. Wir hatten niemals Menschen erlebt, die immer mit einem Käppchen auf dem Kopf herumgingen.« Der Besuch in England war erfolglos, allerdings nicht ohne Folgen für das Selbstverständnis – warum sollte man sich nun noch einmal an eine neue Gesellschaft assimilieren? Nie mehr: »außer an das, was in mir selbst lag, mein jüdisches Bewußtsein.« Darin wurde sie durch die Begegnung mit einem Pädagogen bestärkt, der in England zu Besuch war, aber schon vierzehn Jahre in Palästina lebte: Ernst Simon, damals war er Lehrer an der Haifaer Realschule.[81] »Er gab mir ein Stück seines eigenen Lebensweges und seiner speziellen zionistischen Ideologie, seiner Liebe zu dem Land und seines Glaubens, und damit den Mut und das Selbstvertrauen zu gehen.«

81 In der Zwischenzeit ist die Bibliothek Ernst Simons aus der Jerusalemer Shderot Ben Maimon nach Deutschland zurückgekehrt. Johannes Schwarz hat das Einpacken der Bücher dokumentiert und anläßlich der Übergabe eine kurze Lebensgeschichte Simons verfaßt: Die Nachlaßbibliothek von Ernst A. Simon (1899–1988). Das Manuskript soll veröffentlicht werden.

Das ist der Moment für die Passage, unternommen mit einer Freundin: »Die hell erleuchtete ›Aquitania‹, einer der größten und luxuriösesten Dampfer der damaligen Zeit, stand weit draußen im Hafen von Ville France, als wir bei strömendem Regen und hoher See hinübergerudert wurden und sozusagen direkt in Tanzmusik und Ballsäle gerieten, in denen sich die elegantesten amerikanischen Paare drehten. Es sah ganz und gar nicht nach Auswanderung aus. Erst dann wurde mir klar, daß dies ja ein ›Mediterranean World Cruise‹ war, die Aquitania kam aus Amerika und fuhr nun über Athen, Istanbul und Rhodos nach Haifa. Ich hatte Touristenklasse, aber auch diese war so komfortabel und luxuriös wie sonst eine 1. Klasse. Als das Schiff am 15. März um Mitternacht die Anker lichtete, hatte ich im Halbschlaf in meiner winzigen Innenkabine das deutliche Gefühl des Beglücktseins, dem alten Europa entronnen zu sein.«

Ihrer Freundin zuliebe geht sie in den koscheren Speisesaal, »und wurde reichlich dafür belohnt. Nicht nur, daß hier fast alle Palästina-Reisenden aßen und man dadurch einen Überblick über die bunte Zusammensetzung von Einwanderern, Touristen und Besuchern bekam« – sie machte auch gleich am ersten Abend Bekanntschaft mit einem »fein und klug aussehenden Herrn von ungefähr Ende 50«, der ihr dringend zum Genuß der unbekannten Oliven riet, wenn sie schon in den Orient reiste. Zuerst verstand sie den Namen des Herrn nicht. »Aber dann las ich ihn auf seiner Serviettentasche. Es war Arthur Eloesser, der bekannte Theaterkritiker und Literaturhistoriker aus Berlin. Er kam aus England von einem Besuch bei Elisabeth Bergner, die er durch seine Kritiken berühmt gemacht hatte, und er fuhr nach Haifa, wo sein Studentensohn seit einem Jahr Drahtzäune fabrizierte. Hinter ihm war alles zusammengebrochen, die Vossische Zeitung sollte am 1. April schließen, und wer würde etwa noch sein zweibändiges vor kurzem bei Bruno Cassirer verlegtes Werk ›Die deutsche Literatur‹ lesen? Er war keineswegs sicher, ob die Zeitung, für die er ein Leben lang gearbeitet hatte, ihm eine Pension zahlen würde oder könnte.«

So macht sich die deutsche Literatur auf nach Palästina, in das Land, wo die Söhne – Drahtzäune produzieren. »Vorerst aber lagen wir alle an Deck in der Sonne, fuhren über das blaue spiegelglatte Mittelmeer und träumten vom Heiligen Land. Wir aßen Orangen und Grapefruit und Oliven und kamen uns dabei schon sehr orientalisch vor.« Die meisten Reisenden waren »solche, die zur Erkundung fuhren« und Eltern, die ihre Kinder besuchten. »Diese Eltern fuhren fast alle wieder fort – in eine ungewisse Zukunft – die meisten kamen nie wieder.« Sie wollten ihren Kindern nicht zur Last fallen und lieber in Deutschland »ausharren«. Aus den Reisenotizen, die an die Mutter geschickt wurden: »Am Abend vorher war auf dem Schiff ein jüdisches Meeting, d. h. ein Empfang, den die jüdischen Amerikaner den deutschen Juden gaben, Musik, Reden, in englisch, jiddisch, hebräisch, deutsch. Seltsames Gefühl auf einem fahrenden Dampfer mitten im Ozean (im Theater) gute Worte für die deutschen Juden zu hören. Und dann wir alle, wie wir da waren, alles irgendwie im Aufbruch begriffene Menschen, die irgendwie zusammengehören.« Im doppelten »irgendwie« ist die Unruhe noch zu spüren.

84 Und immer noch besuchen auch Touristen das »Heilige Land« Poster von Ze'ev Raban

Auch in der Türkei leben deutsche Emigranten, »die Professoren leben alle sehr schön und europäisch (der Umzug wurde bezahlt, daher die Möbelmitnahme) mit fließendem Wasser, Heizung, Frigidaire usw.« – auch eine Möglichkeit. Aber dann: »Nach einer Nacht, die wir singend und tanzend, voll Erregung und Erwartung verbracht hatten, und in der das Carmel-Leuchtlicht viele Meilen weit sichtbar im Mittelmeer einen Freudentaumel auslöste, lag am frühen Morgen ›das Land‹, mein Land, sonnenbeschienen vor uns. [...] Haifa sah an diesem Märzmorgen – nach der Regenzeit – wie frisch gewaschen aus, die weißen Häuser krochen den Berg hinauf, der Carmel war grün und bewaldet und die Sonne Israels kam gerade mit ihren ersten Strahlen aus den östlichen Bergen heraus – ›ex oriente lux‹.«

So ist es in Haifa, und so ist es – immer wieder geschildert – in Jaffa: »29. Mai 1933: 5.45 früh – am Horizont nähert sich die Küste und wachsen die Umrisse der Häuser von Jaffa. Hin- und Herjagen nach Gepäck und den Beamten der Einwanderungsbehörde, um das Schiff ein Haufen kleiner Boote. Arabische Worte fliegen vom Schiff hinunter und herauf, Pfeifen tönen, Sirenen heulen, Lastträger in verstaubten und verschwitzten Blusen und Hosen, die als Säcke um die Beine hängen, klettern an Stricken aufs Deck, die Füße in ver-

82 Martin Hauser: Auf dem Heimweg. Aus den Tagebüchern eines deutschen Juden, 1929–1945. Bonn-Bad Godesberg 1976, S. 56.

tretenen und verdreckten alten Schuhen in allen Farben. Schwarze Augen schauen unter den Tüchern und Fetzen hervor, die in allen möglichen und unmöglichen Formen um den Kopf gewickelt sind; ehe man sich umsieht, ist der Koffer weg, befindet man sich im Arm eines solchen Burschen und wird ins schaukelnde Boot geschafft.«[82]

»Zurück wollen wir nicht, vorwärts läßt man uns nicht«

Nach dem »Anschluß« Österreichs war das nächste Ziel der nationalsozialistischen Eroberung die Tschechoslowakei (ČSR); und wieder wurde der Raum für Bewegung, für die Flucht enger gezogen. Der Onkel einer Freundin, Leo Baumann, brachte im Winter 2000 neben seinen eigenen Texten, die von einer Auswanderung aus Chemnitz berichten, ein handgeschriebenes Tagebuch mit. Martha Reiß, geborene Blau aus Bratislava/Preßburg, hat in Atlit, interniert von den Briten, die Geschichte ihrer Ausreise notiert – zum Teil aus dem Gedächtnis:

»Am 28. Juni 1939 kam endlich nach monatelangem Warten die Verständigung, sich für die Reise, welche das Schicksal hunderter Menschen auf einem Schiff zusammenbringen wird, vorzubereiten. Der Termin der endgültigen Abfahrt war für den 3. Juli festgesetzt. 800 Seelen haben aufgeatmet, trotz der Ungewißheit, welches Schicksal ihrer wartet, da über die letzten Transporte die schlechtesten Nachrichten bezüglich Kost, Schlafgelegenheiten, sanitären Zuständen und Landung kamen.

Im Hafen, 3. Juli

Um ½ 6 Uhr morgens begannen die ersten Auswanderer im Hafen von Bratislava einzutreffen. Es kamen Autos, Lastwagen, Autobusse, Handkarren, und die ganz Armen schleppten ihr letztes Hab und Gut selbst zum Hafen. Tragisch war die Scene einer Familie, welche mit ihrem armseligen Gepäck, das kaum das Notwendigste für die Reise enthielt und auf einem Schubkarren aufgeladen war, auf welchem 7 Kinder der Unglücklichen saßen. Um 7 Uhr kam ein Autobus mit 80 Lagerinsassen, welche Monate lang interniert waren. Unter ihnen Kinder von 8 Monaten und Greise von 75 Jahren. Die meisten von ihnen weinten. War es Freude? – Die C.S.R. behörden haben sich bei der Leibesvision sehr anständig benommen. – Die Abfahrt 6 Uhr nachmittags.

Der letzte Mann steigt auf das Schiff, welches sich langsam in Bewegung setzt, und alle stehen wir an Deck, ohne uns um das Gepäck, welches in großen Haufen herumliegt, zu kümmern. Wir nehmen Abschied von der Heimat, welche wir auf so traurige Weise verlassen müssen. Es ist fast unglaublich, wie gefaßt alle sind, ich würde beinahe sagen, gut gelaunt. Die jüdische Hymne wird zum Abschied gesungen. Die anfangs so fröhlichen Gesichter verändern sich langsam und zum Schluß weinen wir alle. Es ist der Sinn der Hymne, der den Rückzug der Juden nach Palästina und den Aufbau eines neuen Judenstaates beinhaltet. Sogar die zionistische Jugend, welche mit Begeisterung und Idealismus in ihre neue Heimat zieht, der Zionismus Lebensziel seit Jahren ist, wird von der weinenden Masse mitgerissen, und sie können trotz fühlbarer Beherrschung ihre aufkommenden Tränen nicht beherrschen.

Königin Elisabeth ist der Name unseres Schiffes. Es ist ein kleiner Dampfer der Donauschiffahrtsgesellschaft, welcher für 150 Seelen gerechnet ist. Wir sind 350 Mann. Ein besonderes Lob ist den Gruppenführern auszusprechen, welche ungeachtet ihrer persönlichen Gefühle sich sofort bei der Abfahrt des Schiffes an ihre Posten stellten, die ihnen einige Tage früher angewiesen worden waren. Es werden die ersten Einteilungen geschaffen. Die Leute bekommen ihre Schlafplätze angewiesen. Der Raummangel ist ein Problem. Jeder kleinste freie Fleck wird zum Schlafplatz. Der Großteil schläft unter freiem Himmel. Es war bitter und traurig, daß die Führer gerade mit so verzweifelten und vom Unglück verfolgten Menschen so schreien und laut umgehen mußten, um die Autorität zu behalten. Dies war aber der einzige Weg, um nach zweistündiger harter Arbeit jedem seinen Platz zuzuweisen.

8 Uhr abends erstes Nachtmahl. Kaffee und Brot. Die Alten und Familien mit Kindern sind in den wenigen zur Verfügung stehenden Kabinen untergebracht. Die Jugend schläft auf der Erde, auf Strohsäcken und aufblasbaren Gummiletten. Der Übermüdung und der seelischen Agonie ist es zuzuschreiben, daß wir alle die erste Nacht auf den provisorischen Schlafplätzen ziemlich gut schlafen.

1. Tag Budapest. Ein Großteil von uns, hauptsächlich Ungarn, stehen wir schon seit 4 Uhr früh an Deck, um noch einmal Budapest zu sehen, wo gehandelt wurde, um Wasser zu fassen. […]«

Von Budapest aus geht der Weg die Donau hinunter nach Rumänien und Bulgarien, dort sollen die Auswanderer mit einer gleich großen Gruppe von einem zweiten Schiff zusammengebracht werden. Tagelang liegen die Schiffe im Hafen.

»4. Tag. Heute wurde mit Turnen an Deck begonnen. Auf der anderen Seite verrichten die Religiösen ihre Morgenandacht. […]

7. Tag. Wir stehen noch immer. Die Herren der Leitung der begleitenden Vorstände jedes Auswanderungsamtes gehen an Land, um die Abfahrt zu beschleunigen. Bei dieser Gelegenheit brachten sie hohe Gäste aus den diplomatischen Kreisen zu einem Bankett auf's Schiff, unter anderem den Polizeipräsidenten und Gendarmerieoffizier von Ruse mit ihren Frauen. Zuerst wurde die bulgarische, ungarische, slowakische Hymne gesungen und dann die jüdische. […]

13. Tag – Die Laune ist noch immer gut und wir warten geduldig auf die Weiterfahrt. […]

23. Tag. Wir groß war unsere Überraschung, als wir heute früh 6 Uhr abfuhren, aber anstatt stromabwärts, zurück stromaufwärts ca. 30 km. Öde und traurig ist es um uns. Die Landschaft um uns ist eben und verlassen. Was erwartet uns weiter?

24. Tag. Wir stehen. Weit und breit kein Anzeichen von Menschen, Häusern oder Städten.«

Jüdische Gemeinden aus der Umgebung versorgen die Wartenden, die in der Zwischenzeit bulgarisches Territorium verlassen mußten und immer weiter zurück gedrängt wurden – »wir sind schon einen Monat auf der Donau und fahren immer weiter zurück«. Endlich geht es noch einmal nach Ruse, dann weiter nach Lullina am Schwarzen Meer. Dort geht es auf einen Seedampfer, »wir sind jetzt 940 Seelen im Rumpfe des Schiffes untergebracht«.

»58. Tag. Wir bekamen Zuwachs. 48 Rumänen und Bulgaren, 80 Polen und noch ca. 40–60 verschiedene Landsleute. Die 80 Polen sind aus einem 1100-Menschen-Transport durchgebrannt und haben sich auf illegale Weise zu uns gerettet. Warten auf Lebensmittel. Wir sind jetzt 1200 Menschen. Die Menschen erzählen uns, daß überall Kriegsvorbereitungen getroffen werden. Die Slowakei soll von Hitler bereits besetzt worden sein. Wir wissen nicht, wieviel wir von all dem glauben sollen. Stehen am Balkan auf einem exponierten Platz und wissen nicht, was mit uns geschehen wird. Die Transportleitung, die uns bis hierher gebracht hat und der wir mehr oder weniger vertraut haben, nachdem wir die Menschen kannten, ist verschwunden. Wir sind unter neuer, ganz fremder Leitung, da der alten das Geld ausgegangen ist. Manchmal kommen kleine Pakete mit Liebesgaben.«

Am 64. Tag fährt das Schiff nach Varna, als sollten die Grenzen des alten Europa noch einmal besucht und begrüßt werden. Bulgarien mobilisiert, und es geht nach Konstantinopel. Dort nähert sich ein Motorboot dem Schiff,

»stillschweigend lauschen alle dem Gespräch zwischen dem Kapitän und der türkischen Hafenpolizei. Die erste Nachricht, die wir hörten, ist ›Krieg‹. England hat Deutschland den Krieg erklärt. Langsam dreht das Schiff um und wir erwarten die Einfahrt in den Hafen, jedoch zu unserem Schrecken bemerken wir, daß wir anstatt in den Hafen langsam wieder in den Bosporus zurückfahren. Später erklärte uns der Kapitän, daß man uns keine Kohle geben will. Was nun? Zurück wollen wir nicht, vorwärts läßt man uns nicht. […] Das Leben an Schiff geht seinen gewohnten Lauf, nur daß wir einen Gast mehr haben, der ›Angst‹ heißt. Angeblich sind seit Kriegsausbruch die Dardanellen gesperrt.«

Dennoch geht es noch einmal nach Konstantinopel. Der Kapitän beginnt, Geld von den Passagieren zu erpressen, die Mannschaft streikt, weil sie nicht mehr bezahlt wird. Die Hafenpolizei droht dagegen mit militärischem Eingreifen, wenn das Schiff nicht »sofort verschwindet«.

»Die Aufregung war natürlich groß, was bei 1200 verzweifelten, halb verhungerten Menschen, die 11 Wochen auf dem Wasser sind, zu verstehen ist. Endlich wurde ein Kompromiß geschlossen, die Mannschaft halbwegs befriedigt, der Kapitän rückte zu guter Letzt mit Geld heraus, und wir fuhren um 10 Uhr abends – am 72. Tag – in die Dardellen hinaus, durch welche wir in 20 Minuten durch sein sollten.

73. Tag. Um 3 Uhr nachmittags waren wir aus den Dardanellen draußen und im offenen Meere, wo in einem ganz kleinen Hafen ein noch kleineres Schifflein stand, welches vom Irgun auf uns wartete, um uns nach Erez zu bringen. Es kann höchstens 40 Menschen aufnehmen.«

»9.11.1952. Heute ist Chaim Weizmann gestorben. Bis hierher habe ich das Tagebuch geschrieben. Man hatte uns gesagt, über die letzte Phase der Reise nichts zu Papier zu bringen, da damals Palästina unter britischem Mandat war und die Gefahr bestand, daß das Tagebuch in die Hände der Engländer fallen könnte. Ich will versuchen, den Rest der Reise aus meinem Gedächtnis zu beschreiben und hoffe, daß es gelingt, trotzdem schon 13 Jahre vergangen sind. Wir haben damals keinerlei Notiz von dem Irgun-Boot genommen, sondern sind weiter gefahren. Hatten am nächsten Tag einen Schraubenbruch, und beherzte jüdische Jungen nahmen sich des Schiffes an, reparierten den Defekt und übernahmen alle Arbeiten der Mannschaft, auch das Heizen des Schiffes, so daß wir in 5 Tagen in Haifa waren. Hier mußten wir 2 Seemeilen vom Ufer ankern. Die ersten 3 Tage sahen wir weder einen Juden noch einen Engländer. Am 4. Tag warfen wir aus Protest alles Eßbare sowie die Kochöfen ins Meer und begannen einen Hungerstreik. Auch die Reisepässe zerrissen wir und warfen sie über Bord. In dieser Nacht umkreiste uns ein englisches Polizeiboot. Wir wurden gezählt und registriert und es wurde gefragt, wieviel militärpflichtige junge Männer an Bord seien, die sofort vom Schiff in die englische Armee eintreten könnten. Ich glaube, es meldeten sich ca. 300. Darauf bekamen wir die Bewilligung zum Landen.

Den nächsten Tag, es war Yom Kippur, wurden die Frauen und Kinder um 4 Uhr nachmittags ohne Rucksäcke und Gepäck auf kleinen Motorbooten in Haifa gelandet und ins dortige Beth Olim gebracht. Die dortigen Zustände waren damals grauenhaft. Das *Beth Olim* war umgeben von lauter Arabern und es wurde die ganze Nacht geschossen.Die Betten waren verwanzt und wir mußten zu zweit auf einem Bette schlafen. Die Kanalisationen waren verstopft und Waschräume und Toiletten standen 20 cm unter Wasser und Schmutz. Wir wurden wieder gezählt, geimpft, photographiert,

> und Daumenabdrücke wurden auch von uns genommen. Nach einigen Tagen kamen dann unsere Rucksäcke und Koffer, alles war geöffnet und ganz einfach mit Messern durchgeschnitten worden und nach sehr gründlicher Durchsuchung war alles durcheinander geschmissen. [...] Die Männer wurden 2 Tage später ausgebootet, kamen für 24 Studen in ein Quarantänelager und von dort nach Sarafand, welches damals eine Art Konzentrationslager für Einwanderer war. Hier bekamen sie fast überhaupt nichts zu essen.«

Der Bericht endet so: »Wenn ich heute zurückblicke, hatten wir Glück und haben nur wenig gelitten im Vergleich zu dem, was andere, die in Europa geblieben sind, mitgemacht haben.« Die britische Regierung, die gerade mühsam den arabischen Aufstand niederzuschlagen versuchte, nahm Verhandlungen »mit den Potentaten umliegender arabischer Länder« auf, Ergebnis dieser Verhandlungen war das »Weißbuch« über die Begrenzung der jüdischen Einwanderung. Zugleich bot Großbritannien die Aufnahme von 8 000 jüdischen Kindern aus Deutschland und Österreich an. Dan Diner bezeichnet die häufig zitierte und kritisierte Bemerkung Ben Gurions – »auch wenn ich wüßte, daß man alle [jüdischen] Kinder Deutschlands dadurch retten könnte, indem man sie nach England verbrächte, und nur die Hälfte von ihnen dadurch, indem man sie nach Palästina bringt, wählte ich die zweite Möglichkeit« – mit Recht als Ausdruck einer gegen Großbritannien gerichteten, palästinozentrischen Polemik, die nicht als Ausdruck einer Gleichgültigkeit gegenüber dem Schicksal der deutschen Juden gelesen werden kann. Die Nazis erzwangen den »illegalen Grenzübertritt«, in der »Illegalität« kam es zu einer kurzfristigen Zusammenarbeit des Sicherheitsdienstes mit dem »Mossad lealija beth«, der Geheimorganisation des Jischuwer, »die Juden aus Europa unter Umgehung der britischen Einwanderungsbestimmungen nach Palästina verbrachte«. Vor dieser doppelten »Illegalität« verschwindet fast das Bild der einzelnen Menschen, die heimatlos, staatenlos, ortlos gemacht wurden. Noch im Mai 1941 forderte Hermann Göring eine verstärkte Durchführung der »Judenauswanderung«, im Oktober des gleichen Jahres wurde diese Anweisung aber aufgehoben. Der Vertreibungsdruck führte zur Ausformung der »Option«, so Diner, die in die Massenvernichtung führte. Auf der anderen Seite ging das Leben weiter ...

Ankunft

»Wenn mich mein Gedächtnis nicht trügt, war hier damals die Endstation für die Busse, die aus dem ganzen Land in Tel-Aviv eintrafen. Wir waren nicht allein. Um uns herum liefen Menschen wie wir mit Koffern und Paketen hin und her. Alle sahen verwirrt und ratlos aus.«

Chaim Huller

85 Im Hafen von Tel-Aviv

1935

Postkarte

Menschen wie wir mit Koffern

Man könnte Hans Sahls Frage paraphrasieren: Haben Sie schon einmal eingewandert? Es ist nicht nur schwer, eine Heimat zu verlassen. Es ist auch abenteuerlich, eine neue zu finden. Nach der aufgehobenen Zeit auf dem Schiff, nach dem Trubel bei der Landung im Hafen vor Jaffa oder Haifa, kommt jetzt – in ruhigen Zeiten oder in der extrem zugespitzten Situation – eine neue Phase. Man betritt das Land. Vielleicht ist es am besten, diesen Abschnitt, den so viele Menschen auf so viele unterschiedliche Weisen erlebten, von einer erfundenen Figur, von einem sozusagen abstrakten Einwanderer erzählen zu lassen. »Alon Ram« ist so eine erfundene Person. Er erzählt, in Tel-Aviv und in unseren Tagen, seiner jungen deutschen Freundin »Andrea« von der Ankunft im Land. »Am dritten Januar 1940 ging die ›Galiläa‹ in Haifa vor Anker. Nach einer ermüdenden Fahrt in einem ratternden, altersschwachen Bus kamen wir hier am Ende der Allee an, wo wir jetzt sitzen. Gegenüber, wo der staubige Parkplatz ist, stand damals ein einstöckiges Gebäude, vor dem wir ausstiegen. Darin war eine große Halle, und wenn mich mein Gedächtnis nicht trügt, war hier damals die Endstation für die Busse, die aus dem ganzen Land in Tel-Aviv eintrafen. Wir waren nicht allein. Um uns herum liefen Menschen wie wir mit Koffern und Paketen hin und her. Alle sahen verwirrt und ratlos aus. [...] An jenem klaren, kalten Wintertag standen wir hier – meine Eltern, mein Bruder und ich. Wir sahen uns um und versuchten, erste Eindrücke von der neuen, fremden Welt zu gewinnen, in die wir geraten waren. Der Himmel war wolkenlos, aber die Sonnenstrahlen wärmten uns nicht. Wir hatten nur einige Koffer dabei. Die beiden Kisten, die unsere gesamte geringfügige Habe enthielten, waren in Haifa geblieben. Bis heute entsinne ich mich, daß ich mich, obwohl ich nicht allein war, einsam und verlassen fühlte, als ob ich nicht verstünde, was wir mit dieser seltsamen Welt zu tun hätten, wo alles anders war, als ich es von zu Hause gewöhnt war. Ich tat mir selbst leid. Niemand kam uns abholen, und das war in meinen Augen das Schlimmste. Wer kannte uns hier, wer würde uns helfen? Wer würde uns in den ersten Tagen mit Rat und Tat zur Seite stehen? Wo würden wir wohnen? Auch als Vater sich bemühte, uns zu erklären, wie schön es sei, im Lande der Juden zu sein, und wie wir uns hier ein neues Leben aufbauen würden, gelang es ihm nicht, mich aus meiner bedrückten Stimmung zu befreien.«

Bevor sie noch richtig zu sich gekommen waren, so fährt die Erzählung fort, kam ein alter Mann auf die Familie zu und sprach sie jiddisch an. Er stellte sich als Hotelbesitzer vor, brachte seine Karre, vor die ein Esel gespannt war, »wie ich sie zuvor nur im Zoo gesehen hatte«. Die Koffer wurden aufgeladen. »Wir waren eine ziemlich merkwürdige Gesellschaft auf dem Weg nach der Rav-Kook-Straße. Voraus die hölzerne Karre mit dem kleinen Esel, daneben der schäbige Mann, der eine vergessene jiddische Melodie summte und sich freute, ein Geschäft abgeschlossen zu haben. Dahinter marschierten wir in unserer europäischen Kleidung: mein Vater mit einem neuen Filzhut und im Wintermantel mit kleinem Pelzkragen. Der graue Hut meiner Mutter saß in kokettem Winkel auf ihrem Kopf, an den Füßen trug sie schwarze

86 Tel-Aviv, die weiße Stadt

Stöckelschuhe, ihre Handtasche war aus Krokodilleder. Den Abschluß bildeten mein Bruder und ich mit unseren langen grauen Mänteln, die wir zu Weihnachten bekommen hatten.«

Chaim Huller, Leiter des Israel-Büros der Claims Conference in Tel-Aviv, erzählt diese Geschichte mit ihren starken autobiographischen Zügen: heute. Indem er sie, im Entwurf eines Romans, als Gespräch zwischen dem Einwanderer, der sich zurückerinnert, und einer jungen, an Israel interessierten Deutschen darstellt, errichtet er eine Brücke zwischen seiner Erfahrung und dem Land der Herkunft. Und: Er erzählt seine Geschichte von der Ankunft und den ersten unsicheren Schritten in eine Stadt von heute hinein, Tel-Aviv, die solche Geschichten – aus denen sie doch selbst gemacht ist – längst vergessen wollte. Ram, der Erzähler, nimmt Andrea mit auf einen Spaziergang durch Tel-Aviv und spricht sein Leben in die Stadt. »Viele der alten Häuser in der Nachlat Binjamin Straße versuchten, ihre einstige Schönheit zu bewahren, aber den meisten gelang es nicht. Hier und da konnte man noch einige Keramikfliesen sehen, verziert mit Kamelkarawanen oder Palmen, oder einen Balkon mit kunstvoll geschmiedetem Geländer. Auf der Straße wimmelte es von gehetzten, eiligen Menschen. Alles war schmutzig und staubig, verblaßt und farblos. In den Schaufenstern war die armselige Ware geschmacklos angehäuft, als wollten die Händler die Kunden abschrecken. [...] An den Hauswänden, von denen die Farbe abblätterte, hingen gedruckte Anschläge auf von der Sonne vergilbtem Papier. Es wurden Wohnungen zum Verkauf oder zur Miete angeboten, und einige von ihnen trugen auch den Namen und das Bild eines neuen Propheten,

der angeblich das Volk Israel retten wollte.« Das gibt ein durchaus realistisches Bild vom Tel-Aviv der späten siebziger oder frühen achtziger Jahre; es gibt aber vor allem ein überzeugendes Bild von der geschichtsvergessenen Stadt, die ihre Anfänge nicht mehr kennen will – »damals sah die Straße ganz anders aus. Zwischen den vielen Pferdefuhrwerken sah man nur vereinzelte Autos. Die Läden waren groß und vornehm und boten erlesene Ware an. Viele Araber kamen zum Einkaufen her.« Und doch, das spürt der Besucher aus Deutschland, hat diese Straße, die Allenby, etwas Besonderes. Das ist bis heute so, sie enthält einen ganzen Strauß solcher Geschichten – und kann sie nicht mehr erzählen. Die Familie kam in einer ärmlichen Absteige unter. »Zum ersten Mal, seit wir Hamburg verlassen hatten, wurde mir bewußt, daß wir nun wirklich heimatlose Flüchtlinge waren.« Ganz in der Nähe des kleinen Hotels befand sich das Mugrabi-Kino, dort war »ein Hahn an der Wand, aus dem sprudelndes Sodawasser floß, das man kostenlos trinken durfte. So etwas hatten wir nicht einmal an den feinsten Orten in Deutschland gesehen.« An den Ecken gab es Stände mit frisch gepreßtem Orangensaft. Huller beschreibt auch eine Gestalt, die in vielen Erinnerungen auftaucht. »Eines Tages entdeckten wir auf der linken Seite des Kinogebäudes eine der bekanntesten Gestalten der damaligen Zeit – einen Würstchenverkäufer, der in Deutschland ein bekannter Schauspieler gewesen war. Er war vor seinem Publikum, das sich wegen seiner langen Nase von Bewunderern in Verfolger verwandelt hatte, nach Palästina geflohen. Hier hatte er keine Arbeit am Theater gefunden, und es blieb ihm keine Wahl, als auf der Straße Würstchen zu verkaufen. Dies tat er mit betontem Stolz und im Bewußtsein seines eigenen Wertes. Auf ein hohes Gestell stellte er einen glänzenden Metallbehälter mit heißen Würstchen. In einem schneeweißen Stoffsack lagen frische, duftende Brötchen, und daneben stand ein kleines Senffaß. Der hochgewachsene Mann mit der aufrechten Haltung und den vornehmen Gesichtszügen hatte eine weiße Schürze umgebunden und trug auf dem Kopf eine hohe Kochmütze. Niemals pries er seine Ware an, wie es die orientalischen Händler tun. Er stand lediglich an seinem Platz und hatte stets ein aufgeschlagenes Buch vor sich liegen. Ich pflegte ihn von der Seite anzuschauen, und immer kam es mir so vor, als stünde er auf einer Bühne und spielte die Rolle eines Würstchenverkäufers, und zwar in vollem Ernst, wie es sich für einen großen Schauspieler gehörte.« Viele Einwanderer berichten von dieser Gestalt, man sah in ihm wohl ein Symbol des Lebenswillens, den diese Generation entwickeln mußte; sein Name war Fritz Gerstmann. Die erste richtige Wohnung fand die Familie in der Zamenhof-Straße, nicht weit vom Dizengoff-Platz. Die Kinder lernen

87 Der »Potsdamer Platz« von Tel-Aviv: Kikkar Magen David

die Sprache schneller als ihre Eltern, sie bestehen die Aufnahmeprüfung in der Schule und tragen noch immer die unpassende Kleidung aus dem kalten Deutschland. Die »Alteingesessenen« führen ein sorglos erscheinendes, ein fröhliches und lautes Leben. »Meine Mutter konnte sich nur mit Mühe an diese absonderlichen Gepflogenheiten gewöhnen. Niemals habe ich sie den Balkon betreten sehen, ohne daß sie ordentlich angezogen und frisiert gewesen wäre.«

Geschichten über Geschichten, man verliert sich fast darin. Aber nur im funktionalen Denken der zionistischen Politiker erschienen die Einwanderer als Einheit, als geschlossene Gruppe. 1936 bereits unternimmt Gustav Krojanker den Versuch, diesen besonderen »Transfer« als »Schicksalsfrage der zionistischen Bewegung« in Worte zu fassen. Im Zentrum seiner Kritik steht die »Galuth-Psychologie«[83] und das unerwartete Phänomen, daß der »Bau Palästina« – die große Hoffnung der Erneuerung – schon steht, während aber die, die ihn bewohnen wollen, noch »von der Galuth-Welt umnebelt«, neutraler: von ihrer Herkunft geprägt sind. Palästina könnte, sagt Krojanker, im Laufe eines Jahrzehnts das ganze deutsche Judentum aufnehmen, 30 000 waren 1936 schon gekommen – zu ihrer Rettung und zum Vorteil des Landes: »Denn das ist doch das Unterscheidende in der objektiven Lage des deutschen Judentums gegenüber allen Zweigen der Judenheit: daß hier eine kulturell hochstehende Gesamtheit, die als solche immer noch über beträchtliche Kapitalien verfügt, vor der Auswanderung steht. Reich und Arm stehen hier unter dem gleichen Druck.« Man muß es den deutschen Juden ermöglichen, zu kommen – sagt Krojanker. Aber nichts wurde geplant – »tatsächlich vollzog sich alles aus den Tatsachen selbst«. Es sei deshalb nun die Aufgabe des Jischuw, zu bestimmen, »was aus den Menschen wird, die heute noch das deutsche Judentum bilden«.[84] Vielleicht sollte es in der Geschichte Israels kein großartiger gelungenes Scheitern als in diesem Programm geben. Was würden, was sollten denn diejenigen, die wir gerade noch am Quai von Triest kennengelernt haben, ins neue Land anderes mitbringen als die Erfahrung ihrer Verschiedenheit?

83 Galuth (hebr.) Exil, entsprechend Diaspora (griech.)

84 Gustav Krojanker: Der Transfer. Eine Schicksalsfrage der zionistischen Bewegung. Schriftenreihe der Hitachduth Olej Germania, Heft 4. Tel-Aviv 1936, S. 11.

Ankommen in der Unruhe

Alisa Weil, geboren 1931 in Stettin, kam mit ihren Eltern, die – von Freunden gerade noch rechtzeitig gewarnt – Deutschland fluchtartig verließen, in die Schweiz. Die Schweizer Behörden gewährten der Familie ein halbes Jahr Asyl mit der Auflage, ein Auswanderungsziel zu finden. Dank der großmütigen Hilfe einer ihnen ganz unbekannten Schweizerin, die mit ihrem eigenen Vermögen dafür sorgte, daß der Vater ein »Kapitalistenzertifikat« für Palästina erhielt, gelang 1936 die Auswanderung. Für die Reise bekam der Vater einen Tropenhelm und einen weißen Anzug, die Mutter einen weißen Hut mit einem blauen Schleier und weiße Glacéhandschuhe. Damit ging es auf das Schiff.

»Obwohl ich noch sehr klein war, kann ich mich doch noch daran erinnern, daß mein Vater uns drei anderen bei der Ankunft in Haifa auf dem Schiff stehen ließ und heruntereilte. Er hat nämlich die erste Bankfiliale gesucht, die überhaupt aufzutreiben war, und hat das Geld sofort in die Schweiz zurücküberwiesen. Weil wir aber nun alleine auf dem Schiff zurückblieben, war das für mich ein einschneidendes Erlebnis, an das ich mich sehr oft erinnert habe.

Wir standen wirklich mit nichts da. Nun müssen meine Eltern gewußt haben, oder es war ihnen auf dem Schiff gesagt worden, daß es für die Einwanderer aus Deutschland eine Organisation gab, die sich um sie kümmerte, und zwar die Hitachduth Olej Germania. [...] Die Hitachduth hatte auch eine Anlaufstelle im Hafen. Dort wurden wir dann in Empfang genommen, und man hat uns einen Platz in einem Wohnheim auf dem Karmel zugewiesen.« Frau Weil berichtet in einem Interview mit Carsten Teichert,[85] daß die Eltern nicht warten wollten, bis die HOG eine Arbeit für sie gefunden haben würde, sondern sich auf eigene Faust in einen Kibbuz aufmachten, um »am rechten Ort« zu sein. Das war, so erinnert sie sich, voreilig, denn eher war Haifa eine Stadt der Möglichkeiten – aber die Eile bietet ein weiteres Zeugnis für die Energie, mit der die neuen Einwanderer an die Arbeit gingen.

Auch Margarete Sallis, die auf dem Schiff den Schriftsteller Arthur Eloesser kennengelernt hatte, erlebte Haifa als offene Stadt: »Märchenfahrt – Märchenstadt: Ankunft in Haifa. Stundenlange Formalitäten, schwere Probe für die Eltern, deren Söhne und Töchter draußen warteten. Ungefähr 200 Leute, die nicht vor 6 Uhr abends aussteigen des Sabbats wegen. Darunter Frau Bankier E. aus Karlsruhe, obgleich sie ihren Mann seit dreiviertel Jahren nicht gesehen hatte. Schließlich Ausbootung und Landung im gelobten Land. Große Schiffskähne mit Riesennetzen voll Koffern. Arabische Gepäckträger mit viel Geschrei und viel Gaunerei. Es war Samstag, sonst seien auch viele Juden als Träger da. Ebenso die Autos des Sabbat wegen sehr teuer. Autobusse gehen nicht bis 6 Uhr. Ich fuhr auf den Carmel, wo ich in der Pension Wollstein bestellt hatte. Fahrt den Berg hinauf durch die wundervoll zwischen Meer und Berg gelegene Stadt. Jedes zweite Haus ist ein Neubau. An jedem Haus steht mindestens ein Arztschild. Es sieht alles ganz amerikanisch aus. Flache Dächer, entweder in gelbem Felsgestein des Carmel gebaut, oder in Beton. Sehr guter Stil, frei nach Ernst May [das beobachtet die Frankfurterin[86]]. Empfangen von riesenhaftem Drusen, dem Wächter des Hauses. Bauhausmöbel, fließendes Wasser. In den Mittagsstunden große Ansammlung von Störchen, die zu Euch ziehen wollen.«[87]

In Jerusalem erhält Frau Sallis einen seltsamen Auftrag. Der Verleger Turnovsky, damals Leiter des Palestine Egypt Lloyd in Jerusalem, hatte in der »Jüdischen Rundschau« einen Artikel über die Möglichkeiten der Touristik und Fremdenwerbung für Palästina geschrieben; das wäre ein mögliches Arbeitsfeld, »auch ein Gebiet, das Soziologie brauchte«. Sie traf Turnovsky in seinem Büro, unterhielt sich mit ihm über die Idee, in dem natürlichen Amphitheater »oben an der hebräischen Universität auf dem Skopusberg« biblische Dramen und Oratorien aufzuführen. »›Sie gehen nach Deutschland zurück?‹ Ich bejahte. ›Und kommen wieder?‹ ›Sobald ich kann‹, sagte ich. ›Ich gebe Ihnen einen Auftrag‹, sagte er dann, ›ich

85 Alisa Weil. Deutschland, Palästina und zurück. Biographische Gespräche, geführt und hrsg. v. Carsten Teichert. Köln 2000, S. 68 f.

86 Ernst May war von 1925 bis 1930 Stadtbaurat in Frankfurt und verantwortlich für das soziale Wohnungsbauprogramm des »Neuen Frankfurt«, etwa in der 1927/28 entstandenen Siedlung Römerstadt.

87 Sallis, Meine beiden 40 Jahre.

88 Haifa: Das »Fest der Erstlinge«: Die Ankunftsstadt feiert den Frühling
Foto Hans Casparius

89 Der Bau des Hafens in Tel-Aviv 1936 ist eine Reaktion

meine es ernst, und ich ersetze Ihnen alle Kosten, die Ihnen davon erwachsen. In diesem Sommer wird in Oberammergau gespielt. Bitte sehen Sie sich das an und vor allem, ziehen Sie alle Erkundigungen über die Propaganda und die Organisation ein, wie werden die Massen in den primitiven Gebirgsorten untergebracht, wie kann man Schauspieler aus Bauern machen, wie und woher ist der An- und Abtransport?‹« Sie führte den Auftrag tatsächlich im Sommer aus – Oberammergau und Jerusalem, kann es ein stärkeres Paar von Gegensätzen geben, um den Raum des »Dazwischen«, von dem wir hier handeln, zu umschreiben? Was hatte Turnovsky vor? Was für ein Oberammergau wollte er ins Land bringen? Und wer sollten seine Schauspieler sein? Die möglichen Kandidaten kamen immer erschöpfter an.

Die meisten Einwanderer der frühen Jahre lassen ihr großes Gepäck, die Wohnungseinrichtung, die Kisten mit dem persönlichen Eigentum, in großen Containern nachkommen: »Einwanderer müssen ihr Umzugsgut, das sie noch erwarten, sogleich nach ihrer Ankunft im grossen Zollhaus anmelden. Für die Anmeldung gibt es besondere Formulare, die sowohl im Einwanderungsamt der Jewish Agency (Lischkat Haalijh), R'chow Alijah, wie auch bei der Hitachduth Olej Germania, R'chow Lilienblum 26 und Olej Polania, R'chow Jawne 18, Ecke Montefiore erhältlich sind. Das Umzugsgut muss spätestens 90 Tage nach dem Einwanderer eintreffen. Treffen die Sachen nach Ablauf der 90-tägigen Frist ein, so ist Zoll zu zahlen.« [88] Und dieser Zoll war hoch. Den konnte nur bezahlen, wer genügend Geld mitgebracht oder wenigstens früh genug eine Arbeit gefunden hatte. Und so stand in den Lagerhäusern in den Häfen von Jaffa, Haifa und (nach 1936) Tel-Aviv eine wachsende Anzahl von Containern mit den Restbeständen bürgerlicher deutsch-jüdischer Wohnkultur. Davon berichtet auch Gideon Kaminka: »Überall, wo Jecken sich niedergelassen hatten, waren in der Nähe gewöhnlich auch leere ›Lifts‹ zu finden: Behälter aus rohen, zusammengenagelten Holzbrettern bis zur Größe von Eisenbahnwaggons, in denen sie oft ganze Wohnungseinrichtungen mitbrachten. Es war eine Art Vorläufer der heutigen Container. Die Lifts standen nach Gebrauch oft jahrelang an den Straßenrändern und in den Höfen herum, wie ausgediente Automobile, bis man sie später als Lager- und sogar Wohnräume in die Dörfer abschob –«[89] stehengebliebene Zeugnisse einer Ankunft. Wer keine Unterkunft bei Verwandten oder Bekannten hat, »geht normalerweise durch das Beth-Olim der Jewish Agency«, wo Einwanderer das Recht haben, »bis zu 8 Tagen zu bleiben«. Die Stadtverwaltung Tel-Aviv hat »Unterbringungsmöglichkeiten«, das klingt schon nicht allzu ermutigend, und in Haifa

88 Ebd.

89 Kaminka, »ins Land, das ich dir zeigen werde«, S. 112.

wartet gar ein Zeltlager der deutschen Einwandererzentrale Hitachduth Olej Germania auf die, die noch keine Wohnung haben. Neben diesen Hinweisen erscheinen die Anzeigen der Pensionen, von »Fifi Bronkhorst aus Amsterdam« in der Ben-Jehuda-Straße zu Tel-Aviv, vom ruhigen, staubfreien und erholsamen »Haus Dr. Muehsam« in Haifa oder von der ebenfalls in der Hafenstadt liegenden »Hotel-Pension Rimmon« (in ganz ruhiger, mückenfreier Lage) bei Frau Fini Kobler, wo »gute bürgerliche Wiener und tschechosl. Küche zu maessigen Preisen« angeboten wird, wie Versprechen, die sich allzubald verflüchtigen könnten. Moderne Cafés wie das »Kompanietz« in Haifa – »Zeitungen und Zeitschriften in allen Sprachen, Sonnabend u. Sonntag: 5-Uhr-TanzTee« –, das »Tabor« in Jerusalem oder gar »Die Sensation von Tel-Aviv!«, das Gan Rave an der Ecke Allenby- und Bialik-Straße erscheinen wie Lichtpunkte angesichts der drohenden Gefahr, die auf die Neuankommenden wartet.

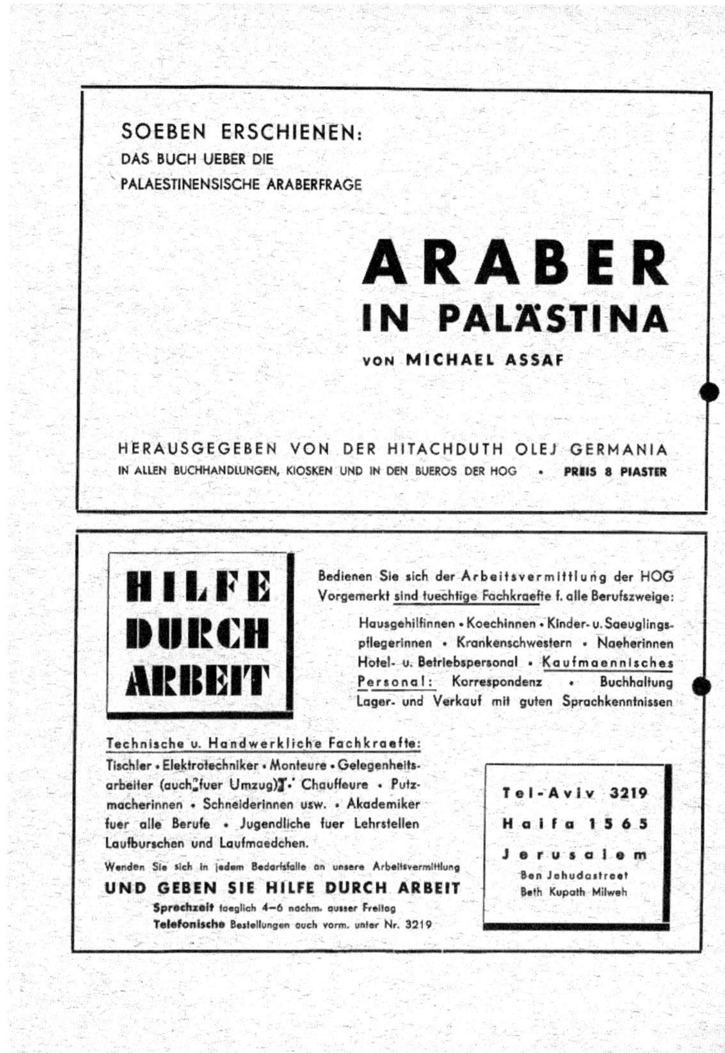

Die Rolle der »Unruhen« des Jahres 1936 für die Erfahrungswelt der deutsch-jüdischen Einwanderer kann kaum zu hoch eingeschätzt werden. Nun waren sie angekommen, hatten sich zum Teil schon engagiert am Aufbau der neuen Gesellschaft beteiligt, hatten sich selbst mit den ungewöhnlichen Umständen des Lebens im Land zu arrangieren begonnen. Dann kam die Gewalt. Ein ganz zentraler Ort für dieses Erfahrungschaos ist in Tel-Aviv die Kreuzung, an der so unterschiedliche Straßen aufeinandertreffen: die King George Street, in ihrer Anlage ein Überrest aus der osmanischen Zeit; die Sheinkin-Straße, polnisch geprägt mit kleinen Restaurants, karierten Tischdecken und großen Ventilatoren; dann die große Allenby, Tel-Avivs zentrale Ader; neben ihr die Nahalath Benjamin, Zeugnis der Urgeschichte der jüdischen Stadt, das zweite Siedlungsprojekt nach dem mythischen *Achusat Bajit*; und schließlich der »Shuk«, die Marktstraße hinunter zum jemenitischen Viertel Kerem Hatemanim. Diese Welten sollen hier aufeinandertreffen und eine Einheit bilden. Ausgerechnet dort, wo Orientierung sowieso schon kaum möglich war für einen, der aus

90 auf den Streik der arabischen Hafenarbeiter in Jaffa

Anzeige einer Veröffentlichung der HOG, MB August 1936

Berlin kam (Sammy Gronemann, 1936 eingewandert, hatte seine kleine Kanzlei an der Ecke Allenby/Nahalath Benjamin, Walter Zadek seine Dunkelkammer im Eckhaus an der Straße zum Markt), wo man sich mit der Floskel vom »Potsdamer Platz« über das Unvertraute hinweghalf, ausgerechnet dort kam die neue Trennung erstmals in die Stadt. »Ab April 1936 war die Grenze zwischen Tel-Aviv und Jaffa gesperrt, und infolgedessen war der Carmel-Shuk von der Allenby-Straße aus nur bis zur zweiten Querstraße für Juden als Markt benutzbar. An der Grenze wurde später zusätzlich eine Mauer zur Trennung und zum Schutz gegen Schüsse oder Steinwürfe der Araber errichtet.«[90]

Arabische Hafenarbeiter in Jaffa, bis dahin hatte man sie nur als Bootsleute erfahren, die Einwanderer von den Schiffen in den Hafen schaukelten, begannen zu streiken. Der Streik richtete sich konkret gegen die jüdische Einwanderung und gilt als symbolischer Auftakt für einen landesweiten Protest gegen die Mandatsmacht Großbritannien, der erstmals auch für eine größere Öffentlichkeit die wachsende Präsenz einer arabischen Nationalbewegung sichtbar machte. Die jüdische Stadt Tel-Aviv war Schauplatz der Auseinandersetzungen. Vom Dach seines Hauses konnte Walter Zadek die Szenen fotografieren. Walter Zadek wurde am 26. März 1900 in Berlin geboren. Nach einem Volontariat in einer Buchhandlung wurde er Literaturkritiker beim »Berliner Tageblatt«, später Redakteur des 1. Beiblattes dieser für das Berlin der Weimarer Republik so wichtigen Zeitung. Im März 1933 wurde Zadek, wie oben geschildert, gemeinsam mit Manès Sperber und einigen anderen Bewohnern der Künstlerkolonie am Laubenheimer Platz in Berlin verhaftet. Im September konnte er auswandern, kam mit einem Arbeiterzertifikat nach Tel-Aviv. Er nahm Kontakt zur Zeitung der Arbeitspartei, »Dawar«, auf und sollte die Redaktion der Bildberichterstattung übernehmen – »in Palästina sind alle Neulinge, in Tel-Aviv blühte, notgedrungen, die Improvisation«. Da die Zeitung nicht bereit war, die Fotografen zu bezahlen, übernahm Zadek auch – trotz einer Behinderung an der rechten Hand – diese Aufgabe. Als die Illustriertenpläne scheiterten, hatte er wenigstens eine Kamera. Zunächst versuchte er sich wieder im Buchhandel. Er importierte Bücher deutscher Exilautoren, gründete einen Verlag, Hamatarah, »Das Ziel«, betrieb eine Grosso-Buchhandlung »Biblion« am Kikkar Magen David und schließlich den berühmten »Logos«-Buchladen in der Ben-Jehuda-Straße.

»Auf eigene Faust« begann Zadek 1935 zu fotografieren, in seinem Büro am Kikkar Magen David richtete er seine Dunkelkammer ein und sah von dort nicht nur das »chaotische Treiben der werdenden Großstadt«, sondern wurde auch Zeuge der blutigen Auseinandersetzungen mit der britischen Polizei im Sommer 1936 und in den folgenden Jahren. »Die Situation war gespannt«, schreibt Hanno Loewy, »in der Walter Zadek seine Kamera in die Hand nahm und seine Laufbahn als Fotograf begann.«[91] Im ganzen Jahr 1935 waren 61 854 Juden nach Palästina eingewandert. Nach einem Überfall arabischer Räuber auf einen Autobus, bei dem zwei Juden getötet wurden, begann – nach 1921 und 1929 – »der dritte und schwerste arabische Aufstand seit dem Beginn des Mandats«. Dieser Aufstand, an anderer Stelle ausführlich dokumentiert,[92] ist von großer Bedeutung für den tatsächlichen Prozeß

90 Gute 77 Jahre. Erlebte Tatsachen von Martin Scheftelowitz. LBI Memoir Collection.

91 Hanno Loewy: Kein Utopia ... In: Walter Zadek. Kein Utopia. Araber, Juden, Engländer in Palästina. Fotografien aus den Jahren 1935 bis 1941. Hrsg. u. ausgew. v. Hanno Loewy. Berlin 1986, S. 17 f.

92 Vgl. Barbara Kalkas: The Revolt of 1936. A Chronicle of Events. In: The Transformation of Palestine. Essays on the Origin and Development of the Arab-Israeli Conflict, ed. by Ibrahim Abu-Lughod. Evanston 1971, S. 237–274.

91 Britische Kontrolle an der Grenze zwischen Jaffa und Tel-Aviv 1936 Foto: Walter Zadek

der Einwanderung. Nicht nur streiken die arabischen Hafenarbeiter in Jaffa und bringen damit das Projekt der Einwanderung in Gefahr – die Stadt Tel-Aviv beschließt, in großer Eile einen eigenen Hafen im Norden der Stadt zu errichten. Sondern die Aktionen der Aufständischen und der zumindest anfangs vorhandene Rückhalt, den sie von Saudi-Arabien, dem Irak und aus Transjordanien erhalten, erhöhen den Druck auf die britische Mandatsmacht, die Quoten für die Einwanderung zu verringern – in einem Moment, da in Deutschland die Notwendigkeit der Auswanderung für die Juden immer drängender wird. Der Mufti von Jerusalem flieht nach der Auflösung des Arab Higher Comitee nach Deutschland und nimmt Kontakt mit der nationalsozialistischen Führung auf. 1937 kontrollieren die Aufständischen weite Teile des Landes, aber ab Oktober 1938 schlagen die britischen Truppen den Aufstand nieder. Während die im Lande stationierten Truppen um die Wiederherstellung der Ordnung und des fragilen Gleichgewichts zwischen den jüdischen und den arabischen Ansprüchen auf das Land befaßt sind, bereitet die britische Regierung das »Weißbuch« vor, mit dem die Einwanderungsquoten deutlich gesenkt werden sollten.

Die militärischen Auseinandersetzungen von 1936 standen am Beginn einer Spirale von Terror und Gegenterror; einige Monate lang war es kaum möglich, gefahrlos durch das Land zu fahren – damit hatten die Einwanderer aus Deutschland nicht rechnen können. Martin Scheftelowitz wohnte in der Balfour-Straße in Tel-Aviv und war Zeuge »des Elends und Jammers, wenn die Verletzten und Toten in das Jüdische Hadassa-Hospital eingeliefert wurden«. Hier zu sein war in der Situation noch verwirrender als ohnehin. Es ist aus dieser

92 Die ersten unsicheren Schritte im neuen Land
Foto: Boris Carmi, Tel-Aviv

Sicht nicht verwunderlich, daß man sich dorthin orientierte, wo Vertrautes wartete. Die HOG, die dem im Einwanderungsland lange gültigen Gesetz des »Jede-Alijah-lebt-von-der-nächsten« eine Idee von Verwaltung und langfristigem Aufbau entgegensetzte; die »Mittelstandsküche« in der Tel-Aviver Frishmannstraße, die ein Bild von Wohltätigkeit repräsentierte – »hier kam wöchentlich eine Gruppe von Frauen des Mittelstandes zusammen, um ehrenamtlich Lebensmittelpakete zu packen, welche dann an Bedürftige kostenlos verteilt wurden – und Bedürftigkeit selbst dem signalisierte, der selbst nicht wußte, wohin; die Stellenvermittlung, aufgebaut nach dem Modell des Berliner »Arbeitsnachweises«, den Salomon Adler-Rudel entwickelt hatte; das Lehrhaus und die Volkshochschule. Wie fängt einer an? Er trifft eine Bekannte aus Berlin. »Nach unserer Wiedersehensfreude fragte mich Frau Weinreich, was sie für mich tun könne. Ich erklärte ihr, man habe mir gesagt, man müsse hier alle seine Bildung vergessen und einen manuellen Beruf ausüben. Zum Schleppen von Apfelsinenkisten in dem kurz davor eröffneten Tel-Aviver Hafen sei ich aber doch zu schwach. Frau Weinreich erklärte, dies habe ich auch nicht nötig und vermittelte mir statt dessen sofort eine Beschäftigung als Chefbuchhalter in einem mittelgroßen Vertriebsunternehmen hauptsächlich ausländischer Zeitungen und Zeitschriften. Der Name sei hier anstandshalber verschwiegen.«

Die alten Regeln, sie sollten doch (auch im Rückblick) unbedingt noch gelten. Und das Mitgebrachte bot doch die größere Sicherheit: »Mein Vater hatte bei seiner Auswanderung seine im Zentrum Berlins gelegene Papierwarenfabrik verkauft und machte mir den Vorschlag, mit ihm gemeinsam in Tel-Aviv ein gleiches Unternehmen zunächst im kleinsten

Umfang aufzuziehen. Mit Beginn des Zweiten Weltkrieges begann das Geschäft zu florieren, vor allem auch durch Lieferungen an die *NAAFI*,[93] welche die Kantinen für das britische und australische Militär betrieb.«

93 Navy, Army, and Air Force Institutes: betreibt Läden, Clubs, Bars und Restaurants für die British Army, wo immer sie stationiert sind.

Ein gleiches Unternehmenn zunächst im kleinen Umfang – das ist ein einprägsames Bild, eines, das sich in den Straßen der Stadt noch wiederfinden läßt. Gegenüber der Aufforderung zum radikalen Neubeginn, zum Kampf womöglich gegen die Ansprüche einer anderen Suche nach Heimat, entwickelten die Einwanderer aus Deutschland eine andere Form der Anknüpfung: Sie suchten nach Bereichen des Vertrauten, die ihnen den nötigen Raum gaben, um sich »zuzugewöhnen«. Von dort aus streckten sie langsam ihre Fühler in die bestehende Gesellschaft aus. Diese Geschichte einer – welches Wort nehmen wir: Eingliederung? Einordnung? Integration? – kann nicht eins zu eins erzählt werden; das Fragment, das stellvertretend am Anfang unseres Berichts stand, muß auch hier bemüht werden.

Arthur Reis aus Heilbronn schreibt (in der dritten Person) in seinem Buch »Der eiserne Steg«: »Es war für die jüdischen Einwanderer auf der ›Martha Washington‹ ein besonders erhebendes Gefühl, in der Ferne das ›Heilige Land‹ mit der Silhouette Jaffas, der uralten Hafenstadt des Propheten Jonas, auftauchen zu sehen. [...] Ausgebootet, an Land gebracht, durch das Zollgebäude gegangen, fanden die beiden Reisenden, Arthur und seine Schwester,

93 Das Kino »Mugrabi« in Tel-Aviv

94 Besucher lassen sich auf der »Levante-Messe« 1936 fotografieren
Postkarte

»auf der Straße davor nicht nur eine Reihe von lustig klingelnden arabischen Fiakern, sondern zur großen gegenseitigen Freude ihren Landsmann, den Neffen Tante Särles vom ersten Stock, Martin Kirchheimer, der zu ihrem Empfang von Tel-Aviv nach Jaffa gekommen war. Er brachte sie im Triumph in einem dieser Fiaker bis zur Nachlath-Binjamin-Straße 7 in der Frühlingsstadt, wo er und Walter Peiser bereits im April in einem Zimmer der Familie Bernstein ihr Quartier aufgeschlagen hatten.«

Wir kennen diese Leute nicht. Aber ich könnte mir vorstellen, daß nicht nur einem, der in Heilbronn geboren und in der Nähe aufgewachsen ist, ein Bild vor die Augen tritt. Tante Sarah, schwäbisch-zärtlich »Särle« genannt, hat einen Neffen, der wohnt im ersten Stock. Im gleichen Haus, in der alten Stadt. Ach nein, er wohnte dort. Er ist weggegangen, ein bißchen früher als man selbst, und jetzt kommt er den Neuen hier schon aus Tel-Aviv entgegen. Bringt sie vom Orient, am Uhrturm vorbei, an den Cafés mit ihren Wasserpfeifenrauchern über das deutsch-christliche Zwischenstück, Café Lorenz, die Bank der »Deutschen Kolonie« – ins Neue: »Von da an änderte sich das Bild in zwar bescheidenem Maße, aber kompromißlos.« Reis sieht die Stadt, wie später Heinz Fenchel, mit den Augen des Architekten. Keine breiten Straßen. Erkennbar noch der »ursprüngliche Charakter«, der Versuch nämlich, dem zionistischen Ideal baulichen Ausdruck zu verleihen. Nicht höher als vier Stockwerke. Läden für technische Artikel in der Jaffastraße, Bekleidung in der Allenby. Hochbetrieb allerdings überall, junge arbeitsame Leute in kurzen Hosen. Tropenhüte. »Das Aussehen dieser Menschen war völlig anders, als es die Karikaturen der Juden in Streichers ›Stürmer‹ zeigten.« Was hatte Reis erwartet? Nicht, offenbar, die große Präsenz deutscher Juden. »Der Einfluß dieser Einwanderer nach Palästina und ihr vielfacher Gebrauch der deutschen Sprache machte sich im Straßenbild von Tel-Aviv nicht nur in der Unterhaltung an den kleinen Tischchen vor den Cafés, sondern auch in den Auslagen mancher Buch- und Kunsthandlungen bemerkbar. An den Litfaßsäulen der Straßen fielen Arthur und seiner Schwester bunte Plakate des Kinos ›Mugrabi‹ auf, die in großen Buchstaben die Aufschrift trugen: ›Der träumende Mund‹ mit Elisabeth Bergner.«

Man weiß manchmal nicht genau, wie diese Begegnung mit dem Deutschen auf die neuen Einwanderer wirkte. Beruhigend? Vertraut? Oder doch womöglich etwas vorwurfsvoll? So ist das hier also, da hätten wir ja längst kommen können. Elisabeth Bergner im Kino, so fremd ist das doch gar nicht. Fremd ist – wer ankommt. Da gibt es, sagt der Neffe von Tante Särle, sogar einen »Potsdamer Platz«, und ganz in der Nähe wohnt die Familie Bernstein. »Wie fast jeder Neueinwanderer, der ohne eine ›Lift‹ genannte große Möbelkiste nach Tel-Aviv gekommen war, erstanden auch Arthur und Karola zuerst eine eiserne Bettstelle mit der dazugehörigen Seegrasmatratze.« Eine Unterkunft wird gefunden, die Suche nach Arbeit beginnt. Reis nimmt eine Arbeit im Architektenbüro von Richard Kauffmann in Jerusalem an und muß Tel-Aviv, die Meerstadt, schon wieder verlassen. Das Büro Kauffmann hatte in diesen Jahren neben anderen privaten und öffentlichen Projekten den »Tozereth Ha'aretz«-Pavillon für die Levante-Messe in Bearbeitung:

Nach einem Zwischenaufenthalt in Jerusalem kehrte Arthur Reis nach Tel-Aviv zurück, seine neue Arbeitsstätte war in der Elieser-Ben-Jehuda-Straße. Noch unbetoniert am oberen Ende, aber voller Leben: Kinos, Cafés, Restaurants. Und ein privater Mittagstisch. Und, im Moment des größten möglichen Glücks, die beginnende Trauer, der Gedanke an die Heimat. *Purim* in Tel-Aviv, der »Adlojada«-Umzug zeigt den Wiederaufbau des alt-neuen Landes »trotz des modernen Hamans«[94] und der haßerfüllten Gegner. »Diese jüdische Demonstration in Freiheit verstärkte noch Arthurs stetes Erinnern an die wachsende Verteufelung und Unfreiheit der Juden in seiner ehemaligen Heimat, die er den verschleierten Berichten seiner lieben Mutter und einiger Neuankömmlinge aus Deutschland entnehmen mußte.« Die Familienangehörigen, die aus der Sicht von Tel-Aviv noch »dort« sind, weit entfernt, leben noch ein *dortiges* Leben. Sie ziehen um, von Nürnberg wieder in die Heimat, sie besuchen einander, in Bopfingen, wie die verwitwete Mutter ihre Schwester. Sie werden krank und wissen nicht: wohin.

94 Purim ist ein Fest, das an die Rettung der persischen Juden erinnert, wie sie in der Megillat Esther erzählt wird. Der persische König Ahasveros hat einen Ratgeber, Haman, der die Juden ermorden will. Aber sie werden durch Esther und Mordechai davor bewahrt; in Erinnerung daran wird zu Purim getanzt und gefeiert, »bis man nicht mehr zwischen Haman und Mordechai unterscheiden kann« – ad lo jada …

Nur für die Übergangszeit

Margot Klausner, bereits 1925 aus Berlin nach Palästina ausgewandert, fuhr 1927 zurück und setzte sich dafür ein, das hebräische Theater, die Habimah, aus Moskau nach Tel-Aviv zu bringen. Berlin war eine wichtige Etappe auf dem Weg der Habimah in das Land, ohne die »Habimama« Margot Klausner hätten die Schauspieler den Weg womöglich nicht gefunden. Überhaupt gibt uns das Theater ein gutes Bild für die Situation, in der Menschen aus einem alten Land sich plötzlich auf einer neuen Bühne beweisen müssen. Hanna Marron, die 1923 in Berlin geboren wurde, hatte das »Pünktchen« in der Theateraufführung von Erich Kästners »Pünktchen und Anton« gespielt. Das »Hannerle«, so erzählte sie selbst, wußte nicht, »daß wir Juden sind«. Der Rundfunkredakteur sagt: »Gehen Sie, es wird nicht lange dauern.« Der Vater wollte, als Elektriker, nach Palästina; während die Mutter sagte: »Nein, da gibt es nur Kamele.« Wie viele solcher Dialoge sich wohl in Berliner Familien abgespielt haben? Bei der Ankunft, sagt Hanna Marron, »hat sich mein ganzes Leben vollkommen verändert. Ich war auf einmal nicht mehr Hannerle Maierzak, sondern einfach ein Kind, und ich fand das wunderbar – wie wir in Jaffa ankamen, wie wir von Arabern in die Boote heruntergehoben wurden, die uns an Land bringen sollten. Das ist eine wunderbare Erinnerung.« Auch die Kinder mußten sich umstellen, zumal die aus den gutbürgerlichen Familien: »Ich mußte mir zum Beispiel das Knicksen abgewöhnen. Das fanden die anderen Kinder faszinierend.«

Raya Harnik hat (als sollte sie darauf ein Echo geben) ein Kinderbuch geschrieben, »Tel Aviv liegt am Meer«, in dem sie versucht, für Kinder verständlich darzustellen, was es für ein kleines Mädchen bedeutete, in dieser Stadt aufzuwachsen: »Als ich noch ein Kind war, lebte ich in Tel Aviv, einer Stadt, die damals noch aus Sand bestand. Tel Aviv war die erste ›hebräische Stadt‹, aber der Staat war noch nicht gegründet, und im Land herrschten die Briten, das heißt die Engländer. Ich sprach zwei Sprachen – eine ›von daheim‹, das war Deutsch, und die zweite ›von der Straße‹, das war Hebräisch. Und so ging es vielen Kindern. [...] Die meisten Leute gingen in kurzen Hosen und mit einem grauen Unterhemd zu Arbeit, aber mein Vater verließ das Haus nie ohne ein gestärktes Hemd und Krawatte. Daran war er gewöhnt.« Es ist seltsam, aber in dieser für Kinder hergerichteten Sprache kommt einem die Geschichte, die man so gut zu kennen glaubt, in die man sich bis zum Detail vergraben konnte, wieder ganz neu und fast fremd entgegen. Zwei Sprachen, warum? Eine »von daheim«, eine »von der Straße«, wie kam das zustande? Und zu Hause wurde in der deutschen Sprache »ein Mann namens Hitler« immer wieder erwähnt. Die Autorin schildert auch eine Reise in die andere Richtung – die Familie macht sich, 1938, auf, um Großvater und Großmutter zur Einwanderung nach Palästina zu überreden. »In Deutschland grüßt man nicht mit Schalom [...]. Und man macht einen Knicks, wenn man jemandem die Hand gibt.« Die Großeltern wünschen sich, daß die Enkelin in Deutschland bleibt, wo sie alles haben kann, Dienstboten, Spielsachen, ein eigenes Zimmer. Erst nach der Pogromnacht vom November 1938 entschlossen sich die Alten zur Auswanderung. Und wieder liest sich eine Geschichte, die wir schon kennen, in dieser reduzierten Form fast noch erschreckender: »Bevor er [der andere Großvater] losfuhr, packte er all seine Sachen in eine riesige Kiste, die ›Lift‹ hieß, heute würde man Container sagen. Die Kiste war so groß, daß all seine Möbel hineinpaßten. Auch die schweren Federbetten, das schöne Porzellan, das besondere Geschirr für Pessach und andere geheimnisvolle Gegenstände [...]. Diesen Lift schickte mein Großvater mit dem Schiff. Er zog seinen guten schwarzen Anzug an, steckte die goldene Uhr in die Westentasche und befestigte die Kette am Knopfloch. Dann band er sich eine Krawatte um, setzte seinen neuen schwarzen Hut auf und fuhr nach Palästina, nach Erez-Israel.«[95]

95 Raya Harnik: Tel Aviv liegt am Meer. Aus dem Hebräischen von Miriam Pressler. Weinheim und Basel 1999, S. 17.

So erzählt man Geschichten. Die Wirklichkeit kennt diese Geschichten und hat doch auch Institutionen und Verbände, die etwas tun müssen, damit Geschichten erzählt werden können. Die Leitung der nunmehr HOGOA benannten Zentrale der Einwanderer aus Deutschland und Österreich (Hitachduth Olej Germania we Olej Austria) setzte sich zusammen aus Kurt Blumenfeld als Vorsitzenden und den beiden Stellvertretern Herbert Foerder und Meinhold Nussbaum. Zum Präsidium gehörten Alfred Berger, Erich Böhm, Sigmar Ginsburg, Sally Hirsch, Ernst Levy, Fritz Löwenstein, Ludwig Pinner, Walter Preuss, Felix Rosenblüth, Leo Rosenblüth, Julius Rosenfeld, Salman Schocken, Arthur Stern, Paul Tiefenthal und Oskar

Wolfberg; regelmäßige Mitarbeit leisteten Gerda Luft, Georg Landauer, Siegfried Moses, Fritz Naftali und Werner Senator. Generalsekretär war Max Kreutzberger. Die HOGOA arbeitete eng mit der Deutschen Abteilung der Jewish Agency zusammen. Aus dem Finanzierungsaufwand von Oktober 1933 bis Ende 1938 ergibt sich ein gutes Bild der Schwerpunkte: 25,3 % der Gelder wurden für die landwirtschaftliche Kolonisation ausgegeben; 26,7 % für die Errichtung von Gebäuden in landwirtschaftlichen Siedlungen, 20,3 % für die Jugend-Alijah und 10,7 % für die Ausbildung in landwirtschaftlichen und industriellen Berufen. Der kleine Rest verteilt sich auf Anleihen an städtische Einwanderer (5,3 %), soziale Beihilfen (6,0 %) und besondere Beihilfen für Einwanderer mit akademischen Berufen (3,0 %). Zu Beginn des Jahres 1939 zählte man ungefähr 60 000 aus Deutschland stammende Einwanderer, von ihnen lebten 20 000 in Tel-Aviv, 13 000 in Haifa, 7 000 in Jerusalem. 13 000 wohnten in den Kolonien und kleineren Städten, und nur 7 000 in den Kibbuzim und Kwuzoth.

1938 wurden Einwanderer aus Österreich, später auch solche aus Danzig und der Tschechoslowakei in die Arbeit integriert, eine besondere Aktion mit der Öffnung neuer Büros und mit Eingaben an die Einwanderungsbehörden erfolgte nach dem 10. November 1938, als »Tausende die Büros bestürmten, letzte Anstrengungen zur Rettung der noch in Deutschland verbliebenen Angehörigen zu machen«. Einen besonderen Arbeitsbereich stellte die Kinder-Alijah dar, etwa 3 000 Familien erklärten sich bereit, Kinder privat aufzunehmen, weitere 2 500 Kinder fanden Aufnahme in den landwirtschaftlichen Siedlungen. Die HOGOA richtete in Haifa und Tel-Aviv einen Hafendienst ein, »der an jedem Schiff den Einwanderern erste Hilfe und Beratung zuteil werden läßt«. Einwanderungsheime wurden eingerichtet, um den besonderen Bedürfnissen »mittelständlerischer Familieneinwanderung« gerecht zu werden, die sich von denen der einzeln oder in Gruppen einwandernden »Pioniere« doch unterschieden. Soziale Betreuung, Arbeitsvermittlung, Maßnahmen der Umschichtung und Fortbildung gehörten ebenso zum Programm wie Wirtschaftsberatung und die Einrichtung von Handwerkerschulen, Darlehens- und Hilfskassen. Die HOGOA betrieb selbst eine aktive Siedlungspolitik, organisiert von der »Rural and Suburban Settlement Company«, kurz »Rassco«. Hilfe für die kulturelle Eingliederung boten das Hebräische Seminar, die umfangreiche Vortragstätigkeit und das im September 1932 gegründete »Mitteilungsblatt«. Schaufenstergestaltung und Design gehörten ebenso zu den städtischen Errungenschaften wie der Aufbau eines Bankwesens durch die Privatbanken Feuchtwanger, Kollenscher und Japhet.

In seiner Einleitung zu dem vom Leo Baeck Institut publizierten Band »Ha'avara-Transfer nach Palästina« schreibt Siegfried Moses, nach 1948 erster State Comptroller des neuen Staates[96]: »Die sechs Jahre dieses Abkommens waren eine Periode von schicksalhafter Bedeutung. Es waren die Jahre 1933 bis 1939, die ersten sechs Jahre des Hitler-Regimes, in denen die ersten Opfer dieses Regimes, die deutschen Juden, zwar ungemein Schweres erlitten, aber doch noch – unter gewissen Bedingungen – die Möglichkeit hatten, sich durch Auswanderung der Schreckensherrschaft zu entziehen.« Das ist betont sachlich gehalten – die

96 Zu Moses vgl. Heinz Gerling: Der erste Staatskontrolleur von Israel – sein Weg und sein Werk. In: In zwei Welten. Siegfried Moses zum fünfundsiebzigsten Geburtstag. Tel-Aviv 1962, S. 167–183. 1912 ließ sich Moses in Berlin als Anwalt nieder. Seit 1904 Mitglied des Kartells Jüdischer Verbindungen (KJV), nahm er 1913 zum ersten Mal am Zionistenkongreß in Wien teil. Bis 1929 Arbeit beim Schocken-Konzern in Zwickau. 1937 siedelte er nach Palästina über, widmete sich der *Haavara* und allen anderen Gebieten, die mit der deutschen Einwanderung zu tun hatten; vor allem war er Mitbegründer der *Hitachduth Olej Germania* und Mitglied der *Alijah Chadascha*. Die »Staatskontrolle« ist eine israelische Besonderheit, hier entstand aus der bloßen Rechnungskontrolle ein wirkliches »Organ der Demokratie« (Gerling), das im Netz der israelischen Identitätsmuster bis heute ein Moment von Kontinuität und Solidität darstellt.

Ungeheuerlichkeiten lauern im Hintergrund des Textes (und der Geschichte). Das Ha'avara-Abkommen war, so seine Kritiker, ein Pakt mit dem Teufel. Und war doch unvermeidlich. Seine Aufgabe, »Auswanderungsmöglichkeiten für diejenigen deutschen Juden zu schaffen, die nach Palästina auswandern wollten«, konnte es nur erfüllen im direkten Gespräch mit, ja: in Abhängigkeit von der Macht. Zionisten wollten auswandern, die diesen Plan schon lange hatten und ihn jetzt zu verwirklichen suchten; mit ihnen standen aber in der langen Warteschlange »in der Mehrzahl Juden, denen dieser Gedanke früher ferngelegen hatte«: Angehörige des Mittelstandes, Beamte, Lehrer, aber auch Arbeiter und Studenten – Menschen allesamt, deren Existenzerwartung auf das neue Land davon abhing, daß sie einen substantiellen Betrag an Geld mit sich nehmen konnten. Dies zu ermöglichen, war die Idee des Transfer-Abkommens, das – folgt man der vielfältigen Literatur zum Thema – viele Väter hatte. Für unseren Zusammenhang genügt es zu wissen, daß die Exekutive der Zionistischen Bewegung ihre Vertreter, Arthur Ruppin darunter, ermächtigt hatte, Verhandlungen mit den neuen Machthabern zu führen. Die Ambivalenz dieses Vorgehens war den Akteuren durchaus bewußt; Moses schreibt: »Unter diesen Umständen konnte es dahin kommen, daß in einer Periode, in der die in Deutschland lebenden Juden mehr und mehr geächtete und rechtlose Objekte einer feindlichen Gesetzgebung und Verwaltung wurden, deutsche Juden und die in ihrem Interesse handelnden Organe der zionistischen Bewegung als Vertragspartner und als Träger einer Finanzierungsregelung anerkannt wurden« – und natürlich betraten die zionistischen Organisationen damit einen Weg, »der ihrer gegnerischen Haltung gegenüber dem Hitler-Regime ganz und gar nicht entsprach«.

Warum müssen diese alten Texte – scheinbar längst überholt von neueren Studien, in denen alles Nötige gesagt scheint[97] – noch einmal bemüht werden? Weil hier nicht eine besserwisserische Nachkriegsgeneration spricht, sondern die handelnden Akteure selbst. Ihre Einschätzung bleibt bestehen: »Die Ergebnisse des Haavara-Transfers entsprachen allen Erwartungen, die man hegen durfte. Wenn annähernd zwanzig Prozent der deutschen Juden, die überhaupt auszuwandern vermochten, ihren Weg nach Palästina finden konnten, so ist dies in entscheidendem Maße dem Haavara-Transfer – direkt oder indirekt – zu verdanken.« Für viele war es sogar die einzige Möglichkeit, Auswanderung zu *gestalten*, die so entfernt scheinende und plötzlich so drängend real gewordene Frage: »Wie macht man das?« umzusetzen. Dolf Michaelis beginnt seinen Beitrag über »die Reaktion der deutschen Juden auf die nationalsozialistische Machtübernahme« mit dem bekannten Zitat von Leo Baeck, dem letzten Reformrabbiner der Berliner Gemeinde: »Die tausendjährige Geschichte des deutschen Judentums ist zu Ende.« Das war nicht das Motto dieser Auswanderung der ersten Zeit, aber die Vorahnung prägte jede einzelne Handlung. Von heute aus läßt sich nicht mehr beurteilen, ob die Schritte, die jemand unternahm, um auszuwandern, im Hinblick auf einen endgültigen Abschied oder auf eine eventuelle Rückkehr gedacht waren.

Wie die Pläne im Detail auch immer entstanden, wer sie nun am Ende auf den Weg gebracht hat, für den einzelnen Menschen, das Ehepaar, die Familie, die eine deutsche Exi-

97 Zu nennen ist etwa Tom Segev: Die siebte Million. Der Holocaust und Israels Politik der Erinnerung. Reinbek bei Hamburg 1995.

stenz, eine Existenz in Deutschland, beendeten und nach einer neuen Heimat suchten, bot der Weg über den Haavara-Transfer eine geeignete Möglichkeit: einen Teil des eigenen Lebens mit hinaus zu nehmen. Allerdings war diese Form des Transfers immer mit Verlusten verbunden, »der Bittergehalt der Haavara«, schreibt Ernst Freudenheim, entspricht zur Zeit »dem 30-prozentigen Salzgehalt des Toten Meers«.

Ein Bericht aus dem Alltag des Haavara-Abkommens und seiner Folgen, notiert von Martin Scheftelowitz, beginnt mit der Arbeitssuche: »Ich begann mit dem größten Unternehmen der Deutschen Alijah, nämlich der ›Haavara‹ (amtlichen Transferstelle), über welche damals viele Witze in Umlauf waren, in denen auch der Galgenhumor zum Ausdruck kam. So erklärte man mir, daß in dem eigens für sie erbauten und ausschließlich von ihren Büros besetzten neuen Gebäude in der Allenbystraße 56 in Tel-Aviv im Treppenflur vor dem Aufgang in Anlehnung an das in allen deutschen Städten vorhandene Denkmal des Unbekannten Soldaten ein Standbild des Unbekannten Transferenten aufgestellt sei, welcher aus lauter Verzweiflung darüber verstorben sei, weil seine Vormerknummer, die er bei der Einzahlung des Gegenwertes für sein zum Kapitalistenzertifikat benötigtes Vorzeigegeld von tausend palästinensischen Pfunden bei der ›Paltreu‹ in Berlin erhielt, immer noch nicht an der Reihe sei und er daher hier in seiner neuen Heimat völlig mittellos und auf Pump leben mußte.« Ein langer Satz, erzählt wie ein trauriger Witz. Und noch einer: »Man sagt von ihm, er habe nicht wie ein Schiff: ›Havarie‹, sondern ›Haavara‹ erlitten.«

Gerhard Jacobsohn hat auch darüber ein Gedicht geschrieben:

Die nackte Wahrheit

Hier steht in letzter Klarheit
vor Euch die nackte Wahrheit,
der Mann, den kein Geschichtsbuch nennt:
der unbekannte Transferent.

Verwickelt schon seit Jahren
in das Transfer-Verfahren
folgt' er getreulich Eurem Rat.
Hier steht das Resultat:

Herr Feilchenfeld,
Wo ist mein Geld?
Ich hab doch eingezahlt.
Ich tat loyal
und ganz legal
wie Ihr es mir empfahlt.

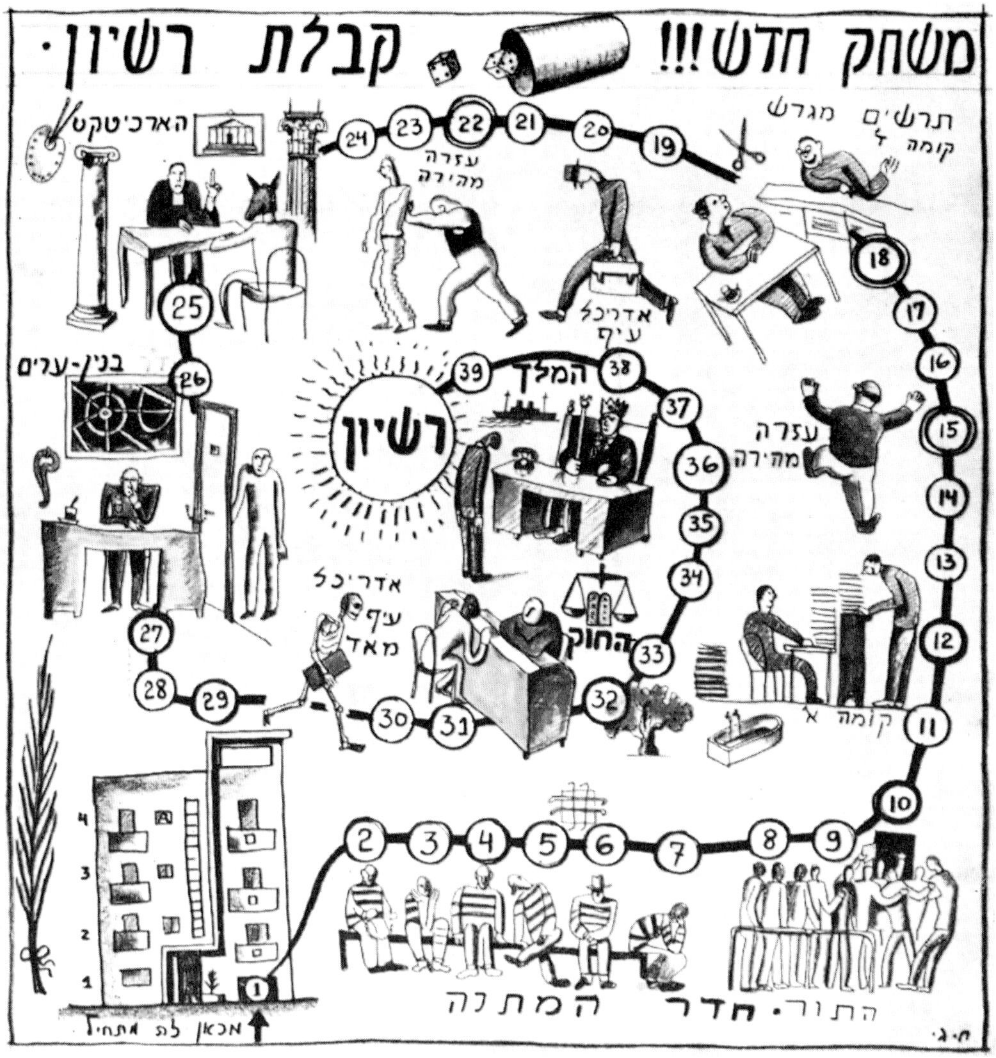

95 Die verschlungenen Wege der Bürokratie in Tel-Aviv

Jetzt steh ich bloss
und fassungslos
und war doch stets so prompt.
Herr Feilchenfeld,
wo ist mein Geld,
sagt, wann es kommt?

Mit einer Stelle in diesem Büro wurde es nichts; ein Angestellter hatte ihm mit den Worten »bei uns herrscht deutsche Ordnung« ein Blatt mit Aufgaben überreicht, die er zwar zufriedenstellend löste; aber gemeldet hat man sich nicht mehr bei ihm. Kunde war er allerdings, mit einer Berliner Paltreu-Vormerknummer. Deutsche Einwanderer gründeten eine Wertpapierbörse, sie tagte von Sonntag bis Donnerstag täglich etwa dreißig Minuten in einem kleinen Zimmer der Zentrale der Anglo-Palestine Bank in der Tel-Aviver Herzl-Straße. 1937 erfaßte der Kurszettel zwölf Wertpapiere; in solche Papiere konnten Einwanderer investieren, um bis zu 50 % des benötigten Vorzeigegeldes im voraus und in bar zu erhalten. An der Börse konnten die Risikobereiten die Papiere wieder verkaufen. Die Alternative dazu war, Maschinen, Werkzeuge oder auch Waren zu importieren.

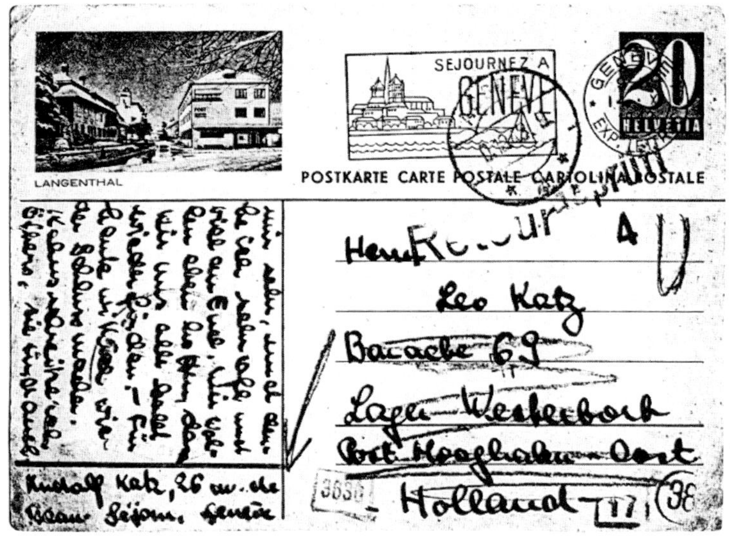

96 Die Karte von Ben Katz' Bruder kam zurück: »Unsere Familie war schon nach Auschwitz verfrachtet«

Von Arbeitsgeräten erzählt auch Ben Katz. Seine Nachrichten kamen immer von weither aus Melbourne. Irgendwann kam einmal eine Diskette an, die einige Manuskripte enthielt, inzwischen ist ein Buch daraus geworden.[98] Katz, geboren 1923, stammt aus einer alteingesessenen Familie, die sich auf der Seite des Vaters bis 1640 und auf der Seite der Mutter bis 1730 in Deutschland zurückdatieren läßt. Dem Zwölfjährigen wurde die höhere Erziehung in Berlin verweigert, deshalb machte er eine Klempnerlehre bei einem Meister, der NSDAP-Mitglied, sogar SS-Mitglied – und doch Mensch geblieben war. »Du bist Deutscher, du bist hier geboren, du kannst hier leben und arbeiten wie alle anderen auch.« Und das war nicht nur so dahingesagt. Der Meister versteckte seinen Lehrling in der Nacht, als die Synagogen brannten, in seiner Werkstatt. Und als Ben seine Pläne äußerte, jetzt doch nach Palästina auszuwandern, half ihm der Meister, seine neugekauften Werkzeuge im Ofen so zu verräuchern, daß sie alt und gebraucht aussahen – »take them home and ship them to your stupid Palestine ...« Mit fünfzehneinhalb Jahren, im April 1939, kam Ben Katz, von Holland her, im Land an. Kurz darauf hatte der Krieg auch Palästina erreicht. Am 9. September 1940 bombardierte italienisches Militär die Stadt Tel-Aviv: »Plötzlich ein Blitz aus heiterem Himmel, es donnerte dröhnend, es donnerte, es blitzte. Menschen stürzten hin auf der Straße, im Nu waren Krater hineingerissen in den Damm, in die Dämme. Bombentrichter. Fensterscheiben splitterten, Menschen flogen, vom Luftdruck niedergedrückt, von ihrem Balkon auf die Straße, blieben dort liegen, regungslos.« Einige hundert Tote, so schreibt Werner Bukofzer in seinem Augenzeugenbericht.[99]

Auch in Palästina war nationalsozialistisches Gedankengut, waren Hakenkreuzflagge und braune Uniformen präsent. Ernst Marcus berichtet vom »Tel-Aviver Milchkonflikt« aus dem Jahr 1936. Nach dem moderaten Dr. Wolff war ein Herr Dr. Doehle zum neuen Generalkonsul Deutschlands in Jerusalem ernannt worden. Unter dem Einfluß örtlicher Nazis und der auch in diesem Land tätigen Auslandsorganisation der NSDAP entwickelte er sich zum

98 Yiheyeh Tov. It will be all right. The Story of Ben Katz, by Ben Katz and Michael Pyne. Glebe/ Australia 1997.

99 Werner Bukofzer: Blitz aus heiterem Himmel. Bericht eines Augenzeugen. In: Hügel des Frühlings. Deutschsprachige Autoren Israels erzählen. Hrsg. v. Alice Schwarz-Gardos. Freiburg u.a. 1984, S. 66 f.

Scharfmacher. Als die Milchhändler in Tel-Aviv beschlossen, keine Produkte der deutschen landwirtschaftlichen Siedlung Wilhelma bei Jaffa mehr zu kaufen, wollte Doehle erreichen, daß das Auswärtige Amt in Berlin den Auswanderertransfer unterbrechen sollte. Und manche Einwanderer berichten, daß ihr erster Anblick bei der Ankunft im neuen Land die Fahne mit dem Hakenkreuz auf der deutschen Vertretung in Jaffa war.

Anzüge an heißen Sommertagen: Was für ein Land?

Das ist vielleicht der richtige Moment, einmal innezuhalten und eine grundsätzliche Frage zu stellen. War es den Einwanderern bewußt, in welches Land sie kamen? Die politischen Zusammenhänge waren durch die britische Mandatsmacht verwirrend genug; damit konnte jemand, der in Europa aufgewachsen war, vielleicht noch umgehen. Aber wie stand es mit der Haltung der aus Deutschland stammenden Einwanderer zur arabischen Bevölkerung im Land? In den bisher zitierten Berichten sind uns die arabischen Bewohner Palästinas vor allem als Hafenarbeiter bei der Ausbootung begegnet – Teil des Ensembles aus fremden Stimmen, Farben und Gerüchen, das die Einwanderer in Jaffa oder Haifa begrüßte. Oder wir haben Berichte gehört, in denen Reisende das malerisch gelegene, authentisch mit der Landschaft verbundene arabische Dorf dem oft als künstlich empfundenen Aufbau der jüdischen Siedlungen und Städte, zumal Tel-Avivs, entgegenhalten. In den frühen Reiseberichten, 1914 bei Calvary, 1918 bei Hoeflich und noch 1924 bei André Meyer, ist fast stereotyp vom »freundlichen Fellachen«, vom gastfreien arabischen Nachbarn die Rede. Als politisch Handelnde treten Araber erst mit den Unruhen von 1929 und 1936 in Erscheinung – dann treten sie in den Berichten auf als Elemente einer feindlichen, bedrohlichen, orientalischen Umwelt. Unsere Darstellung bleibt *dem ersten Moment* der Begegnung mit dem Land treu; aber festzuhalten bleibt doch, daß zumindest in den zeitgenössischen Berichten und in den nachträglich entstandenen Erinnerungen die deutsche Einwanderung als verständigungsbereit erscheint. Zehara Ron, deren Bericht über das vor allem von deutschen Einwanderern errichtete Wohnviertel Rehavia in Jerusalem wir noch hören werden, schreibt: »Hätten Leute wie mein Opa damals das Sagen gehabt, wäre der Staat Israel nie entstanden. Er war Bewohner Jerusalems und der Rest war unwichtig. Er war bereit, auf israelische Souveränität in der Stadt zu verzichten, wenn sich dadurch Blutvergießen vermeiden ließe. ›Ich verstehe diesen Faschismus nicht‹, drückte er seine Sicht der politischen Gegenwart Israels aus. Auch wenn er nicht Mitglied bei *Brit Shalom*[100] war, so waren seine Ansichten doch ähnlich. *Brit Shalom*, unter der Leitung von Martin Buber, war zwischen 1925 und 1933 aktiv und hatte sich den Ausgleich zwischen Juden und Arabern zum Ziel gesetzt. Buber sah in der Rückkehr der Juden in ihr Land eine Brücke zwischen Ost und West und warb für einen humanistischen Nationalismus. Unter anderem glaubte man bei ›B.S.‹ an den Zwei-Völker-Staat und an die

100 Der »Friedensbund« wurde 1925 im Zusammenhang mit der Eröffnung der Hebräischen Universität in Jerusalem gegründet; das Ziel war, die politische Arbeit im Land weniger auf die britische Mandatsmacht und mehr auf die arabische Bevölkerung zu konzentrieren. Das Projekt eines binationalen Staats fand weder bei der zionistischen Führung noch bei den arabischen Nachbarn Gehör.

Fähigkeit, die Araber davon zu überzeugen, den Zionismus in Frieden zu akzeptieren. Diese Idee erwies sich als ebenso praktisch wie das Tragen von Anzügen an heißen Sommertagen. Nicht nur Jekken waren Mitglied bei ›B.S.‹ und nicht alle wohnten in Rehavia, aber sie waren die Mehrheit und gaben der Bewegung die geistige Richtung. Sie sahen sich, zu Recht, als die Fortsetzung des liberalen Geistes der Weimarer Republik. Der geistige Führer war Buber, neben ihm Ruppin, Magnes, Simon, Sholem und Bergmann, Hans Kohn aus der Tschechoslowakei.«[101]

So praktisch wie das Tragen von Anzügen an heißen Sommertagen. Die Unsicherheit jedenfalls angesichts der Erkenntnis, daß man eben nicht alleine war in dem Land, in dem man gerade angekommen war, prägte die Erfahrungen der deutschen Juden. Pinchas Rosen, der in Käthe Dans Hotel sein Examen vorbereitet hatte und kurz darauf Käthes Schwager wurde, entwickelte sich zum profiliertesten politischen Vertreter der deutschen Einwanderung. In einem Text »Erinnerungen aus den Jahren 1939 – 1948« stellte Rosen[102] die Position der deutschen Zionisten »zum Terror« dar, »wie er nach der Veröffentlichung des britischen Weissbuches vom Jahre 1939 von Untergrundgruppen in Erez Israel geübt wurde«. Für die *Hitachduth Olej Germania* und die aus ihr hervorgegangene politische Partei der *Alija Chadascha* galt die »aktivistische Politik« der revisionistischen Gruppen *Ezel* und *Stern* in der Reaktion auf die in diesem Weißbuch festgelegte Verminderung der Einwanderungszahlen als (nach Georg Landauer) »historisches Unglück der zionistischen Bewegung«. In einer nur kurz angedeuteten Berufung auf die Wertewelt des deutschen Zionismus begründet Rosen die Ablehnung jeden Terrors: »Die Tätigkeit des Jischuw ist insbesondere zu richten auf Verteidigung, Fortsetzung von Alijah und Ansiedlung«, so zitiert Rosen aus einer Resolution der HOGOA vom 1. Juli 1939.

Zwischen den beiden Lebenswelten in Deutschland und Palästina, miteinander verbunden durch den Prozeß der Auswanderung und Einwanderung, und voneinander getrennt durch die zunehmende Beschränkung im nationalsozialistischen Deutschland, steht noch die militärische Präsenz der Briten, die den Zuzug derer, die es geschafft haben, dem Gefängnis Europa zu entkommen, blockiert und verhindert. Das »Weißbuch« der britischen Regierung erscheint im Juni 1939. Drei Monate später beginnt der Krieg. Im Lande Israel lebt eine vergleichsweise noch immer geringe Zahl von Juden, die sich daranmachen, in dieser Situation nicht nur den Krieg zu überstehen, sondern zugleich den Weg zu einem eigenen Staat zu bereiten. Für einen Teil von ihnen, der Träume von Groß-Israel auf beiden Ufern des Jordan hat, sind »die Engländer« der Hauptfeind. Rosen schreibt dagegen: »Terror war schlechthin unsittlich, weil er sich gegen unschuldige Menschen richtete, deren Leben auch bei Sabotageakten gefährdet war; er würde auch in Zukunft nie verziehen werden, und vor allem würde er auf uns selber eine demoralisierende Wirkung und Nachwirkung haben.« Rosens Haltung war wohl mehrheitsfähig innerhalb des Kreises dieser Einwanderer, und diese politische Einstellung hatte ihre Auswirkungen auf das Alltagsleben; denn wieder unterschieden sie sich, durch ihre mehrheitlich bürgerlich-städtische Herkunft, ihre Berufsstruktur. Und sie

101 Zehara Ron: Erinnerungen an Rehavia. Gefunden und übersetzt von Matthias Marburg – danke!

102 Geboren in Messingwerk bei Eberswalde. Ich konnte für seine Biographin Ruth Bondy 1998 die Häuser der Werksiedlung dort fotografieren. Das Werk selbst ist nicht erhalten. Vgl auch Robert Jütte: Pinchas Rosen. Zum 100. Geburtstag des ersten Justizministers Israels. BAJW, 22. 5. 1987.

unterschieden sich nicht allein von den radikalen Kräften, sondern auch von den Allgemeinen Zionisten – durch ihr Festhalten an den Prinzipien einer »verantwortungsvollen Planung praktischer und realisierbarer Maßnahmen«. Die Gründung einer eigenen, einer quasi landsmannschaftlichen Partei stand durchaus im Gegensatz zu den Bestrebungen der Vereinheitlichung der zionistischen Führung, bei der die Herkunft von einzelnen und Gruppen keine Rolle mehr spielen sollte. Das »Weißbuch« sollte bekämpft werden, aber mit konstruktiven Vorschlägen. Zu diesem Spektrum einer möglichen und auf Realisierbarkeit ausgerichteten Politik gehörte selbst die Entwicklung von Ideen für die Verständigung mit der arabischen Nachbarbevölkerung, bis hin zu den Projekten für einen binationalen Staat, wie sie vom Friedensbund *Brit Shalom* (dem Martin Buber und Arthur Ruppin angehörten) erarbeitet wurden. Die Stimmen verhallten, so Rosen im Rückblick, »ungehört«. Eine Broschüre der HOGOA von 1939 beschreibt den »Weg der deutschen Alijah«. Charakterisiert wird diese »Flüchtlingsalijah« durch einen starken Anteil an »gehobenem Mittelstand«, der um 1933 – dank der polnischen vierten Einwanderungswelle Mitte der zwanziger Jahre – bereits Grundlagen einer »kapitalisierten« wirtschaftlichen Struktur vorfand, auf der man aufbauen konnte. Kennzeichnend ist ferner der große Anteil der deutschen Immigration an der städtischen Entwicklung. Neue Industriezweige wurden entwickelt, die Gestaltung des Bauwesens gründlich verändert, auch die »Qualität und Ausstattung der Geschäfte erfuhr eine durchgehende Umwälzung«; das ist nicht weiter überraschend und läßt sich mit der beruflichen und sozialen Struktur der deutschen Juden begründen; bemerkenswert ist dagegen ihre ebenfalls »bedeutende Arbeit auf dem Lande« – Zeichen einer großen Bereitwilligkeit, »sich einen neuen Lebensstil anzueignen«: »Palästina hat sich im Laufe seiner jahrzehntelangen Geschichte an Beispiele des Heroismus, an freiwilligen Verzicht und völlige Umstellung hergebrachter Lebensart gewöhnt. Dem ist es wohl zuzuschreiben, daß man die Bemühungen jener Tausende, die aus dem Geschäft und von der Universität, aus dem Anwaltbüro und der Ärzte-Ordination in die landwirtschaftlichen Betriebe hinausgingen, als etwas selbstverständliches ansah, während man mit Verwunderung und Skepsis den Städter beobachtete, der mit mehr oder weniger Erfolg versuchte, sein Leben in Tel-Aviv oder Jerusalem in ähnlicher Weise fortzusetzen, wie er es in Berlin oder Frankfurt gewöhnt war.«[103]

103 Der Weg der deutschen Alijah. Rechenschaft – Leistung – Verantwortung. HOGOA Tel-Aviv 1939, S. 7.

»Man müßte ...«

Was war uns bisher Haifa gewesen?«, fragt Paul Mühsam in seinem Bericht. »Ein bloßer Begriff, nichts als das Wegesende, dem wir zustrebten. Was wußten wir von dieser Stadt, die, an dem Karmel sich anschmiegend und vom Meer bespült, mit dem Blick über die malerische Bucht nach Akko hin und zum Hochgebirge Syriens, sich mit den schönsten Städtebildern der Welt messen lassen kann? Es gibt in Palästina zahlreiche Orte, die wir schon aus der Bibel kennen. Haifa gehört nicht hierzu.« – Und ist doch etwas, hören wir das ganz leise heraus? Ähnlich wie Tel-Aviv (und sonst so verschieden) fordert Haifa den Neuankömmling dazu heraus, jenseits mitgebrachter Vorstellungen vom Orient und von der Landschaft der Bibel, eine Stellung zur Situation der jüdischen Gemeinschaft im Land einzunehmen. Die Stadt war im Begriff, »sich aus einem orientalischen Städtchen zu einer europäischen Großstadt zu verwandeln, »wie ein Phönix aus der Asche« stieg das jüdische Viertel Hadar Ha-Carmel aus dem felsigen Untergrund. Und Haifa bietet das Schauspiel eines wirklichen Aufstiegs – so hoch, daß der Chauffeur (der »berufsmäßige jüdische Chauffeur«) mit seinem Wagen nicht ganz bis zu der Stelle kommt, an der die Familie Landau aus Lübeck »eine schön eingerichtete Wohnung« hat und auf die Gäste wartet.

97 Moderne Kocher lösen die »Primus«-Petroleumherde ab
Erna Meyer, WIZO-Kochbuch

Für Mühsam war Haifa in den Jahren seiner Einwanderung von Sätzen geprägt, die mit den Worten »man müßte« anfingen. Man saß im Café an der Herzlstraße und machte Pläne: »Alles grübelte nach Ideen, die sich als erfolgreich erweisen und zu einer auskömmlichen Existenz führen könnten.« Er zählt die »Pläneschmieder« auf: Anwälte und Richter, Ärzte, Kaufleute, Lehrer, Referendare und Studenten – alle waren sie brotlos geworden. Und alle waren sie von den ersten Tagen und Wochen im Land ernüchtert. Langsam stieg, an diesen Kaffeehaustischen, Europa wieder hoch. »Man müßte«, so hieß es von allen Seiten, schreibt Mühsam, und fügt hinzu: »Es gab ja so vieles, was getan werden konnte und müßte.« Ein Delikateßgeschäft mit sauberer Einrichtung und Bedienung, denn das gab es nicht, »es gab im jüdischen Sektor überhaupt nichts« – man kann sich so richtig die Atmosphäre am Tisch vorstellen, wo ein Wort das andere gibt und ein Beispiel dem nächsten folgt, bis die guten Anwälte und Kaufleute sich ganz erhitzen –, »was ein an europäische Zivilisation gewöhnter Mensch nötig hatte«, schreibt Mühsam, und fügt hier hinzu: »oder zu haben glaubte«. Da ist dem Nachschreibenden noch der leichte Schrecken anzumerken; kam er nicht selbst gerade aus einem Europa, das im Begriff war, sich von der Zivilisation zu verabschieden, mit offenbarer Lust an der Selbstzerstörung? Und er sprach von Delikateßgeschäften? Aber sollte er, andererseits, nicht von Delikateßgeschäften sprechen, von benutzbaren Bedarfsartikeln, von freundlicher Bedienung? Er war doch, wie die anderen am Tisch, nicht gekommen, um sich zu verschlechtern, und erst recht nicht, um im Orient zu landen oder, behüte, im Berliner Norden! Und der Orient war nicht nur bei den Arabern, die »in Pforzheim hergestellte echt orientalische Schmucksachen« oder »Glasperlenketten aus Gablonz« verkauften, sondern auch bei den Juden zu finden. Aus der Empörung liest sich das so: »Die Geschäfte glichen denen einer ostjüdischen Kleinstadt. Die Besitzer waren ja auch fast ausschließlich aus Polen, Galizien und Rumänien eingewanderte Juden. Die Bedienung war nachlässig und ohne

Entgegenkommen, der Ton familiär, die Ware unappetitlich, die Einrichtung verschmutzt, das Lager ohne Ordnung. Alle Kunden wurden gleichzeitig bedient, und immer genoß der zuletzt Gekommene den Vorzug. Die Lebensmittelgeschäfte glichen, was Primitivität anlangt, den in Deutschland von Kellnern betriebenen Vorkostgeschäften, von denen sie sich jedoch durch ihre Unsauberkeit unterschieden.«

Aus dieser empörten Haltung, die sich so schön zitieren läßt, sind zwei grundlegende Einstellungsmuster entstanden, von denen die gespannte Beziehung der deutschsprachigen Einwanderer zur israelischen Gesellschaft (und umgekehrt) bis heute geprägt ist. Den einen Anteil beschreibt Paul Mühsam, er gilt dem ungeklärten, dem in der Schwebe gehaltenen Verhältnis dieser Einwanderer zu Deutschland. Der andere Anteil dieser Zerrissenheit besteht in der ganz unvorstellbaren Energieleistung, mit der die Einwanderer aus Berlin, Leipzig, Stuttgart, ebenso wie die aus Wien und Prag, sich daranmachten, mit dieser Unordnung aufzuräumen. Beides gehört zusammen. Mühsam »speiste« gelegentlich im Bierlokal in der deutschen Kolonie, »nicht nur aus dem Grund, weil ich in diesem Lokal mit Appetit essen konnte, sondern auch weil ich noch lange Zeit mich zu allem Deutschen wie etwas Heimatlichem hingezogen fühlte und in einem deutschen Haus, ja selbst in den Räumen der Templerbank und im Generalkonsulat, das ich mit einer Art Andacht betrat, das Gefühl einer Zugehörigkeit hatte, das allerdings später infolge der künstlich herbeigeführten Scheidung immer mehr dem einer Fremdheit wich […]: Im ersten Jahr bin ich oft durch die deutsche Kolonie gegangen, nur weil das Bild der Straße, die Bauart der mit deutschen Bibelsprüchen versehenen Häuschen, die Anlage der liebevoll gepflegten Gärtchen mit dem grün angestrichenen Zaun […] und vieles andere mir die Illusion gab, mich in einem deutschen Dorf zu befinden, und dann fragte ich mich bisweilen, was ich wohl tun würde, wenn ich jetzt, von einem Zaubermantel getragen, wirklich auf einmal in einem deutschen Dorf stünde, und konnte mir immer nur die eine Antwort geben: mich hinwerfen und heulen.«

98 und werden ihrerseits durch Elektroherde ersetzt

Zeitungsannonce

Ist es dem aus Polen, Galizien, Rumänien stammenden Kellner oder Wirt zu verdenken, wenn er solche Gäste mit leichtem Mißtrauen beäugt? Haben die noch immer nicht genug? Daß sie nicht genug hatten, sich nicht zufriedengaben, war – im Rückblick – wohl ihre größte Leistung. Aber hätte, wer darauf zurückschaut, sie damals wollen jammern hören? In Haifa, der so wunderbar gelegenen Stadt. Mühsam unterscheidet in seinem Lebensrückblick wohl mit Recht zwischen der Kultur als einer »Pflege der Seele« und der Zivilisation als »äußerer Haltung« – die Frage, ob eine *deutsche* Kultur oder nur, in diesem Verständnis (das freilich alte deutsche Debatten reflektiert), die deutsche oder mitteleuropäische *Zivilisation* in Israel angekommen ist, gar: angenommen wurde, ist immer noch offen.

Was ist deutsch? Womöglich ist Israel tatsächlich der richtige Ort, diese absurde Frage zu stellen. In den Texten finden wir: moderne, luftige, geräumige Läden; sorgfältige Bedienung; »Dienst am Kunden«; den »geschniegelten, weltgewandten Kaufmann«; den »etwas eckigen Hotelbesitzer«, der gerade noch Professor der Chemie war. Die schmerzliche Ironie ist nicht zu überlesen, das »Deutsche« in den deutschen Juden – die doch selbst in diesen Jahren damit beschäftigt waren, ihr Heimweh auszutreiben – ist nur noch im Klischee erträglich. Und wird, oder wurde wenigstens, doch gebraucht: »Und es ist ja in der Tat erstaunlich und grenzt ans Wunderbare, was die deutschen Juden in den wenigen Jahren ihres Hierseins geleistet haben, mit welcher Entschlossenheit sie das Steuer ihres Lebens herumgeworfen haben, mit welcher Tatkraft sie ohne Sentimentalität ihr Schicksal in die Hand genommen und sich zu neuen Menschen erzogen« – weiter? Nein. Zu traurig ist diese Litanei der Rechtfertigung, der jeder Schmerz, jede Demütigung noch anzuspüren ist. Aber nur eben so punktuell waren die Verbesserungen möglich: in einzelnen Stadtvierteln, Straßen und Häusern. In Läden, in Kooporativen. Und im Alltag: Die aus Deutschland stammenden Autobuschauffeure besorgten nicht nur »bessere« Wagen, sie sorgten auch für Ordnung beim Ein- und Aussteigen. Bald bildeten sich ordentliche Schlangen, »und der nicht mit solcher Disziplin vertraute Teil des Publikums wurde in kurzer Zeit dazu erzogen«. Ach ja, »man müßte« – hieß es wohl bei solchen Gelegenheiten im Kaffeehaus – einen Weg in diese Gesellschaft finden. Davor stand eine große Hürde.

Hebräisch lernen

»Genügt es in der Muttersprache, eine ganze Seite mit dem Auge zu durchfliegen, so mußte hier in zäher Kleinarbeit jedes Wort buchstabiert und jeder Satz enträtselt werden« – ein schönes Bild, wieder aus der Feder Paul Mühsams (dessen Name gut, neben »Weltfremd«, »Neu« und immerhin »Taglicht«, aus Shmuel Josef Agnons Roman *Schira* stammen könnte), ein Bild der Mühe und der nötigen Ausdauer, die vielen Einwanderern aus Deutschland am Ende fehlte: »Nach fünf Jahren Aufenthalt im Lande hörte ich auf, noch mehr Zeit, Kraft und Geld auf das Streben nach einem Ziel zu verwenden, das zu erreichen ich als hoffnungslos erkannt hatte.« Dieses Scheitern vor der hebräischen Sprache ist wohl eine Besonderheit des Lebens in den Städten, vor allem in Haifa und Tel-Aviv. In den landwirtschaftlichen Siedlungen, wo der Druck einer gemeinsamen Sprache, der Druck von Gemeinschaft überhaupt, sehr viel größer war, wurde diese Hürde (heißt es) schneller überwunden. Mehr und mehr übten die Städter, oder doch eine beträchtliche Anzahl unter ihnen, das Hebräische nur noch, »um das zionistische Gewissen zu befriedigen« oder sogar nur, um den Schein zu wahren. »Nach einigen Jahren waren mit Selbstverständlichkeit alle Aufschriften, alle Mitteilungen, alle Reklamen außer in Ivrith und Englisch auch im besten

99 Handreichungen für die erste große Hürde ... Lehrbuch

100 die in kleinen Schritten genommen wird Anzeige

Hochdeutsch gedruckt«, und allein diese Ankündigung wurde gelesen. Dieses Festhalten an der Sprache »verhüllte den Bruch der Lebenslinie durch eine Illusion« und verringerte die Schmerzen des Heimatverlusts; es erschwerte den Zugang zur neuen Heimat. So einfach war das, und so schwer. In den Unterlagen, aus dem großen Stapel gezogen, auch dazu ein trockener Kommentar von James Springer: »Mein Berlinertum hat – im Anfang – nichts genutzt. Jiddisch wäre besser gewesen.«

Aus Haifa schreibt Elisabeth Rosenbaum am 3. Juni 1934 an ihre Bekannte in Mannheim. »Wir haben eine 2-Zimmerwohnung mit kleiner Küche und großer Terrasse in einem arabischen Haus. Die arabischen Hausleute sind sehr gute angenehme Menschen. Wir verständigen uns mit der Zeichensprache und dem bißchen arabisch, das wir inzwischen gelernt haben. [...] Ich selbst lerne in Abendkursen der *Histadruth iwrith.* Den Unterricht erteilt ein Herr Dr. Schmul aus Deutschland. Wir haben im Haus Araber, Engländer, Ungarn, Rumänen und Deutsche. Mir fällt das Lernen noch etwas schwer, da ich ja keinerlei Vorkenntnisse habe. Übrigens kommt man in Haifa mit Deutsch aus, nur kann man weder Vorträge besuchen noch Zeitungen lesen. Das ist für mich sehr schlimm.«[104]

104 Brief an Frau Neter. LBI Memoir Collection.

Kritik äußert Ernst Freudenheim. »Diese Einwanderer sind wegen ihrer sprachlichen Indifferenz borniert; wie kann man sich in ein Land einleben, dessen Sprache man nicht spricht und versteht, ja nicht einmal zu lernen sich bemüht? Es wird diesen Nutzniessern des Landes schwer verdacht, dass sie das Geschaffene hier als selbstverständlich hinnehmen, wenn es ihnen gefällt, dass sie aber nicht bereit sind, auch nur das sprachliche Opfer zu bringen, das sie in jedem anderen Land gern auf sich nehmen würden. Die Juden aus Deutschland sind, besonders wenn sie als Nichtzionisten kamen, so schwer vom Schicksal getroffen, dass man ihnen hier viel nachsieht; aber wir wissen doch ganz genau, dass mit gutem Willen auch in Deutschland Iwrith zu lernen ist, trotz unserer Alltagssorgen.«

Educated in Germany

Am 24. Januar 1933 wurde das Jüdische Museum in der Oranienburger Straße in Berlin eröffnet, sein Direktor war Karl Schwarz.[105] Über diesen Termin kann man lange nachdenken. Was immer die äußeren Ursachen waren, eine tiefe Symbolik läßt sich nicht leugnen: Wenige Tage vor dem Machtantritt der Nationalsozialisten, wenige Tage vor dem Beginn der Ausgrenzung jüdischen Lebens aus der deutschen Öffentlichkeit gibt sich das Berliner Judentum selbst einen Ort des Rückzugs, der Rückbesinnung auf das Eigene, auf die eigene Geschichte und Kultur. Karl Schwarz blieb nicht lange an der Spitze des Hauses, er folgte einem Ruf von Meir Dizengoff, der nach dem Tod seiner Frau Zina in das Obergeschoß seines Hauses am Rothschild Boulevard gezogen war und die unteren Räume für Tel-Avivs erstes Museum freigemacht hatte. Die junge Stadt, die ohne Geschichte leben

105 Karl Schwarz: Jüdische Kunst – Jüdische Künstler. Erinnerungen des ersten Direktors des Berliner Jüdischen Museums. Herausgegeben mit einer Vorbemerkung und Anmerkungen von Chana C. Schütz und Hermann Simon. Berlin 2001

wollte, akzeptiert nach und nach, daß sie Teil einer Geschichte ist. Karl Schwarz soll das Museum etablieren.

Meir Dizengoff und Chaim Nachman Bialik schreiben am 7. Juni einen Brief an den Maler Max Liebermann in Berlin, in dem sie ihrer Bestürzung über dessen erzwungenen Rücktritt vom Amt des Präsidenten der Akademie der Künste Ausdruck geben: »In seiner Sitzung vom 4. Juni hat unser Kuratorium beschlossen, Ihnen, verehrter Meister, erneut von unserer tiefen Verehrung zu sagen. Das jüdische Volk wird nie aufhören stolz zu sein auf das bedeutsame Werk seines genialen Sohnes, dessen mutiger Geist ihn immer und überall trieb, für die Kunst und den schaffenden Künstler einzutreten. Wir haben beschlossen, einen Saal unseres Museums nach ihrem Namen zu benennen.« Beide betonen – als wäre dies jetzt schon nötig beim Blick auf Deutschland –, das jüdische Volk werde »bei seiner Erneuerung im historischen Vaterlande *alle* Schätze des menschlichen Genius, woher sie auch kommen, treu und heilig bewachen«. Liebermann antwortet: »Gerade in diesen schweren Zeiten ist das Gefühl der Zusammengehörigkeit zu meinen jüdischen Glaubensgenossen doppelt erfreulich und tröstlich für die erlittene Erniedrigung, unter der die deutschen Juden jetzt zu leben haben. Wie ein fürchterlicher Alpdruck lastet die Aufhebung der Gleichberechtigung auf uns allen, besonders aber den Juden, die wie ich, sich im Traume der Assimilation hingegeben hatten. Sie, Herr Bialik, erinnern sich vielleicht der Gespräche, die wir, als ich Sie radierte, über diesen Gegenstand führten und in denen ich zu erklären suchte, warum ich dem Zionismus ferngestanden bin. Heute denke ich anders: So schwer es mir auch wurde, ich bin aus dem Traume, den ich mein langes Leben geträumt habe, erwacht. Leider kann man so einen alten Baum – ich werde im nächsten Monat 86 Jahre alt – nicht mehr verpflanzen.«[106]

Karl Schwarz richtete, zusamen mit Dizengoffs Assistenten Mosche Kaniuk, dem Vater des Schriftstellers Yoram Kaniuk, das Museum ein. Die Konflikte, die ihn zum Rückzug zwangen, hat er in einem bisher unveröffentlichten Manuskript geschildert:[107] »Das also war das Museum. Ich war reichlich entsetzt: So schlimm hatte ich es mir nicht vorgestellt. Dizengoff wollte durchaus ein Museum für seine Stadt schaffen, wußte aber nicht, wie es anfangen. Er hatte keine Ahnung von Kunst, und so nahm er alles, was ihm für sein Museum gegeben wurde, mit Dank an und war von jedem Stück begeistert.« In Absprache mit Chaim Nachman Bialik und im Kontakt mit privaten Sammlern ging Schwarz die Aufgabe an, wirkliche Kunst – aus dem Ausland, aber auch aus dem neu entstehenden Land – ins Museum zu bringen.

101 Am Strand von Tel-Aviv: ein Anschein von Erholung

106 Zuerst abgedruckt in Julius H. Schoeps (Hrsg.): »Erwacht aus dem Träume der Assimilation«. Max Liebermann und sein Bekenntnis zum Zionismus. In: Leiden an Deutschland. Vom antisemitischen Wahn und der Last der Erinnerung. München, Zürich 1990, S. 180–185.

107 Vor dreißig Jahren. Erinnerungen an die Anfänge des Tel-Aviver Museums. Zusammengestellt aus den Memoiren von Dr. Karl Schwarz (1963). In: Karl Schwarz: Jüdische Kunst. Jüdische Künstler, S. 257–280. Die Herausgeber berichten, daß dieses Schriftstück wohl von der Witwe Thekla Schwarz stammt; ein weiteres Manuskript, »Confessions scientifiques« vom 24. Oktober 1957, tauchte während der Recherchen auf und soll später ediert werden.

102 Das Programm der zweiten Saison des Palestine Philharmonic Orchestra

103 Die Musik war ihre Rettung – und eine Attraktion für Tel-Aviv

Neben dem Museum ist vor allem eine weitere Institution zu nennen, die den kulturellen Transfer von Deutschland und Österreich nach Palästina symbolisiert: das von Bronisław Huberman gegründete »Palestine Philharmonic Orchestra«. Das Eröffnungskonzert 1936, in den Hallen der Levante-Messe, unter der Leitung von Arturo Toscanini spielt in den Erinnerungen zahlreicher Einwanderer eine zentrale Rolle; nach einem Besuch der Aufführung erklärten sich beispielsweise die Eltern von Marianne Koppel damit einverstanden, daß ihr (in Hamm/Westfalen) so behütet aufgewachsenes Kind nach Tel-Aviv gehen konnte. Und Martin Scheftelowitz erzählt, damals seien neugeborene Zwillinge »Tosca« und »Nini« genannt worden.[108] Die Geschichte des Orchesters wurde von Barbara von der Lühe dargestellt;[109] die Musiker stammten, so ein 1946 erschienenes Verzeichnis, aus »Berlin, Germany, Berlin, Munich, London, Posen, Berlin, Budapest, Berlin, Munich, Odessa, Berlin«. Die Anziehungskraft des Orchesters hielt an. Heinz Berger erinnert sich: »In October 1938, I went straight from my last performance of Rigoletto with the Jüdischer Kulturbund on to a train, with my oboe. And a few days later I was rehearsing in Tel-Aviv.«[110] Es gehört zu den tragischen Momenten dieser Geschichte zwischen Deutschland und Israel, zwischen Berlin und Tel-Aviv, daß sich der Intendant des Kulturbunds, Kurt Singer, lange gegen die Abwanderung seiner Musiker wehrte – aus der inneren Verpflichtung, für die in Deutschland bleibenden Juden ein kulturelles Angebot weiter aufrechtzuerhalten. Singer wurde, wie viele

108 Mehr dazu in: Verdrängte Musik. Berliner Komponisten im Exil. Hrsg. v. Helmut Traber u. Elmar Weingarten. Berlin 1987.

109 Eine Studie von Barbara von der Lühe beschreibt die Gründung des »Palestine Philharmonic Orchestra« durch den polnischen Geiger Bronisław Huberman und befaßt sich vor allem mit den Lebensschicksalen der deutschsprachigen Orchestermitglieder. Barbara von der Lühe: Die Musik war unsere Rettung. Die deutschsprachigen Gründungsmitglieder des Palestine Philharmonic Orchestra. Mit einem Geleitwort von Ignatz Bubis. Tübingen 1998.

110 Nach Helga Dudman: Street People. Tel-Aviv 1982, S. 78.

andere, in das Konzentrationslager Westerbork (Niederlande) deportiert.

In der bildenden Kunst war mit der Einrichtung des Tel-Aviv Museums eine wichtige Etappe der Institutionalisierung erreicht. Bereits seit 1922 lebte Hermann Struck in Haifa. »Struck kam von seinem Zionismus zu einem offenen Bekenntnis der Fremdheit«, schreibt Paul Fechter, der mit dem Maler gemeinsam die Zeit beim Oberkommando Ost in Kowno erlebt hatte, »nahm sich, obwohl Berliner, als Angehörigen einer Minderheit und kam von dort aus zu einem weit ergiebigeren Verhältnis auch zu uns. [...] Nach dem Krieg sahen wir uns ein paarmal in Berlin, bei Magnus Zeller und bei anderen Freunden; dann machte er ernst und ging nach Palästina. Er hatte in Kowno geheiratet, ein junges ostjüdisches Mädchen; nun siedelte er nach Haifa über. Er schrieb zuweilen; nach der Ankunft berichtete er von der Enttäuschung seiner Frau: Sie hatte offenbar Palmen und Beduinen erwartet und fand stattdessen moderne Villen und Landhäuser. ›Das sieht hier gar nicht aus wie in Haifa‹, klagte sie; ›es sieht aus wie in Zehlendorf.‹ Struck hatte seine Freude an solchen Formulierungen und meldete sie sogleich.« Fechter fügt hinzu: »Dann verstummte er. 1944 hat er seinen siebzigsten gefeiert; der Krieg nahm jede Möglichkeit, dem ›Tetrarchen‹ Glück zu wünschen.«[111] Lea Grundigs Zeichnungen aus dem Lager in Atlit, wo die britische Mandatsmacht »illegale« Einwanderer internierte, gehören zu den berührendsten Zeugnisse einer Geschichte der Verzweiflung. Und auf der anderen Seite war denen, die ankamen, eine Aufnahme in die wenigen

111 Paul Fechter: Menschen und Zeiten. Begegnungen aus fünf Jahrzehnten. Gütersloh 1948, 299–308, hier S. 306 f.

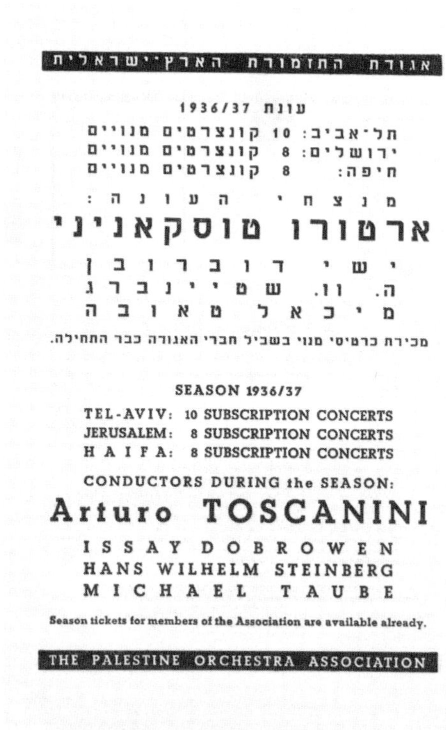

104 Arturo Toscanini stellte seinen Namen zur Verfügung ...

105 ... und ist hier, mit seiner Gattin, neben Bronisław Huberman zu sehen

106 Der »Bücherwurm« im Internierungslager Atlit Zeichnung Lea Grundig

bestehenden Einrichtungen keinesfalls garantiert. Das oben angeführte Künstlerverzeichnis wurde von Ruth Klinger zusammengestellt; in einem Zürcher Antiquariat wurde aus ihrem Nachlaß Anfang der neunziger Jahre das schmale, rote Büchlein mit dem Titel »Art and Artists in Palestine. Planned by Maxim Sakashansky, edited by Ruth Klinger« angeboten. Ruth Klinger war in Berlin, zusammen mit Sakashansky, Teil des Kabaretts »Kaftan«.[112] Nach ihrer Einwanderung in Palästina hat sie sich in vielen Berufen und Arbeitsfeldern versucht, dazu gehörte die 1946 abgeschlossene Sammlung über »Theatre, Music, Dance, Painting and Sculptural Art«: Eine Bestandsaufnahme der kulturellen Entwicklung einer Gemeinschaft kurz vor der Staatsgründung. Für den Forscher heute sind natürlich die Namen interessant (wenn auch ein ganz wesentlicher Bereich fehlt: die Literatur), zusätzlich auch die Adressen der aufgeführten Künstler. In den kurzen einleitenden Bemerkungen zu den einzelnen Sparten wird aber auch der Stolz auf eine Entwicklung deutlich. So schreibt Miryam Bernstein-Cohen in ihrem Vorwort zur Abteilung Theater: »Long is the distance between the first and humble cell of palestinian theatrical amators and this fermenting life of Palestinian art nowadays. […] Long is as well the distance from the first hall in Lorenz's Café on the Jaffa-Tel-Aviv Road, which served as theatre to those amator-beginners, until the glorious up-to-date theatre building of the Habimah.«[113]

Das heißt: Wir sind auch Pioniere. Das Land braucht nicht nur Landwirte und Handwerker, wenn es ein richtiges Land werden will, braucht es die Kunst. Und die Künstler. Sie haben ebenso viele Heldengeschichten von Entsagung und Armut zu erzählen wie die Siedler. Deutschland, zumal Berlin, spielt hier eher eine transitorische Rolle. Zählt man die Geburtsorte der verzeichneten Künstler nach, so lauten die Einträge: Rußland, Wilna, Rußland, Sofia, Rußland, Polen, Warschau, Wien, Wien, Baku, Jerusalem, Lodz, Kishinev, Wilna, Brest-Litovsk, Budapest, Tiflis, Kiew, Warschau, Rußland, Jerusalem. Das reflektiert den frühen Beginn eines Theaterlebens nach 1918, dem Ende des Ersten Weltkriegs und dem Beginn des

112 Ruth Klinger: Die Frau im Kaftan. Lebensbericht einer Schauspielerin. Hrsg. v. Ludger Heid. Gerlingen 1992.

113 Miryam Bernstein-Cohen: Preface. In: The Handbook Art and Artists in Palestine. Planned by Maxim Sakashansky, edited by Ruth Klinger. Tel-Aviv 1946, S. 11.

britischen Mandats; das erzählt von den Angehörigen der Dritten Alijah, die aus Südrußland und Polen, teilweise von den Balkanländern kamen – außerdem waren einige im Land schon Geborene Teil dieser kulturellen Bewegung, die die Kunst gegen Mitte der zwanziger Jahre in Tel-Aviv ansässig machte. Deutschstämmige sind kaum darunter. Aber in der nächsten Zeile nach *Geburtsort* heißt es oft: »stud. in Vienna«, »stud. dram. Art in Berlin«, »educated in Germany«, »First app. in Vienna«. Wien und Berlin, die beiden großen Zentren ostjüdischer Zuwanderung vor der Jahrhundertwende und in den zwanziger Jahren, übten so durchaus einen kulturellen Einfluß auf das Theaterleben in Palästina aus – auch wenn erst nach 1933 bzw. 1938 deutsche und österreichische Schauspieler in größerer Zahl ins Land kamen. Sie alle kreierten im fremden, nach einem Heimatgefühl verlangenden Palästina einen »chug«, einen Kreis oder Zirkel, zusammengeschlossen durch Brücken und Querverbindungen zwischen fast allen europäischen Herkunftsländern und dem neuen Land, zwischen den Sprachen – nicht zuletzt im Theater. Wir kennen heute das »Gesher«-Theater als Spielort russischer Einwanderer. Aber es gab schon einmal eine »Brücke« (was *gesher* heißt), ein deutschsprachiges Theater in Tel-Aviv, das unter der Direktion von Ernst Stössl stand. Es spielte 1933 bis 1945 nur für registrierte Abonnenten – wie zeitgleich die Kulturbund-Theater in Deutschland. Der Name ist Programm; was in den Augen der zionistischen Puristen wie ein nostalgisches Festhalten an den Traditionen (und besonders der Sprache) des Herkunftslandes aussah, war in Wirklichkeit eine Brücke in das neue Land. Auch Hermann Valentin gab mehr oder weniger geschlossene Vortragsabende, in der privaten Wohnung. »Literarische Litfaßsäulen« nannte man die deutschsprachigen Kleinkunstabende, die bei Stella Kadmon auf dem Dachgarten stattfanden. Im öffentlichen Theaterbetrieb konnten immerhin Bertolt Brecht und Friedrich Wolf gespielt werden. Die »Dreigroschenoper« wurde in der Regie von Alfred Wolf 1933 im Ohel-Theater aufgeführt. Das Bühnenbild und die Kostüme stammten von Genia Berger, die bei Karl Hofer in Berlin studiert hatte und 1933 zu ihren Eltern nach Tel-Aviv zurückgekehrt war. Die Habimah führte 1934 »Professor Mannheim« (»Mamlock«) von Friedrich Wolf in der Regie von Leopold Lindtberg auf. Friedrich Lobe inszenierte Büchners »Dantons Tod« in Tel-Aviv, außerdem eine Schwejk-Bearbeitung von Max Brod und Hans Reimann. Alfred Wolf gründete mit anderen deutschen Künstlern das »Theatron Ha'Ivri« – da hatte die Brücke, in die Luft gebaut, doch (um ein Bild von Manès Sperber zu verwenden) ein *anderes Ufer* gefunden.

Zirkel

Recht genau fünfzig Jahre lang kamen im dritten Stock eines Hauses in der Tel-Aviver Mapu-Straße Menschen zusammen, um miteinander zu reden und – deutschsprachige – Vorträge zu hören. Nadja Taussig hat nicht mehr hinterlassen als eine Liste der Vorträge, die am 3. Mai 1941 beginnt und im Frühjahr 1991 endet; alle anderen Unterlagen sind nach ihrem Tod wohl in den Müllbehälter eines Altersheims in Bat Yam geworfen worden. So vieles geht verloren, und noch immer haben Kinder, Angehörige, Freunde nicht verstanden, was sie da wegwerfen. So bleibt uns die Liste:

> Dr. O. Klepetar: Geschichte eines Auswandererschiffes – Max Brod: Jüdisches Theater in Palästina – Dr. A. Hofmann: Jüdisches Recht in Palästina – Dr. D. Schlossberg: Winston Churchill – Marcel Faerber: Aus eigenen Werken – Max Brod: Stefan Zweig [am 22. März 1942, nach dem Selbstmord des Dichters] – Sammy Gronemann: Erinnerungen – Dr. Grete Ganzu: André Maurois – Dr. Martha Hoffmann: Aus eigenen Werken – Dr. Norbert Schaefer: Die Revolution der Kriegsführung – Sammy Gronemann: Erinnerungen eines Anwalts.

Was ist das für eine Liste? Auch sie wirkt noch »dazwischen«. Es ist natürlich Zufall, daß ein Auswandererschiff am Anfang steht, aber Zufälle erzählen ja auch. Dann neigt sich die Waage zunächst auf eine Seite, zu Palästina hin und zu zwei Bereichen, in denen Teilnehmer oder Vortragende aktiv sind, das Recht und das Theater. Der Krieg, der in Europa tobt und den Norden Afrikas bedrohlich nahe an Palästina heranrückt, ist ständiges Thema. Schließlich folgen »Erinnerungen«: Rückblick nach Europa. Dazu kommt die Literatur. Max Brod steht im Mittelpunkt dieses Kreises, Nadja Taussigs Mann Ernst ist ein Schwager des Prager Dichters, der 1940 in Tel-Aviv ankam und schnell, wie es in einem Nachruf heißt, zum »vorbildlichen Mitbürger« wurde. Das erklärt auch den Starttermin des Kreises, in dem Max Brod regelmäßig auftritt. Sehen wir uns noch einige Themen an: »Panarabismus und Panislamismus« (Yedidiya Blan) – »Die dichterischen Schönheiten des Tanach« (Brod) – »Humor und Humorlosigkeit« (überraschenderweise vorgetragen von Felix Weltsch, der zusammen mit Brod angekommen war) – »Reise über das menschliche Gesicht« (von Helmar Lerski, dem »Ehrenvorsitzenden« und Lehrer der Palestine Professional Photographers Association und Autor des zionistischen Films »Avodah-Arbeit«). Englische Besucher kommen wie John Rhyder, der über »some aspects of english literature between the wars« berichtet; tschechische Einwanderer stellen Vergangenheit und Zukunft der ČSR dar. Shalom Ben-Chorin bietet »Zugänge zur Bibel«, Ernst Taussig darf immer wieder seine Briefmarkensammlung vorstellen, und jemand namens Daniella erzählt aus »150 Jahren Mode und Politik«. Hauszirkel, Salon, Vortragsabend, noch kann man sich nicht recht entscheiden, und so wird es auch bleiben.

Nadia Taussig
lädt ein:
Herrn u. Frau
für den um 8.15 h
ZU-ODER ABSAGE BIS ZUM
Die Einladung ist nur für Sie persönlich bestimmt.

107 Die letzte übriggebliebene Einladungskarte zum Zirkel von Nadja Taussig

Am 6. Mai 1943 findet eine denkwürdige Veranstaltung statt: »Öffentliches Gericht gegen die Mitteleuropäische Alijah und die Sprachenfrage in Erez Israel«. Ankläger ist David Tschertok, den Verteidiger macht Dr. D. Schlossberg. Die Liste der Zeugen ist leider nicht erhalten. Gerichtsvorsitzender ist – Sammy Gronemann, der zu dieser Zeit schon fast zwanzig Jahre lang das Amt eines Vorsitzenden des Zionistischen Kongreßgerichts innehatte. *Tua res agitur* – hier handelt es sich wirklich um »die eigene Sache«, die man aber auf eine Weise thematisiert, die der kulturellen Herkunft und der selbstkritischen Ironie der Teilnehmer entspricht. Leo Perutz kommt zur Lesung, A. Kupferberg analysiert die »Lage im Jischuw«. Zum 60. Geburtstag von Max Brod veranstaltet man eine »Gesprochene Zeitung«. Margot Klausner ist dabei, Arnold Zweig, und immer wieder Brod und Gronemann.

Mit dem Jahr 1948 und der Staatsgründung Israels beginnt eine neue Zeit. Sie ist in der Liste von Vorträgen im Hause Taussig, anders als man es wohl erwarten könnte, vom Blick auf Europa geprägt. Irma Pollak spricht über »Mitteleuropa 1948«, Max Brod selbst berichtet über »Europäische Reiseeindrücke«, und Hans Porjes kommt »Zurück aus Europa« – drei Vorträge hintereinander von Mai bis September. Auch im nächsten Jahr sieht es nicht anders aus, »ČSR – der Staat, der uns so geholfen hat« (Ernst Taussig), »Zentraleuropa und wir« (Chaim Hoffmann), und erst dann kommt das Land auf die Tagesordnung, wenn auch auf Umwegen: »Indien und Israel«, »USA und Israel«, »Religion und Staat in Israel«. Im Dezember 1949 stirbt Ernst Taussig, und seine Witwe wird den Kreis noch bis zu ihrem Umzug ins Altersheim weiterführen. »Vom Judentum zu Israel«, das ist der Weg, den auch dieser Kreis gehen muß. Und wie das ganze Land thematisiert auch dieser Kreis die Shoah, den Mord an den Juden Europas, nicht.[114]

114 Vgl. dazu Neima Barzel: The Attitude of Jews of German Origin to Germany and Germans after the Holocaust, 1945–1952. In: LBI Year Book 1994, S. 271–301.

Theater, eigene Manuskripte, Versdichtungen. Man redet, »nach Auschwitz«, fast nur über Gedichte. Die fünfziger Jahre passieren ohne Erwähnung des Namens Stalin. Was bedeutet diese Entpolitisierung, die ja nicht von Anfang an gegeben war? Ich habe Nadja Taussig als sehr zurückhaltend und höflich erlebt, damit mag es zu tun haben. Aber dahinter steht mehr. Das Land ist über das Entsetzen hinweggegangen. Es hatte genug eigene Probleme: Die (aus britischer Sicht) »illegale« Einwanderung. Die Staatsgründung. Der erste Krieg, der weitere Kriege möglich machte. Die Integration der Einwanderer aus dem Maghreb und aus Syrien, Iran und Irak – nichts zu hören davon in der Mapustraße. Der Rückzug auf die Literatur (oder selbst auf die »ostasiatische Malerei«, die »Parapsychose«, dargestellt von Margot Klausner, oder das »ärztliche Berufsgeheimnis«) reflektiert das ins Innere gerichtete Erschrecken der Überlebenden: überlebt zu haben. Davongekommen zu sein aus Europa und diesem verfluchten, geliebten Europa noch immer geistig verbunden zu bleiben. Erst im Jahr 1956 wird, von Victor Kellner, »Unsere Stellung zum Staat Israel« thematisiert. Wer ist, damals noch, dieses »Wir«? Der Zusammenhalt läßt nach, in den sechziger Jahren gibt es nur noch drei oder vier Vorträge pro Jahr. Mit der Aufnahme von Verhandlungen über

108 Einwanderer entdecken neue Einkommensquellen
Anzeige

die finanzielle Entschädigung und mit der bevorstehenden Aufnahme diplomatischer Beziehungen zwischen Israel und der Bunderepublik rückt Deutschland näher, bald auch in der Person eines Botschafters oder eines seiner Mitarbeiter. Mit dem »Gedächtnisabend Max Brod« wird signalisiert, daß erneut eine Epoche zu Ende gegangen ist. Gäste aus Deutschland sprechen, wie der Verleger Heinz M. Bleicher. Langsam und stilvoll ging eine Epoche zu Ende, in der die Wohnung in der Mapustraße einen Ruhepunkt in der Alltagshektik von Tel-Aviv bildete.

»Ein Stück Berlin in Tel-Aviv.« So leitet Martin Glass einen kurzen Bericht ein. »Hier muß ich eines Kreises gedenken, der längst auseinandergegangen ist, der aber für seine Mitglieder seinerzeit eine Quelle der Aufmunterung in drückender Stimmung (Wirtschaftskrise, Unruhen, erste Kriegsjahre) war. Ich erwähnte bereits die – in unseren Augen – etwas provinzielle Atmosphäre von Tel-Aviv in den dreißiger Jahren. Zeitungen brachten wenig Nachrichten über das Weltgeschehen, alles konzentrierte sich auf Probleme, die den Aufbau des Landes oder sonstige Ereignisse, die für Juden von Bedeutung waren, betrafen. Von der ungeheuren Vielfältigkeit kultureller Ereignisse, die heute in Tel-Aviv stattfinden, konnte überhaupt keine Rede sein. Meine Geschwister, Dr. Seligsohn [Anwalt aus Charlottenburg, 1933 eingewandert, Rechtsanwalt in Tel-Aviv] und seine Frau taten sich zusammen, um einen Kreis zu gründen, in dem im Turnus von den Mitgliedern Vorträge gehalten werden sollten, die zunächst einmal Gegenstände des Mittleren Ostens zum Gegenstand haben sollten und nicht lediglich jüdische Themen. Man zog Dr. Paul Landau, einen ehemaligen Kunst- und Literaturkritiker des Berliner Tageblatts, der über eine reichhaltige Bibliothek verfügte, heran, gegen ein nominales Honorar den Kreis zu leiten und den Vortragenden das notwendige Material zur Verfügung zu stellen. Wir waren fast ausnahmslos noch gar nicht in der Lage, einen Vortrag auf hebräisch zu halten; so fanden die Vorträge auf deutsch statt. Der Großteil der Mitglieder war aus Berlin, das Durchschnittsalter 35–40 Jahre. Man kam etwa alle zwei Wochen zusammen, und das intellektuelle Stimulans tat allen Beteiligten gut. Der erste Themenkreis war die geschichtliche Entwicklung des Mittleren Ostens; später wurden andere historische Themen europäischen Hintergrunds behandelt. Etwa um die Zeit der Staatsgründung ging der Kreis auseinander. Es fehlte übrigens in unseren Kreisen nicht an Kritik an der Idee des Kreises; man warf ihm Eskapismus und Elitismus vor. Hätten wir nicht vielleicht wirklich die Zeit besser mit intensiverem Studium der Kultur unserer Umgebung verbracht?«

Die Nachdenklichkeit in dem Bericht von Martin Glass reflektiert das ungute Gefühl, das viele der deutschen Einwanderer hatten, wenn sie sich vor ihrer Umgebung zurückzogen. Es ist aber wohl ganz typisch, daß der Kreis mit der Staatsgründung sein Ende fand. Er hatte seine Funktion als Transmissions- und womöglich Transformationsinstrument erfüllt – vielleicht sogar gerade dadurch, daß er mit der deutschen Sprache und den Themen »europäischen Hintergrunds« Momente der Vertrautheit zur Verfügung stellte.

»Nein, wir brauchten die Berliner Kreise gar nicht zu suchen; das ergab sich ganz von selbst.« Auch andere Zirkel fanden sich, und durch Nachbarschaften entstanden neue Foren.

Arthur Reis, der Architekt, mietete eine Wohnung an der Ecke Bialik- und Idelsohn-Straße, ganz in der Nähe lag das Rathaus von Tel-Aviv und ein Stück weiter das Haus von Chaim Nachman Bialik. Reis beschreibt seine Umgebung: »Zusätzlich zum nahen Bialik-Haus atmete die neue Wohngegend Arthurs eine besondere kulturelle Atmosphäre. Begegnungen in nächster Nähe mit Leuchten der neuhebräischen Literatur wie Schaul Tschernichowsky und Abraham Schlonsky waren keine Seltenheit. Das Haus von Dr. Theodor Zlocisti, einer bekannten Persönlichkeit der zionistischen Geschichte, lag direkt gegenüber der Wohnung Arthurs. Es war zu dieser Zeit von den beiden bekannten Tel-Aviver Ärzten Dr. Steckelmacher und Dr. Stahl bewohnt. Im Oberstock des Nachbarhauses lebte Dr. Hildesheimer, dessen Hauskonzerte auch für die Mehrzahl seiner Nachbarn stets einen besonderen Genuß bildeten. Das Haus des berühmten Chirurgen Dr. Aschermann wurde unweit der Wohnung Arthurs gebaut, und über dieser wohnten die Eltern von Dr. Alex Bein, dem Verfasser eines Standardwerks über Theodor Herzl und ehemaliger ›Blau-Weiß‹-Gefährte Arthurs. Dr. Pinchas Rosen, früher Felix Rosenblüth, Mitbegründer dieser in der Geschichte des Zionismus unvergeßlichen Jugendbewegung, gehörte inzwischen dem Stadtrat von Tel-Aviv an, dessen Mitglieder auf dem Weg zu den Sitzungen in der Irijah regelmäßig an Arthurs Wohnung vorbeikamen. Dr. Karl Schwarz, ehemaliger Museumsdirektor in Berlin, scheute sich auch nicht, ihn persönlich in der Bialikstraße 23 als Mitglied des Museumsvereins zu werben.«

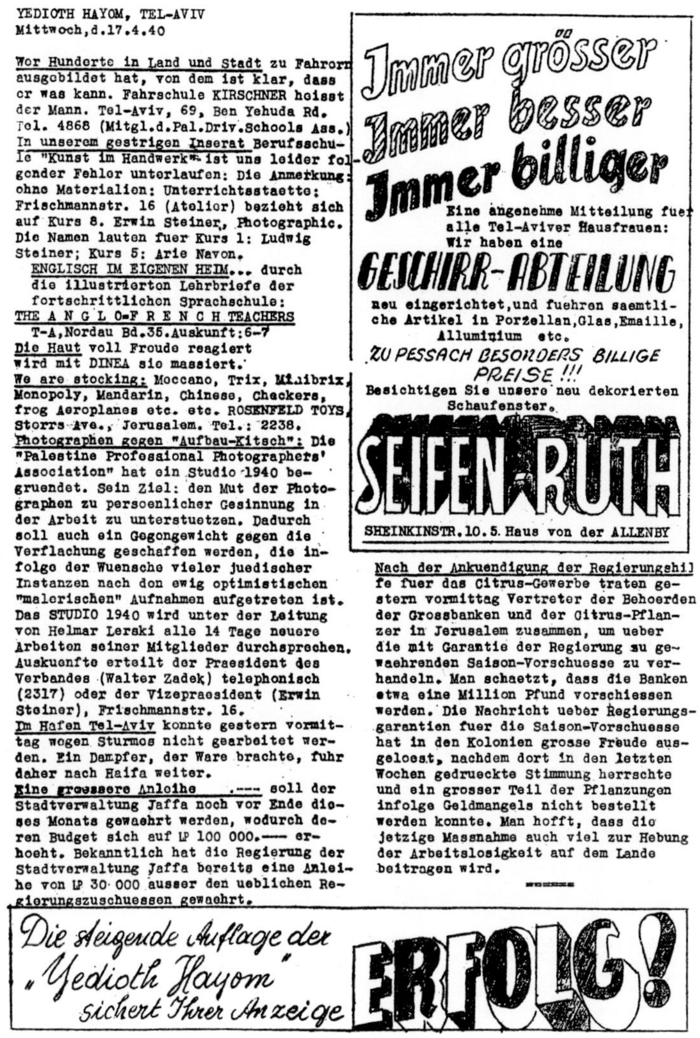
YEDIOTH HAYOM, TEL-AVIV
Mittwoch,d.17.4.40

Wer Hunderte in Land und Stadt zu Fahrern ausgebildet hat, von dem ist klar, dass er was kann. Fahrschule KIRSCHNER heisst der Mann. Tel-Aviv, 69, Ben Yehuda Rd. Tel. 4868 (Mitgl.d.Pal.Driv.Schools Ass.)
In unserem gestrigen Inserat Berufsschule "Kunst im Handwerk" ist uns leider folgender Fehler unterlaufen: Die Anmerkung: ohne Materialien: Unterrichtsstaette: Frischmannstr. 16 (Atelier) bezieht sich auf Kurs 8. Erwin Steiner, Photographic. Die Namen lauten fuer Kurs 1: Ludwig Steiner; Kurs 5: Arie Navon.
ENGLISCH IM EIGENEN HEIM... durch die illustrierten Lehrbriefe der fortschrittlichen Sprachschule:
THE A N G L O-F R E N C H TEACHERS
T-A,Nordau Bd.35.Auskunft:6-7
Die Haut voll Freude reagiert wird mit DINEA sie massiert.
We are stocking: Moccano, Trix, Minibrix, Monopoly, Mandarin, Chinese, Checkers, frog Aeroplanes etc. etc. ROSENFELD TOYS, Storrs Ave., Jerusalem. Tel.: 2238.
Photographen gegen "Aufbau-Kitsch": Die "Palestine Professional Photographers' Association" hat ein Studio 1940 begruendet. Sein Ziel: den Mut der Photographen zu persoenlicher Gesinnung in der Arbeit zu unterstuetzen. Dadurch soll auch ein Gegengewicht gegen die Verflachung geschaffen werden, die infolge der Wuensche vieler juedischer Instanzen nach den ewig optimistischen "malerischen" Aufnahmen aufgetreten ist. Das STUDIO 1940 wird unter der Leitung von Helmar Lerski alle 14 Tage neuere Arbeiten seiner Mitglieder durchsprechen. Auskuenfte erteilt der Praesident des Verbandes (Walter Zadek) telephonisch (2317) oder der Vizepraesident (Erwin Steiner), Frischmannstr. 16.
Im Hafen Tel-Aviv konnte gestern vormittag wegen Sturmes nicht gearbeitet werden. Ein Dampfer, der Ware brachte, fuhr daher nach Haifa weiter.
Eine groessere Anleihe .--- soll der Stadtverwaltung Jaffa noch vor Ende dieses Monats gewaehrt werden, wodurch deren Budget sich auf LP 100 000.---- erhoeht. Bekanntlich hat die Regierung der Stadtverwaltung Jaffa bereits eine Anleihe von LP 30 000 ausser den ueblichen Regierungszuschuessen gewaehrt.

Immer grösser
Immer besser
Immer billiger
Eine angenehme Mitteilung fuer alle Tel-Aviver Hausfrauen:
Wir haben eine
GESCHIRR-ABTEILUNG
neu eingerichtet,und fuehren saemtliche Artikel in Porzellan,Glas,Emaille, Alluminium etc.
ZU PESSACH BESONDERS BILLIGE PREISE !!!
Besichtigen Sie unsere neu dekorierten Schaufenster.
SEIFEN-RUTH
SHEINKINSTR.10.5. Haus von der ALLENBY

Nach der Ankuendigung der Regierungshilfe fuer das Citrus-Gewerbe traten gestern vormittag Vertreter der Behoerden der Grossbanken und der Citrus-Pflanzer in Jerusalem zusammen, um ueber die mit Garantie der Regierung zu gewaehrenden Saison-Vorschuesse zu verhandeln. Man schaetzt, dass die Banken etwa eine Million Pfund vorschiessen werden. Die Nachricht ueber Regierungsgarantien fuer die Saison-Vorschuesse hat in den Kolonien grosse Freude ausgeloest, nachdem dort in den letzten Wochen gedrueckte Stimmung herrschte und ein grosser Teil der Pflanzungen infolge Geldmangels nicht bestellt werden konnte. Man hofft, dass die jetzige Massnahme auch viel zur Hebung der Arbeitslosigkeit auf dem Lande beitragen wird.

Die steigende Auflage der „Yedioth Hayom" sichert Ihrer Anzeige
ERFOLG!

109 Selbstgeschriebene Nachrichtenblätter übersetzen aus der hebräischen Presse

Die »Chewre«, der Freundeskreis, traf sich im Café von »Tante Rosa« in der Sheinkinstraße, man knüpfte Beziehungen und brachte die Neuankömmlinge in verschiedensten Berufen unter: bei »Maspero«, einer Zigarettenfabrik, bei neu entstehenden Reklamefirmen, auf den Baustellen. Und der Kreis erweiterte sich über die deutschen Einwanderer hinaus; Arthur Reis heiratete Fela Majerovicz aus Polen, die über eine Scheinehe ins Land gekom-

כורך ספרים מברלין
קלמן שטיינלאוף
תל־אביב,
רחוב בן־יהודה 5

נא לשמור על מכתב זה!

תמכו בי על ידי מתן עבודה!
הנני זקוק מאד לעבודת כב' ואני פונה אליו בבקשה חמה, לבדוק את הספריה בביתו, בודאי ימצא איזה ספר, שיש לכרכו, לתקנו או לשפרו. כב' רכש בודאי לפעמים חוברת או ספר בלתי כרוך, שערכם חשוב בשבילו. נא למסור לי אותם! הנני מקנה לספר מראה חיצוני נהדר, כב' יהנה בו מאד. ספרים משומשים לגמרי כב' יקבל בחזרה כחדשים.
גם מעתונים ומתוים מוסיקאים הנני מתקין ברכים יפים

נקי! בםחיר נוח! מהר!

אני מוכן לבקר את כב' בלי כל התחיבות מצדו, עפ"י דרישתו הראשונה.

בתודה רבה למפרע

בכבוד רב,
ק. שטיינלאוף.

BERLINER BUCHBINDEREI
K. STEINLAUF
TEL-AVIV,
BEN-JEHUDA STR. 5

Bitte nicht fortwerfen!

UNTERSTUETZEN SIE MICH MIT ARBEIT!

Ich bin auf Ihre Arbeit sehr angewiesen und richte an Sie die herzliche Bitte, Ihre Hausbibliothek zu prüfen. Es wird sich gewiss etwas finden, was gebunden repariert oder verschönert werden kann. Sie haben sicher einmal eine Broschüre oder ein ungebundenes Buch erworben, die Ihnen wertvoll sind. Geben Sie sie, bitte mir! Ich gebe dem Buche das schönste Äussere; Sie werden die grösste Freude daran haben. Ganz verbrauchte Bücher erhalten Sie wie neu zurück.
Auch aus Zeitschriften und Musiknoten mache ich herrliche Bände.

Sauber! *Preiswert!* *Schnell!*

Ich besuche Sie unverbindlichst. Bitte, geben Sie mir Nachricht.
Herzlichen Dank im Voraus

Hochachtungsvoll
K. STEINLAUF

110, 111 Der Historiker Walter Grab: »Ich habe aus Wien 1938 nichts mitgebracht als 300 Bände deutsche Klassiker«

men war und sich mit den »chaluzischen« Mitbewohnerinnen ihres ersten Zimmers in Tel-Aviv über der Frage zerstritt, wieviel Chic und Eleganz eine Einwanderin zeigen dürfe – sie arbeitete im Hutladen »Holender« auf der Ben-Jehuda-Straße. Bei der Hochzeit fehlte Arthur der Zylinder, »den Mutter Sofie einem seiner zahlreichen Besucher aus der alten Heimat Heilbronn für ihn mitgegeben hatte. Er dachte bei diesem bedeutsamen Ereignis in seinem Leben besonders viel an seine liebe Mutter und die Geschwister und an die Frage ihrer Einwanderung in dieses Land, und ob sie sich den hier herrschenden harten Lebensbedingungen anpassen könnten.« Es ließ einen nie los: »Die Berichte von zu Hause übermittelten zwar die gute Gesundheit seiner Angehörigen, schwiegen sich jedoch um so beredter über den immer mehr anwachsenden Druck des neuen Regimes auf sie und die anderen Juden dort aus.«

Dort. Immer mehr Freunde kamen von »dort« ins Land, die Mutter Arthur Reis' machte einen zweimonatigen Probebesuch, geriet dabei aber in die Unruhen von 1936, die bis zum Tel-Aviver Rathaus drangen. Ihr Lebenskreis wurde immer mehr eingeschränkt, und von Palästina aus sah man hilflos zu.

Das war besonders belastend für eine Gruppe von Einwanderern, die sich in erster Linie als politische Gegner des Nationalsozialismus verstanden, die in Deutschland ihre Existenz, ihr Leben gefährdet sahen, und nun ebenfalls dort Zuflucht suchten, wo sie ohne die Politik der Nationalsozialisten wohl kaum hingekommen wären: in Palästina. Mit ihnen kommt auch das deutsche Exil in das Land Israel. Sie gründeten Organisationen, die politische Kämpfe der untergegangenen Weimarer Republik nach Palästina brachten, symptomatisch dafür die Zeitschrift »Orient«, redigiert von Wolfgang Yourgrau und Arnold Zweig.[115] Ihre Zeitschrift wurde tatsächlich, in der kurzen Zeit ihrer Existenz, zum Sprachrohr für die von der Realität des gesellschaftlichen Aufbaus der jüdischen Gemeinschaft in Palästina Enttäuschten, zum Sammelbecken der linken – sozialistischen, kommunistischen – Kritiker des Zionismus. Einer der aussagekräftigsten Beiträge im *Orient* stammt aus der Feder von Walter Zadek, er trägt den bezeichnenden Titel: »Sprich hebräisch – oder stirb!«, und bezieht sich auf die »Esther-Kino-Debatte«: »Das Sprachen-Problem! Die Chauvinisten benutzen es gern zu politischen Attacken. Für die Betroffenen selbst ist die Frage aber längst gelöst: Sie sprechen deutsch, aber ihre Kinder hebräisch.

115 Vgl. dazu Joachim Schlör: Kan Ton Iwrit. Schwierigkeiten mit der deutschen Sprache in Palästina. In: Karl E. Grözinger (Hrsg.): Sprache und Identität im Judentum. Jüdische Kultur 4. Studien zur Geistesgeschichte, Religion und Literatur. Wiesbaden 1998, S. 231–254.

Man kann ergänzen: Sie selbst können sich schon hebräisch knapp verständigen; ihre Kinder hingegen vermögen sich noch ganz gut deutsch zu unterhalten. [...] Die Sprach-Fanatiker der ganzen Welt haben eines gemeinsam: Hinter ihrer patriotischen Fassade stehen wirtschaftliche und politische Interessen. Wir wollen nicht alle Geschichtslügen richtigstellen. Aber die polnischen Juden, die damals vor Grabski hierher flohen, waren nicht alle Zionisten oder Hebraisten. Soweit sie später hierblieben, taten sie es unter anderm auch aus wirtschaftlichem Opportunismus. Sie sollten also den neueren Einwanderern gegenüber jetzt nicht so patriotisch auftreten.«[116]

116 Walter Zadek: »Sprich hebräisch – oder stirb!« In: Orient, II. Jg., Nr. 7, 16. Mai 1942, S. 15–17.

1933, so argumentiert Zadek weiter, war man froh über jeden Einwanderer; jetzt aber, nachdem man den »Neuen« genügend Grundstücke und Häuser verkauft, genügend Geld abgenommen habe, schätze man sie als »tüchtige Konkurrenten« ein: »Schnell war es nun mit der jüdischen Brüderlichkeit vorbei«, der Sprachenstreit war, so Zadek, eines von vielen Mitteln im Konkurrenzkampf. Und Zadek spricht hier bereits das Thema der Rückkehr nach Europa an: »Wie wird es, wenn es hier so weitergeht, werden, sowie Hitler geschlagen ist und der Krieg vorüber? Werden dann alle von den Chauvinisten gequälten nichtzionistischen Einwanderer fliessende hebräische Konversation machen und Hurrah-Patrioten geworden sein?

Leider wohl nicht. Ein Teil von ihnen wird vielleicht nicht einmal mehr das Wort ›Schalom‹ sprechen wollen in Erinnerung an die Herren im Stadtrat von Tel-Aviv. Sie werden die Äcker verlassen, auf denen sie mit soviel Schweiss so wenig Ertrag sahen.«[117] Die überzeugten Zionisten aber werden »kämpfen«, sich enger zusammenschließen, untereinander solidarisch sein, sich sogar »landsmannschaftlich absondern«. Die Kluft zwischen denen, »die aus verschiedenen jüdischen Zentren kamen«, würde sich vergrößern – es sei denn, die »andere Seite liquidiere unter anderem sofort das lächerlich aufgebauschte ›Sprachenproblem‹«. Noch einmal verweist Zadek abschließend auf die nächste Generation, die Kinder werden den Chauvinisten »in perfektem Hebräisch die Antwort nicht schuldig bleiben« – damit entfernt er eine der vielen Angriffsflächen, die die deutschsprachige und deutsch sprechende Einwanderergruppe noch bietet: Es ist ein vorübergehendes Problem, das Land hat andere Sorgen, wer von der Sprache redet, meint in Wirklichkeit etwas ganz anderes: lästige Konkurrenz im wirtschaftlichen Sektor, politisch mißliebige Liberale, Humanisten, Befürworter einer Verständigung mit den arabischen Nachbarn im politischen Bereich. Diese Position hat unsere Wahrnehmung lange Zeit geprägt – wie gültig sie ist, werden wir nicht beantworten können. Zeit für ein Detail.

117 Ebd.

Gegen »Aufbau-Kitsch«

Walter Zadek gehörte zu den Mitbegründern der »Palestine Professional Photographers Association«. Gegründet im April 1939, sollte sie vor allem einheitliche Tarife sichern, aber auch eine inhaltliche Diskussion und Fortentwicklung der künstlerischen Arbeit gewährleisten. Ein Gruppenausstellung fand in Walter Zadeks Antiquariat »Logos« statt. Die Zeitung »Yedioth Hayom« berichtet am 17. 4. 1940, daß die PPPA sich gegen »Aufbau-Kitsch« und gegen die »ewig optimistischen ›malerischen‹ Aufnahmen« ausgesprochen hat. Photographie war also durchaus eine politische Angelegenheit, nicht anders als die Graphik – beide wirkten im öffentlichen Raum, und beide Formen öffentlicher Darstellung transportierten künstlerische Traditionen, die aus dem Deutschland der Weimarer Republik nach Palästina gekommen waren.

Zadek versuchte bis zuletzt, mit seiner fotografischen Arbeit »auch ein mögliches Zusammenleben von Juden und Arabern zu zeigen«.[118] Er nahm Dinge aus dem alltäglichen, nachbarlichen Verkehr auf. Aber er dokumentierte auch die Auseinandersetzungen: »Bereits am ersten Tag der Unruhen gelang es mir, mit dem Fahrrad in eins der Unruhezentren durchzukommen und zu fotografieren, was natürlich strengstens verboten war. Ich befestigte meine Voigtländer offen am Gestell meines Fahrrades und konnte unbemerkt den Auslöser betätigen. Aufnahmen mußten überhaupt meistens aus einem Versteck gemacht werden. Oft lief ich in Häuser hinein, klingelte die Bewohner heraus und fotografierte von deren Fenstern und Balkonen herunter.«

Nur kurze Zeit konnte Walter Zadek »offiziell« fotografieren; als er 1939 in einem Schaukasten an der Allenby Road ein Plakat mit Fotografien von Übergriffen der Engländer aufhängt, wird ihm die Lizenz entzogen. Er bleibt aber Mitglied – und unermüdlicher Protokollant – der »Palestine Professional Photographers Association«, die versucht, die Rechte der Fotografen zu sichern, aber auch eine aus Europa mitgebrachte Tradition moderner Fotografie nicht gegen den »Kitsch« des zionistischen Aufbaus einzutauschen.

Ähnlich wie die Fotografen bemühten sich auch Grafiker und Designer darum, ihre Erfahrungen mit der Moderne in das alt-neue Land mitzubringen. Im Bereich des Design ist besonders Franz Krausz zu nennen. Er wurde 1905 in St. Pölten geboren, kam 1926 nach Berlin und von dort 1933 nach Palästina. Seine Plakate auf den gleichfalls neu importierten Litfaßsäulen gaben den einwandernden Berlinern ein Stück »heimatlicher« Vertrautheit. Ein »Werber« in diesem modernen Sinne war Richard Levy, der seine frühen Werke mit R. L. zeichnete und auf dem Weg zu seinem Künstlernamen Errell kam.[119] 1923 veröffentlichte er seine ersten Inserate für die Miederwarenfabrik Forma in der »Berliner Illustrirten Zeitung« und nutzte in der Folge die Fotografie, auch die Montage, für seine Arbeit in der »Graphischen Werbekunst«. Mit 24 Jahren war er schon Werbechef und entwarf Warenzeichen, Briefbögen und Inserate. Levy verließ Deutschland 1933 – »aus einer klaren Einsicht, daß ein Jude in Deutschland nichts mehr zu erwarten hatte, außer den Tod« – und kam 1937, aus

118 Loewy 1986, S. 19.

119 Ich folge bei der Darstellung dem Vorwort von Ute Eskildsen in dem Katalog »Errell. Fotograf und Grafiker« zur Ausstellung in der Fotografischen Sammlung im Museum Folkwang, Essen (August/September 1984), S. 3 f.

Anwesenheitsliste
Sitzung ~~vom~~ 21.5.39, 8Uhr abends
bei Zadek, Allenby 60

Name	Adresse	Telefon	anwesend	entschuldigt	Ich habe davon Kenntnis, dass die nächste Sitzung am 28.5 um 8 erfolgt.
G. Angress	Hoveve Zion 4				
Alexander	Allenby 66				
L. Dünner	Dizengoff 116				
Grschebina	Ben Yehuda 204				
Heinrich	Nahlat Benj.2				
A.Himmelreich	Sheinkin 2				
Kaplanski	Allenby 50				
Kristeller	Ben Yehuda 21a				
Markovsky	Hagalil 12				
Rosenthal	Ben Yehuda 35				
Rosner	Hotel Bialik				
Rubinstein	Blvd.Tarzat 13				
W.M.Schwarz	Frischmann 11				
Siedner-Prinz	Ben Yehuda 118				
E.Steiner	Frischmann 16				
Dr. Süss	Ranak 4				
Triest	Ben Yehuda 35				
Weissenstein	Dizengoff 183				
Zadek	Allenby 60				

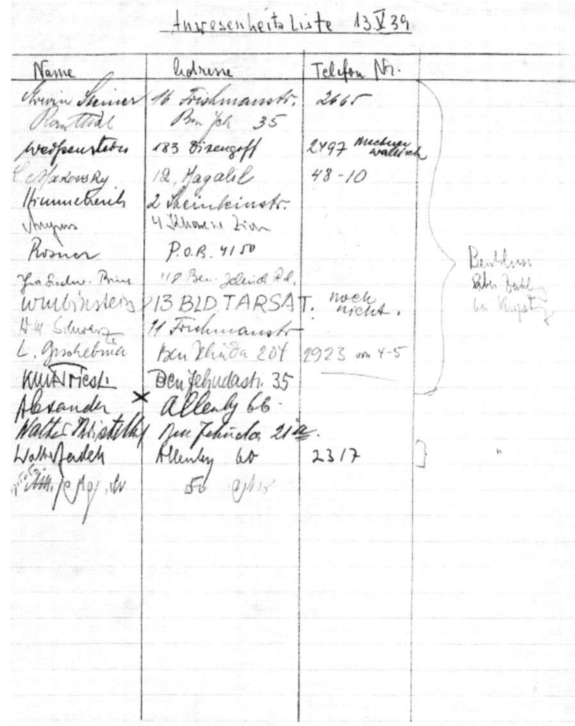

Anwesenheits Liste 13 V 39

Name	Adresse	Telefon Nr.
	16 Frischmannstr.	2665
	Ben Jeh. 35	
Weissenstein	183 Dizengoff	2497
	12 Hagalil	48-10
Himmelreich	2 Sheinkinstr.	
	P.O.B. 4150	
	118 Ben Jehuda	
	13 BLD TARSAT	noch nicht
	11 Frischmannstr.	
L. Grschebina	Ben Yehuda 204	2923
	Ben Jehudastr. 35	
Alexander	Allenby 66	
Walter Kristeller	Ben Jehuda 21a	
Walter Zadek	Allenby 60	2317

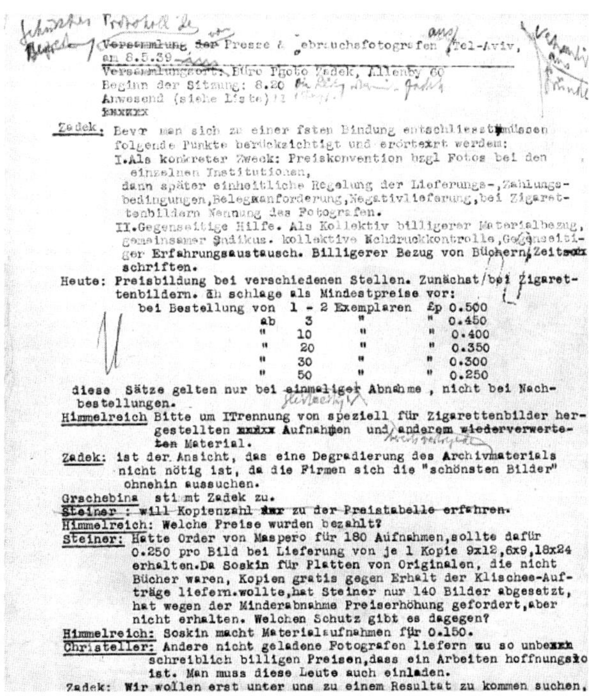

~~Versammlung der~~ Presse & Gebrauchsfotografen Tel-Aviv,
am 8.5.39
Versammlungsort: Büro Photo Zadek, Allenby 60
Beginn der Sitzung: 8.20
Anwesend (siehe Liste)

Zadek: Bevor man sich zu einer festen Bindung entschliesst müssen folgende Punkte berücksichtigt und erörtert werden:
I. Als konkreter Zweck: Preiskonvention bzgl Fotos bei den einzelnen Institutionen, dann später einheitliche Regelung der Lieferungs-, Zahlungsbedingungen, Beleganforderung, Negativlieferung, bei Zigarettenbildern Nennung des Fotografen.
II. Gegenseitige Hilfe. Als Kollektiv billigerer Materialbezug, gemeinsamer Syndikus. kollektive Nachdruckkontrolle, Gegenseitiger Erfahrungsaustausch. Billigerer Bezug von Büchern, Zeitschriften.

Heute: Preisbildung bei verschiedenen Stellen. Zunächst bei Zigarettenbildern. Ich schlage als Mindestpreise vor:

bei Bestellung von	1 - 2	Exemplaren	£p 0.500
ab	3	"	" 0.450
"	10	"	" 0.400
"	20	"	" 0.350
"	30	"	" 0.300
"	50	"	" 0.250

diese Sätze gelten nur bei ~~einmaliger~~ Abnahme, nicht bei Nachbestellungen.

Himmelreich Bitte um Trennung von speziell für Zigarettenbilder hergestellten Aufnahmen und ~~anderem wiederverwerteten~~ Material.

Zadek: ist der Ansicht, das eine Degradierung des Archivmaterials nicht nötig ist, da die Firmen sich die "schönsten Bilder" ohnehin aussuchen.

Grschebina stimmt Zadek zu.

~~Steiner: will Kopienzahl zu der Preistabelle erfahren.~~

Himmelreich: Welche Preise wurden bezahlt?

Steiner: Hatte Order von Maspero für 180 Aufnahmen, sollte dafür 0.250 pro Bild bei Lieferung von je 1 Kopie 9x12, 6x9, 18x24 erhalten. Da Soskin für Platten von Originalen, die nicht Bücher waren, Kopien gratis gegen Erhalt der Klischee-Aufträge liefern wollte, hat Steiner nur 140 Bilder abgesetzt, hat wegen der Minderabnahme Preiserhöhung gefordert, aber nicht erhalten. Welchen Schutz gibt es dagegen?

Himmelreich: Soskin macht Materialaufnahmen für 0.150.

Christeller: Andere nicht geladene Fotografen liefern zu so unbeschreiblich billigen Preisen, dass ein Arbeiten hoffnungslos ist. Man muss diese Leute auch einladen.

Zadek: Wir wollen erst unter uns zu einem Resultat zu kommen suchen,

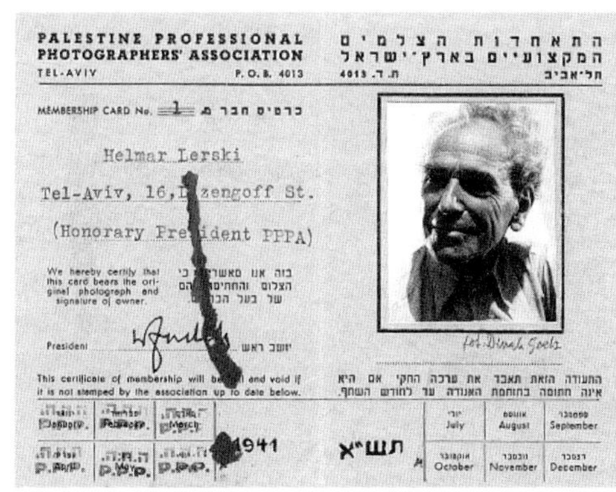

PALESTINE PROFESSIONAL PHOTOGRAPHERS' ASSOCIATION
TEL-AVIV P.O.B. 4013
התאחדות הצלמים המקצועיים בארץ־ישראל
תל־אביב ת.ד. 4013
MEMBERSHIP CARD No. 1
Helmar Lerski
Tel-Aviv, 16, Dizengoff St.
(Honorary President PPPA)
President
1941

112, 113 Die PPPA mit ihren Mitgliedern: Zadek, Lerski, Himmelreich – manche unterschreiben schon hebräisch …

114 … in den Protokollen eines recht preußischen Vereins

115 Gründer und spiritus rector der Gruppe: Helmar Lerski

116 Adamah – die Erde:
ein Plakat von »Errell«

Prag, nach Tel-Aviv, wo er bis 1960 lebte. In Palästina, wo die Drucktechnik noch nicht so weit fortgeschritten war, kehrte er zum gemalten Plakat zurück und entwarf Plakate für einen Lerski-Film, für den Tel-Aviver Zoo und für eine Zigarettenfabrik. Da kommen, wenn wir uns die Situation des frisch Eingewanderten vor Augen führen, wichtige Motive zusammen: neben der Vertrautheit ist hier wohl auch eine Ahnung von Luxus zu nennen, eine Idee von Lebensformen, die sich über den minimalen Standard erheben – davon berichten auch die Anzeigen im »Haushaltslexikon«: »Lass Dich nicht von scheinbarer ›Billigkeit‹ dazu verleiten, minderwertiges Speiseoel zu kaufen, fuer das Du letzten Endes nur teuer – mit der Gesundheit Deiner Familie bezahlen wirst!« – »Für Dich und Deine Familie kommt allein in Betracht die ärztliche Mittelstands-Krankenkasse!« – »Warum ist der Nachbarin Kuchen besser? Sie nahm das Backpulver von Desser!«

Auf der anderen Seite ging das Leben weiter

Die »Jüdische Rundschau« berichtet am 29. März 1938, daß der Purim-Ball der Hitachduth Olej Germania unter dem Motto »Tohu Wabohu« und unter der künstlerischen Leitung von Sammy Gronemann und Martin Rost stand. »Tohuwabou« ist der Titel eines Romans von Sammy Gronemann, erstmals erschienen 1920 – ein zionistischer Entwicklungsroman, der über Jahrzehnte vergriffen war.[120] Sammy Gronemann war 1935 über Paris nach Palästina gekommen, er lebte in Tel-Aviv bis zu seinem Tod 1952. Kaum jemand kennt ihn noch in Deutschland – und kaum jemand kennt ihn in Israel. Das Theaterstück »König Salomo und der Schuster« wird dem Übersetzer, Nathan Alterman, zugeschrieben. Ein junger Antiquar in Tel-Aviv, der über viele Umwege meine Adresse herausfand, war ganz erleichtert, daß ihm endlich einmal jemand erklärte, was es mit dem Autor des (unveröffentlichten) Manuskripts »Heinrich Heine und sein Onkel«, das er von einer Altersheimbewohnerin erworben, auf sich hatte.

120 Sammy Gronemann: Tohuwabohu. Mit einem Nachwort von Joachim Schlör: Tohuwabohu. Einige Klärungen und viel mehr Fragen. Leipzig 2000.

Das ist die eine Nachricht, die wir dieser Meldung der »Jüdischen Rundschau« vom März 1938 entnehmen können: ein Name wird genannt, er scheint vergessen – aber noch lassen sich Hinweise finden. In einem betreuten Wohnheim in Bat Yam südlich von Tel-Aviv lebte Eva Saenger, Gronemanns letzte Sekretärin, die dem »Peripatetiker« mit dem Notizblock in der Hand hinterherging, um seine Erinnerungen aufzuzeichnen. Die andere Nachricht heißt: Im März 1938 feiert Tel-Aviv Purim. Man war mit sich beschäftigt. Martin Glass nannte in seinem Schreiben die Namen weiterer Persönlichkeiten, die nur aus dem Umkreis seiner eigenen Familie stammten; jeder Name steht für eine Geschichte, die hier gar nicht erzählt werden kann: Ludwig Masur, Taxikooperative »Aviv«; Dr. Ernst Seligsohn, Anwalt; Dr. Rudolf Himmel, Tischler, dann Soldat, dann Richter; Ludwig Fritz Toby, Bank Japhet, dann Buchhändler; Dr. Helene Lipschitz, promovierte Germanistin, Leiterin der Statistikab-

117 Helmar Lerski erteilt Unterricht ... Foto Walter Zadek

teilung bei Tietz, die in Palästina nur untergeordnete Stellungen einnehmen konnte; Hede Turk-Boernstein, Konzertsängerin in Berlin und Repräsentantin für die Liberalen in der Jüdischen Gemeinde zu Berlin – in Tel-Aviv wurde sie Gesangslehrerin. Sie alle sind geblieben, obwohl sie (zunächst) einen gesellschaftlichen Abstieg erleben mußten, und von keinem von ihnen sind Klagen über eine Zurücksetzung veröffentlicht; der unbekannte Teil der Geschichte fordert hier Gehör. Jeder, der kam, war vorher schon jemand gewesen. Sekretär des Berliner Misrachi-Büros am Monbijou-Platz 1 war Rafael Richard Ettiach, »der Ende 1933 ein Schreibwarengeschäft in der Tel-Aviver Ben-Jehuda-Straße eröffnete«.[121] Martin Scheftelowitz schreibt über die Frauen der mitteleuropäischen Alijah, die »viel eher« Geld verdienten als ihre Männer: »Frauen, die in Mitteleuropa der gehobenen Gesellschaftsschicht angehörten, scheuten sich nicht, in fremden Haushalten und Hotelküchen zu arbeiten oder zuhause zum Beispiel Backwaren für fremde Festlichkeiten herzustellen. Dies war besonders in den Zeiten der strengen Rationierung eine einbringliche Tätigkeit, weil private Haushalte im Gegensatz zu Konditoreien von Beamten des Zuteilungsministeriums nicht kontrolliert werden konnten. Ferner wurden gute Pralinen und sogar alltägliche Waren wie beispielsweise Nudeln von Frauen in Heimarbeit hergestellt. Diese Waren wurden in den meisten Fällen von den Männern ausgetragen und auch der Gegenwert von ihnen kassiert. In meinem Bekanntenkreis gab es Frauen, von denen eine, welche Kragen und Manschetten an Oberhemden erneuerte, sich als ›Flickfrau‹ und ihre Freundin sich als ›Backfrau‹ bezeichneten.«

121 Gute 77 Jahre. Erlebte Tatsachen von Martin Scheftelowitz. LBI New York, Memoir Collection.

Dieser Text von Martin Scheftelowitz, der so ausführlich aus dem Alltag der deutschen Einwanderung berichtet, ist nicht nur von seiner Oberfläche, von seiner bloßen Erzählung her interessant. Im Ton liegt eine Überraschung, eine interessiert-ironische Distanz, als würde hier ein Ethnologe sprechen, der einem fremden Volksstamm bei der Ausübung seltsamer Rituale zuschaut. Und mehr noch: Die Angehörigen dieses Stammes waren doch vor kurzem noch beim Ethnologen zu Hause am Teetisch gesessen. Und, vor allem: Er gehörte auch schon dazu. Das macht seine Distanz so fragil, seine Ironie, mit der er von den »Kosmetikbehandlungen in fremden Wohnungen« spricht, so gebrochen.

Diese Frauen retteten ihre Familien, nahmen ihre Männer, die am Verlorenen noch so stark festhielten und sich mit der Neuorientierung schwer taten, mit in den Alltag der neuen Situation. »Frauen mit geschickten Händen strickten in ihren Wohnungen auf Bestellung Handschuhe, Pullover und sogar Kleider. Ich darf in diesem Zusammenhang auch meine Frau erwähnen. Wir fühlten uns glücklich, unsere beiderseitigen alten kranken Eltern bei uns zu haben. Wir mußten damals beide sehr schwer arbeiten: während ich in meiner kleinen Papierwarenfabrik damit beschäftigt war, auf drei Maschinen, nämlich einer Schneide-, Stanz- und Prägemaschine solch unprosaische Artikel wie Papierservietten, Tortenpapiere, Gebäck- und Konfektkapseln sowie ähnliche Dinge für den Bedarf in Luxushotels, Gaststätten, Konditoreien und Schokoladenfabriken herzustellen, arbeitete [meine] Frau fast 33 Jahre in der Ellern's Bank in Tel-Aviv.« Nun paßt die Bankkarriere seiner Frau gerade nicht in das zuvor gezeichnete Bild der Näherinnen und Putzfrauen, aber wir verstehen, was

118 ... über den Dächern der weißen Stadt
Foto Walter Zadek

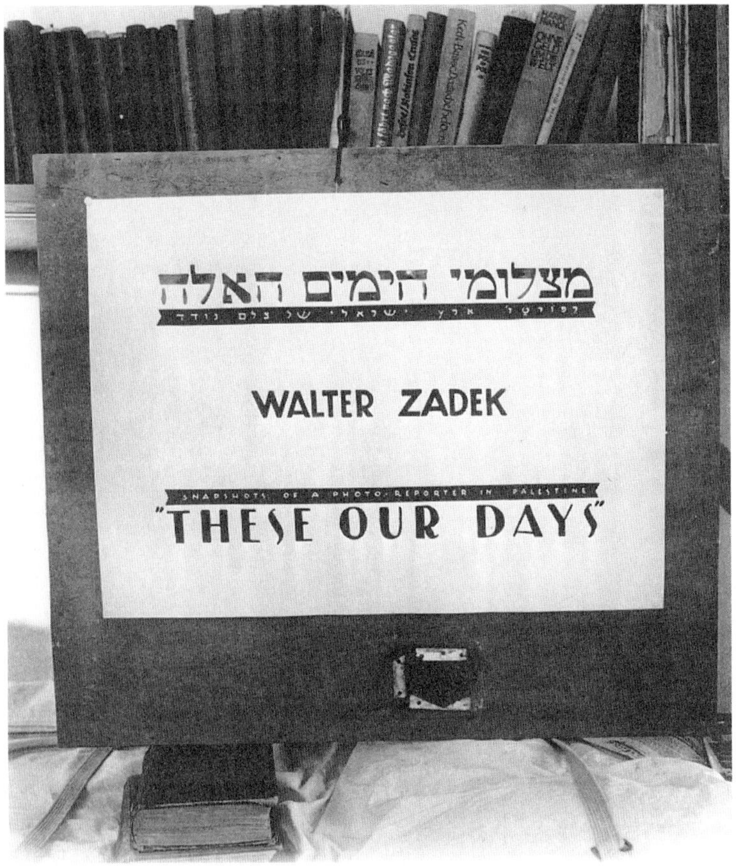

119 In seiner Buchhandlung stellt Walter Zadek eigene Fotografien aus

Scheftelowitz sagen will. James Springer aus Berlin fügt hinzu: »Damals war meine erste Frau eine gelernte Schneiderin, die erste Brotverdienerin. In jenen Jahren gingen viele europäische Frauen als Hausgehilfin – heute Raumpflegerin. Rückblickend kann ich wohl sagen, daß diese Frauen *unsere* Trümmerfrauen waren. Wir saßen ja alle damals auf den Trümmern unserer europäischen Existenz.«[122] Wenn wir uns diese Wochen und Monate vergegenwärtigen, dann mochte es schon sein, daß jemand die Belastungen für unerträglich halten und sich eine Rückkehr nach Deutschland, nach Europa wünschen konnte: »Meine ganzen Verwandten, Onkel und Tanten, Großeltern, die haben alle meinem Vater gesagt: ›Du bist verrückt wegzugehen. In sechs Wochen ist der Krieg zu Ende, und dann kommt ihr zurück. Könnt ihr euch ersparen, die weite Reise.‹ So wurden wir verabschiedet am Bahnhof. Haben uns ausgelacht, praktisch, weil wir weggehen. Die haben wir alle nie wiedergesehen. Sind alle vergast worden.«[123]

Auf der anderen Seite geht das Leben weiter. Die Generation des Übergangs schafft sich ihre Rückzugsorte; die erste deutschsprachige Tel-Aviver Loge war die *Bialik-Loge* des *United Ordre Bne-Brith*, gegründet von deutschen Mitgliedern der Berliner *Montefiore-Loge*. Mitglieder: Gronemann, Heinrich Loewe und andere. Die Loge existierte noch bis vor kurzer Zeit; in ihren Räumen in der Esther ha-Malcha-Straße in Tel-Aviv hing ein herrliches Gronemann-Porträt von Käthe Ephraim-Marcus: Gronemann blickt sich selbst über die Schulter – als wollte der eine, der von Deutschland und Berlin geprägte, der erfolgreiche Autor und bekannte Zionist Gronemann »mal sehen«, wie der Immigrant, der großartige Erzähler im neuen Land so zurechtkommt. Inzwischen hat die *Bialik-Loge* das Gemälde bei Sotheby's versteigern lassen, Käufer war – was schön ist und zugleich traurig – das Jüdische Museum in Berlin.

Margarete Sallis fühlt voraus, was geschehen würde: »Für diejenigen, die am Rande standen – und zu diesen sind nicht nur Religionslose und Assimilanten, sondern sehr oft auch langjährige Zionisten und traditionstreue Juden zu zählen – für alle diese gehörte eine fast übermenschliche Anstrengung dazu, neben dem Aufbau der eigenen Existenz sich in das

122 Über das Schicksal von Frauen in der Emigration berichtet Martina Kliner-Fruck: »Es ging ja ums Überleben«. Jüdische Frauen zwischen Nazi-Deutschland, Emigration nach Palästina und ihrer Rückkehr. Frankfurt, New York 1994. Die Liste der »Elitefrauen« zwischen Karrierebruch und Neuanfang beginnt, was dem Alphabet zu verdanken ist, mit Elfriede Bergel-Gronemann, Sammy Gronemanns Schwester, die 1937 einwanderte, in Tel-Aviv lebte, sich um ihren Bruder kümmerte, einen Roman und ein Lustspiel verfaßte, die beide unveröffentlicht blieben.

123 Ebd., S. 131.

Kulturgut des Judentums, in die ›jüdische Substanz‹ einzuarbeiten. – Die Sprache gehört vor allem dazu, und man bekommt ›einen Schimmer mit‹. – Aber wir, die geistig Anspruchsvollen unter uns sind sich mit Trauer bewußt, daß es nur ein Schimmer ist und daß wir zu einer Übergangsgeneration gehören.« Neben der Loge und dem Kaffeehaus war ein weiterer wichtiger intellektueller Treffpunkt die auf Initiative von Meir Dizengoff gegründete Stadtbibliothek von Tel-Aviv, die lange Jahre von Heinrich Loewe geleitet wurde.[124] Loewe, der 1896 auf der Internationalen Gewerbe-Ausstellung von Treptow den »Palästinenser« gegeben hatte, die bewunderte Zentralgestalt der Berliner frühen Zionisten, hatte damit gerechnet, Direktor der Universitätsbibliothek in Jerusalem zu werden. Nachdem man ihm Hugo Bergmann vorgezogen hatte, widmete er seine ganze Kraft dem Aufbau der Bibliothek in Tel-Aviv.[125] Dort liegt ein großer Teil seines Nachlasses – unbearbeitet, aber immerhin behütet von Jochanan Arnon. Der gebürtige Schweizer Arnon gehört zu den wenigen Persönlichkeiten im Land, die sich mit großer Mühe dem Erbe der »Jeckes« annehmen. In seinem Zimmer in der Ahad Ha'am-Bibliothek und in einem weiteren Büro im Keller des Gebäudes stapeln sich die Bücher, die er annimmt, wenn Menschen ins Altersheim ziehen und ihre Wohnungen räumen, Bücher, die ein befreundeter Müllkutscher für ihn aufsammelt. Bücher, die letzten Überreste ...

120 Die europäischen Ruinen: Grünfeld zieht von Berlin nach Tel-Aviv

Wichtige Impulse für das religiöse Leben der neuen Einwanderung kamen aus Berlin. Die Synagogengemeinde »Ichud« wurde im August 1934 durch Dr. Max Kollenscher gegründet, er war in Berlin Mitglied der Jüdischen Volkspartei und der Synagoge Pestalozzistraße. Als Rabbiner wurde Dr. Emil Nathan Levy aus der Synagoge Pestalozzistraße berufen, Chasan und Thora-Vorleser war der Kantor Bar Ilan-Brilling aus Prenzlau. »Predigten wie auch Lehrvorträge erfolgten während der ersten Jahrzehnte ausschließlich in deutscher Sprache; jedoch einigte man sich von vornherein auf die sephardische Aussprache der Gebete. Im Frühjahr 1938 fusionierte der »Ichud« mit einer zweiten deutschen Synagogengemeinde,

124 Dov Schidorsky, The Municipal Libraries of Tel-Aviv during the British mandate, 1920–1948. In: Libraries & Culture, Vol. 31, Nos. 3–4, Summer/Fall 1996, University of Texas Press, S. 540–556.

125 Zur Biographie vgl. Jehuda Louis Weinberg: Aus der Frühzeit des Zionismus. Heinrich Loewe. Jerusalem 1946.

121–127 Werbemarken der Buchhandlungen, in die Bücher eingeklebt

»Schivat Zion«, die 1937 in der Ben-Jehuda-Straße gegründet worden war. Auch dort war ein anderer früherer Berliner Gemeinderabbiner, nämlich Dr. Seew Wilhelm Levy, tätig. »Auch hier erfolgten bis zur Staatsgründung Predigten und Lehrvorträge ausschließlich in deutscher Sprache.« Wichtig für den Zusammenschluß der beiden Synagogengemeinden war Sammy Gronemann, der die rechtlichen Fragen der Fusion regelte.

Nicht zu vergessen sind die religiösen Zionisten. Über den »dritten Jischuw« schreibt Fredi Lustig in der Zeitschrift »Nachlath Zwi«; er kritisiert die durch die zionistische Aufbauarbeit drohende Vernachlässigung der religiösen Pflichten und fordert gesetzestreue Juden auf, »Arbeiter und *Bne Thora*« zu sein. Von hier aus ließe sich ein inhaltlicher Ausflug in die Geschichte der religiös motivierten Einwanderung unternehmen.Von großem Interesse für das Thema der Wahrnehmung dieser neuen Anstrengungen durch religiöse Reisende sind die Ausführungen eines Autors »aus der deutsch-jüdischen Orthodoxie«,[126] Isaac Breuer. Die Vertreter der Agudat Israel waren sich in ihrer Ablehnung eines »Amerikanismus, der nur allzu leicht in Levantinismus umschlägt, wohl einig« – auch im Blick auf die Versuchung der »prosperity«, für die das Experiment Tel-Aviv symbolisch stand. Dann erwischte Breuer die »Zionswende«. Er sieht den Neubeginn, an der Stelle, wo »noch vor wenigen Jahren Sand gewesen«, als Zeichen dafür, »daß der Bann, der über diesem Lande lag, [...] in unseren Tagen gebrochen ist«. Der Bann über diesem Lande – es hat ihn ja nie gegeben, wie kann es sein, daß selbst einem »orthodoxen« Reisenden erst auf dieser Reise selbst – die er doch wie viele vor ihm schon längst hätte unternehmen können – der »Ruf des Landes« als konkret, und umsetzbar, bewußt wird? Durch die zionistische Besiedlung sei das Land, so wurde im Rahmen der Agudas argumentiert, auch zum Ort von »Ketzerei« und »Hurerei« geworden; für Breuer wurde nicht nur das Erlebnis der Natur, der biblischen Landschaft bedeutend, sondern noch mehr das, was bei Shmuel Josef Agnon die »Lebenskraft des lebendigen Lebens« heißt: dreifache Anrufung. Breuer sah ein Land, »das von einem Ende bis zum andern Ende widerhallt von dem Lärm der Spitzhammer [...], in dessen Städten gebaut und gebaut wird [...] und Häuser sich an Häuser reihen zu neuen Straßen, und zum größten Teil sind es jüdische Hände, die diese Taten verrichten.«[127]

Die Schilderung von Ankünften und von Fragmenten der Einordnung sollte deutlich machen, wie unterschiedlich die Voraussetzungen der einzelnen Einwanderer waren, wie verschieden ihre Wünsche. Auf der anderen Seite gab es aber natürlich Instrumente der Hilfe, der Fürsorge, der »Einordnung«, deren wichtigstes die bereits seit September 1932 existierende *Hitachduth Olej Germania* war. Wer heute, an einem Dienstag oder Freitagnachmittag, durch die Fußgängerzone der Nachlath Binjamin geht und sich auf dem Markt für Kunsthandwerk umtut, oder Freunde beim Kaffeetrinken trifft, oder vielleicht dem russischen Quartett zuhört, das mit Vorliebe und Hingabe Mozart spielt, kommt an einem Haus vorbei, in dem sich schon seit vielen Jahren, neben dem »Verband der Pensionisten Österreichs«, auch die Büros des Irgun Olej Merkas Europa befinden: Rambam-Straße 15, in der Straße also, die nach dem großen Philosophen Maimonides aus Córdoba benannt wurde,

126 So bezeichnet ihn Matthias Morgenstern, dem ich den Hinweis auf Breuers Texte verdanke. Vgl. Matthias Morgenstern: Isaac Beuer und die Geschichte des Austrittsstreits in der deutsch-jüdischen Geschichte. Tübingen 1995.

127 Isaac Breuer, Erez Jisrael, S. 2; zit. bei Morgenstern, S. 292.

128 Aus Berlin mitgebracht: die Litfaßsäule
Foto Hans Casparius

Rabbi *M*oshe *b*en *M*aimon. Sein großes Werk ist der *More Newuchim*, der »Führer der Verirrten«, ein Versuch der Erläuterung der talmudischen Schriften, der Gebote und Verbote im jüdischen Religionsgesetz – kein schlechter Ort ist deshalb die Rambam-Straße als Sitz einer Organisation, die sich derer annehmen wollte, die so aufgewühlt und oft orientierungslos in das neue Land kamen.

Einen Ort finden: Tel-Aviv und Jerusalem

Alltagssorgen. James Springer aus Berlin fuhr mit dem Fahrrad zu Lebensmittelgeschäften, kaufte leere Säcke und verkaufte sie wieder »im Riesenlager der Sackhändler« im Süden Tel-Avivs; anschließend war er Kellner »in einem kleinen Café in der Ben-Jehuda-Straße«; dann am Strand: »dort waren meist deutschsprachige Gäste«; Zigarettenverkäufer; dann »Chargehand« bei der NAAFI; nach 1948 Speisesaal-Manager im Dan-Hotel: »Ich traf dort Ben Gurion und Golda Meir, aber auch Kirk Douglas, Leonard Bernstein«; dann Barmann, zuerst in Herzlia, dann auf dem Schiff auf der Strecke Haifa–New York–Haifa.

1938/39 veröffentlicht die HOG ein Heft »Der Weg der deutschen Alijah«: Zahlen und Themen darin deuten auf eine Verschiebung des anfangs ideologisch nur auf das Land und die Landwirtschaft ausgerichteten Programms. Die »Aktionen nach dem November 38«, also nach der Pogromnacht in Deutschland, sind vom Gedanken der Rettung geprägt, nicht mehr von dem der Auswahl einer vorbereiteten Elite. »Betreuung der Alijah von der Ankunft bis zur Einordnung« umfaßte noch immer den Hafendienst und die Einwanderungsheime, den weiten Bereich der Sozialen Fürsorge und der Arbeitsvermittlung. Im Rahmen der geplanten Umschichtung und Fortbildung wurde eine Handwerkerschule Ludwig Tietz eingerichtet; aber die Wirtschaftsberatung richtete sich verstärkt auf ein spezifisch »Mittelständisches Siedlungsschema« aus. Selbst »Pioniere der Industrie«, wie etwa die OSEM-Lebensmittel (Familie Propper), die STRAUSS-Milchprodukte (Familie Strauss) oder die später gegründete ISCAR der Familie Wertheimer zählte man jetzt zu den erfolgreichen Ergebnissen der eigenen Arbeit. Auch die Entwicklung eines modernen Hotelwesens gehört in diesen Zusammenhang, und dafür steht vor allem ein Name. »Ganz ohne meinen Willen, aber nicht ganz ohne mein Bedauern« hat sie, schreibt Käthe Dan-Rosen, geborene Danielewicz, das Erbe ihrer Vorfahren angetreten. Ob die Mitglieder der Zionistischen Vereinigung für Deutschland und des Kartells Jüdischer Verbindungen, die sich »die zum Meer gelegene Terrasse des Käthe-Dan-Hotels« in den dreißiger Jahren zum Treffpunkt wählten, wohl gelegentlich nachfragten, woher sie gekommen war? Aus dem kleinen Ort Pleschen in der Provinz Posen stammte der Vater, aus Lissa die Mutter, und sie gingen, wie es sich für eine solche Geschichte wohl gehört, bald nach Berlin. Am 22. Januar 1890 wurde sie in Berlin geboren, in einem »sachlichen« Haushalt, der lange zu kämpfen hatte, bis es dem Vater gelang, »wohl nach geglückten Geschäften«, den Berliner Weg zu nehmen: in den »feinen« Westen. Aber dort ging es nicht gut, antijüdische Schikanen erlebte schon das Kind, und so zog die Familie nach einem Jahr wieder »in den Osten Berlins«. Das hat mehr mit Tel-Aviv zu tun, als es auf den ersten Blick scheinen mag. Über den Sport, das »Turnen«, kam die Jugendliche »anfangs notgedrungen« zum Zionismus, wurde von ihrem jüdischen Turnverein schon 1913 zum Kongreß nach Wien geschickt, um den Delegierten vorzuführen, was es mit Max Nordaus Wandlung zum »Muskeljudentum« auf sich hatte. Ein Haushaltslehrerinnen-Examen soll das Ticket nach Palästina sein. Meir Dizengoff persönlich wollte die junge Frau als »Wirtschaftshilfe« mitnehmen, aber daraus wurde nichts, das Warten dauerte noch über ein Jahr. »Es war ein wundervoll sonniger Herbsttag, an dem meine Abreise von Berlin am 20. September 1922 vor sich ging, getrübt für mich nur durch die Trennung von meiner Mutter, die vor Aufregung über meine Abfahrt krank zu Bett lag, obwohl sie im Grund ihres Herzens fest daran glaubte, dass dieser Abschied nicht für lange Zeit sei.« Schon hier also, 1922, und in Berlin, begegnet uns das »Dazwischen«, das Menschen festhält im Wechsel der Empfindungen und Zugehörigkeiten zwischen Heimat und Heimat. Von Berlin nach Hamburg und Bremen zur Deutschen Levante-Linie, und von dort: eine frühe Passage.

129 Ein Hotel mit Meerblick: Aus der Pension »Käte Dan« wurde das Dan-Hotel

»Auf unserem kleinen Frachtschiff bildeten die 12 zusammengewürfelten Passagiere bald eine nette Familie, deren Oberhaupt, der Kapitän, seine Mitglieder am liebsten in einer kleinen Bar zusammentrommelte, die Teil eines für Alexandrien bestimmten Bootes war, das unser Schiff dahin transportierte. Meine Freundin und ich waren die einzigen Palästina-Reisenden.« Fünfeinhalb Wochen geht die Reise, ist ja auch – in dieser Zeit – eher noch Abenteuer als Flucht, berührt Holland, Belgien, Frankreich, den Golf von Biscaya, Portugal, Alexandria (wo Zauberer warten, die Küken verschwinden lassen, »klappernde Limonaden-Verkäufer« und Akrobaten: »So weit konnte man die Augen gar nicht öffnen, um alles zu sehen«), aber dann ging es endlich ans Ziel. »Trotz der Pest« (der Kapitän hatte Pestfälle aus dem Land gemeldet

130 Filmarchitekt bei der UfA: Heinz Fenchel …

und den beiden Frauen empfohlen, lieber mit nach Beirut zu fahren) ging es ans Land. »Im Hafen von Jaffa wurden wir von Jehoschua Gordon, einem Beamten der Jewish Agency, abgeholt. Es war ein schwerer Chamsin-Tag. Trotzdem wären wir am liebsten zu Fuß nach Tel-Aviv gegangen, um auf diese Weise gleich ein wenig das Land kennen zu lernen, aber Gordon schob uns in ein kleines Auto-Wägelchen, das an jeder Seite eine kleine Bank für drei Personen besaß und uns klappernd und ratternd nach Tel-Aviv brachte.«

Dünen bis zum Meer und ein paar Straßen. Eine erste Krankheit, eine Unterkunft dann »weit draußen in den Dünen« – heute ist dort die Rambamstraße, Stadtmitte – und nach der Erholung eine Arbeit als Krankenschwester. Bald darauf trat sie eine neue Stelle als Leiterin einer kleinen Haushaltsschule in Safed an. Nach einem Jahr machte sie sich dort selbständig und mietete in der Hauptstraße ein kleines Häuschen. In diesem Gästehaus wohnten Alexander Baerwald, Oskar Kokoschka, Ernst Toller, Hermann Struck, Reuven Rubin und Mané Katz, ständiger Sommergast war Chaim Nachman Bialik. Franz Oppenheimer widmete Käthe ein Gedicht – »gibt es auf Erden ein zweites Land, wo soviel Herzblut rann durch den Sand?« –, und Ludwig Strauss fiel im Dunkeln in die Abwässergrube. Palästinensische Anfänge, Anekdoten aus der Frühzeit der Besiedlung, als die Künstler und Schriftsteller im galiläischen Safed nach zweierlei »Echtheit« suchten – der orientalischen und der jüdischen. Betreut wurden sie von einer jungen Berlinerin, in der »Pension Käthe Dan«.

In den Wintermonaten arbeitete Käthe bereits in Tel-Aviv, gab Gymnastikkurse in der Montefiore-Straße. In Safed wurde die Situation durch den Ausbruch der Unruhen von 1929 immer schwieriger, das Haus war über Monate im »Verteidigungszustand«. Nach sieben Jahren mußte Käthe »tieftraurig Safed, meine Wiedergeburtsstadt« verlassen; mit dem Umzug nach Tel-Aviv begann, schreibt sie, der »realistische Teil« ihres Lebens. Sie mietete ein kleines Haus direkt am Strand. In diesem kleinen Hotel bereitete sich Felix Rosenblüth auf sein Anwalts-Examen vor. Einige Zeit später erwarb sie einen Bauplatz in der Yarkon-Straße 97, wo nach den Entwürfen von Lotte Cohn ein »Prachtbau« entstand, der gerade 1933 fertig wurde: »Zur gleichen Zeit mit der Fertigstellung des Gebäudes setzte die große Einwanderung des Jahres 1933 ein und füllte das Haus ohne Unterbrechung vom ersten Tage an.« Das Haus wurde bald bekannt, auch in Deutschland, wo die Mutter in einer Wochenschau Bilder des Hotels sehen konnte. Am Abend des 16. Juni 1933 wurde Chaim Arlosoroff am Strand in der Nähe des Hotels erschossen.

Käthe heiratete 1934 Josef Rosenblüth, »den einzigen aus der mir schon in Deutschland befreundeten Familie, den ich von früher her noch nicht kannte«. Im Jahr darauf wurde der Sohn Dan geboren, »damit auch mein Name durch ihn erhalten bleibt«. Großen Aufschwung nahm das Hotel mit der Gründung des Palestine Philharmonic Orchestra 1936. Für Huberman mußten die Neben- und auch die darüber liegenden Zimmer freigehalten werden, mit dicken Vorhängen verstärkte Doppeltüren sollten dafür sorgen, daß kein Geräusch zu ihm drang.

Auch diese Geschichte hat zwei Orte. 1938 besuchte Käthe Dan ihre 78jährige Mutter in Deutschland. »In Düsseldorf waren entsetzliche Zustände. Sprechen durfte man nur im Flüsterton aus Angst, die Umgebung könnte irgend etwas hören; in Cafés durften Juden nicht sitzen, die Hauptstraßen mied man, um nicht den Hitler-Gruß geben zu müssen.« Die Familie konnte sich von Deutschland, vom Haus und vom »über alles geliebten Garten« nicht trennen. Im Krieg wurde währenddessen das Hotel in Tel-Aviv von italienischen Bomben getroffen. Jetzt stellten englische und australische Soldaten die Kundschaft – »als man damals meinen fünfjährigen Sohn fragte, was er einmal werden wolle, sagte er prompt: ›Betrunkener Australier‹«. Vom Hotel aus konnte man die Ma'apilim-Schiffe sehen. Die »illegalen« Einwanderer versuchten oft, schwimmend an Land zu kommen, und die Mitarbeiter des Hotels versorgten sie mit Kleidung und einem ersten Aufenthalt. Die Mutter starb 1940, die beiden Schwestern, die nach Minsk deportiert wurden, konnte sie von Tel-Aviv aus nicht retten. 1943 wurde das Hotel von den Briten evakuiert – ein neuerlicher Bruch. Das Haus wurde verkauft, Josef Rosen starb im Jahr darauf in Haifa. Nach dem Abzug der Engländer ging das Haus in die Hände der Federman-Gesellschaft über und wurde zum Dan-Hotel ausgebaut. Als das alte Haus abgerissen wurde, veranstaltete Herr Federman eine Feier für »die Pionierin des modernen Hotelgewerbes in Israel«.[128]

Soviel zu Tel-Aviv, die Stadt wurde an anderem Ort gebührlich gefeiert.[129] Wenn Tel-Aviv noch von der Passage geprägt ist, müßte nicht die angestrebte Verbindung mit dem Land hier gelingen? Jerusalem ist doch der zentrale Ort jüdischer Imagination einer Heimkehr: Jedes Jahr zu Pessach versprechen sich Juden in der Diaspora die alte Formel: »Nächstes Jahr in Jerusalem.« Wäre hier nicht ein Ort wirklicher Ankunft? Aber während Tel-Aviv eine ganz neue Stadt war, offen für die Einwanderung, nein: für die Einwanderung gemacht und mit ihr gewachsen, während auch die Kibbuzim mit ihren experimentellen Lebens- und Wirtschaftsformen neue Wege gingen, war – und ist – Jerusalem von einer dreitausendjährigen Geschichte belastet. Auch konnte man hier, wie vielleicht nur noch in Hebron, die Präsenz einer arabischen Bevölkerung mit ihren eigenen gewachsenen Strukturen, ihren politischen Ambitionen, auch: ihrer Architektur, ihrem Verständnis der Stadt, nicht so leicht übersehen wie unten in der Meerstadt.

Die Einwanderer mußten sich an Jerusalem messen. Keiner hat das Scheitern vor dieser Herausforderung anschaulicher und trauriger geschildert als Shmuel Josef Agnon, der seinen aus Galizien stammenden naiven Helden Yizchak Kummer in den mythischen Tiefen der

128 Aus meinen Erinnerungen. Von Kaete Dan-Rosen. Abdruck im »Mitteilungsblatt« des IOME.

129 Joachim Schlör: Tel-Aviv. Vom Traum zur Stadt. Gerlingen 1996.

131, 132 In Europa beginnt der Krieg – Tel-Aviv bemüht sich um ein normales Leben Wochenprogramm 1939

133 Das Viertel Rechavia von Jerusalem im Bau 1937

Stadt untergehen läßt.[130] So groß war Kummers Hoffnung, damals noch, »im Land Dort«, als er sich von Lemberg aus aufmachte, in das Land zu ziehen, das man ihm doch versprochen hatte – und so bitter wurde er enttäuscht: von Plantagenbesitzern, die lieber billige arabische Arbeitskräfte einsetzten als einen wie ihn; von den Frommen, die sich in ihre Stadtteile wie Jerusalems Mea Shearim zurückzogen und ihn nicht aufnehmen wollten; vom Land selbst, so scheint es beinahe, das zu hart, zu schroff, zu abweisend war. Um so erstaunlicher wirkt die Aussage des aus Ostpreußen eingewanderten Paul Jacobi, der lange Jahre stellvertretender Bürgermeister von Jerusalem war – was auf eine Art etwas unangemessen klingt; aber natürlich hat auch die heilige, die umkämpfte, die zerrissene Stadt Bürgermeister und Stellvertreter und Ämter. Neben dem Wiener Teddy Kollek amtierte jahrelang Paul Jacobi. In dem Film »Jeckes – Die entfernten Verwandten« von Carsten Hueck und Jens Meurer zeigt er den beiden Journalisten seine Bibliothek, die von der Paläontologie, vom »wilden« Menschen der Urzeit, durch die Etappen der Zivilisierung führt, von der Bibel über die europäische Geschichte bis hin zum deutschen Judentum – und bis zum Nationalsozialismus und wieder bei den »Wilden« ankommt. Zufall? fragen die jungen Deutschen. Nein, »ideologisch geplant«.

130 Shmuel Josef Agnon: Gestern, Vorgestern. Frankfurt am Main 1976.

Paul Jacobi im Gespräch: »Ich bin mit der deutschen Kultur groß geworden. Ich habe sie geliebt, auch die Literatur – aber immer zusammen mit der jüdischen Literatur. Es gab da keine Brüche zwischen Deutschtum und Judentum, das war *eine* Person, das war ein deutscher Jude, der primär seine Zukunft sah in der Zukunft des jüdischen Volkes. Das war auch die Hoffnung meines Königsberger Daseins: daß Königsberg nach Jerusalem übertragen würde.« – »Ist Ihnen das gelungen?« – »Das ist mir hoffentlich, heute kann ich's wohl sagen, ohne Bruch, ohne jedweden Bruch gelungen.«

Was für ein Satz. Paul Jacobis Hoffnung mag stellvertretend stehen für ein Erbe, das schwer zu beschreiben ist – nicht aus sich selbst heraus, sondern gerade wegen unserer von einer seltsamen *political correctness* getragenen Schwierigkeit mit dem Selbstverständnis, das sich da äußert und von Deutschland redet. Selbst hier ist die Passage noch anwesend. »Königsberg« – ausgerechnet: die verschwundene, die schier ausradierte Stadt, die sich erst jetzt mühsam aus den Ruinen aufrappelt – wird hier zur Metapher: für die europäische Kultur, für Bildung und Belesenheit, und all dies in der Form einer nicht zu zerstörenden Vergangenheit, die hier, in den Mauern der Davidsstadt, Asyl und Zuflucht gefunden hat. Wie war das möglich? Nur indem die Einwanderer aus »Königsberg« genau das taten, was Generationen von Bewohnern dieser Stadt auch schon getan hatten: Sie schufen sich im Mosaik der Quartiere ihr eigenes Wohnviertel. Der Vorwurf der Fremdheit geht da ins Leere – in dieser Stadt sind alle fremd; schon die Altstadt hat ihre voneinander abgegrenzten arabischen, armenischen und jüdischen Viertel, dazu die Enklave der Grabeskirche; und auch nach der Öffnung der Stadt über die alten Mauern hinaus, in den 1850er und 1860er Jahren, siedelten sich die Nationen und Glaubensgemeinschaften in enger Nachbarschaft an.

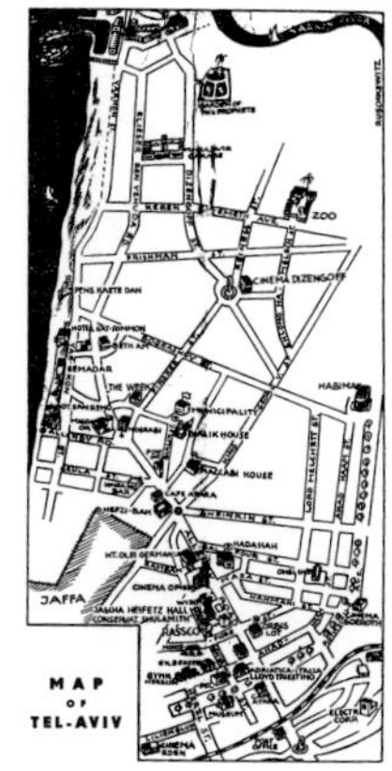

Versaeumen Sie nicht
den im Gruenen gelegenen Luftkurort
Beth Hakerem,
die Gartenvorstadt Jerusalem's,
zu besuchen. Sie finden Erholung auch an heissen Tagen, sowie erstklassige Verpflegung im grossen Garten der
Pension und Cafe „EDEN"
BRIEGER, Beth Hakerem bei Jerusalem
Haltestelle des Autobus Nr. 12.

134, 135 Beit Hakerem, die Gartenvorstadt Jerusalems
Anzeige im »Mitteilungsblatt der deutschen Einwanderer« 1936

Nahariya bleibt deutsch

Nach den Plänen der britischen Peel-Kommission von 1936 für eine Teilung des Landes sollte Nahariyah, dieses »Musterbeispiel einer von Jeckes gegründeten Siedlung«, dem arabischen Sektor zugeschlagen werden. »Erez Palästina oder Erez Israel – Nahariya bleibt deutsch«; niemand kann wirklich bestätigen, daß es diese Plakate gegeben hat und daß sie in den Auseinandersetzungen um die Staatsgründung wirklich über den Straßen hingen, aber die Geschichte reflektiert das Selbstbewußtsein einer »jeckischen« Siedlung, die ausgehalten hat – selbst dann, als ihr Bürgermeister Dr. Oskar Mayer aus Heilbronn sich zur Auswanderung nach Amerika entschloß. Fritz Wolf blieb, auch Erich Lehmann und Dr. Richard Strauss aus Ulm. »Nur wenige Siedler fehlten beim Beziehen der fast allnächtlichen Wachtposten an den Grenzen ihres Ortes. Wenn es wahr sein sollte, daß einer von ihnen in der Dunkelheit sich nähernde unbekannte Stimmen mit den Worten anrief: ›Sprecht deutsch, oder ich schieße!‹, dann waren seine Schwierigkeiten mit dem leidigen Iwrith gewiß eher der Anlaß dazu als seine Liebe zum Deutschland Hitlers.«[131]

Der Ingenieur Joseph Loewy hatte in den zwanziger Jahren 20 000 Dunam Land in der Haifa-Bucht erworben. Weil ihm aber das Geld für die Zahlung der Raten fehlte, mußte er das Gelände an den Keren Kajemeth weiterverkaufen. Dennoch blieb Loewy »der geistige Vater der Gründung einer Siedlung nördlich von Akko«.[132] Bei der Gründung einer

131 Fritz Wolf: Das Ende vom Lied. Unveröffentlichtes Manuskript im Besitz des Verfassers.

132 Erich M. Lehmann: Nahariya. Ein Beitrag von Juden aus Mitteleuropa zum Aufbau des Landes Israel. Nahariya 1960. Neu aufgelegt 1998 von den Kindern Gideon Lehmann und Ruth Gertner. Daraus auch die folgenden Informationen.

N A H A R I A H

Landwirtschaftliche Kleinsiedlung, 30 Minuten Autofahrt von Haifa. An der asphaltierten Strasse HAIFA-AKKO-BEYROUTH
Gesundes, kuehles Klima. Meeresstrand. Ebener mittelschwerer Boden. Wasserreich.

Voll ausgeruestete Wirtschaften
v. 5 Dunam, 7 Dunam, 9 Dunam
mit 500 750 1000 Hühnern
mit vorbereitetem Gemüsegarten
mit angepflanztem Obstgarten

Ansiedlung von ca. 250 Familien
Anweisung durch Instruktoren
Individuelle Produktion
Genossenschaftlicher Absatz
Synagoge, Schule, Kindergarten

Geflügelhaltung und Gemüsegarten sichern den Lebensunterhalt nach wenigen Monaten.

NAHARIAH SMALL HOLDINGS LTD.

Leitung: Dr. S. E. Soskin, Managing Director, Ing. Joseph Loewy, Prof. Dr. Otto Warburg
Haifa – Kings Way – New Carmeliter Building – P. O. B. 573 – Telefon 1236

ELLERN'S BANK LTD.

Hauptsitz:
Tel-Aviv, 3, Rothschild Boulevard
Stahlkammer mit Safes
Filiale:
Haifa, New Business Centre
Stammhaus:
Ignaz Ellern, Karlsruhe i. B.
Gegründet 1881

יעקב יפת ושות' בע"מ
JACOB JAPHET & CO. LTD.
BANKIERS
ZENTRALE
Jerusalem, Mamillah Road Tel. 1648/49 P. O. B. 897
FILIALE
Tel-Aviv, 77 Nachlath Benjaminstr. Tel. 1544 P.O.B. 1346
REPRÄSENTANZ
Haifa, New Business Centre Palafric Build'ng Tel. 1033 P.O.B. 625
Telegrammadresse: Remember

HAMA'ATIK **המעתיק**
Leiterin: RITA GOLDBERG
26a, Rothschild Bvd., P. O. B. 90
TEL-AVIV
Übersetzungen Abschriften, Vervielfältigungen

בהנהלת ריטה גולדברג
תל-אביב, ת. ד. 90
שדרות רוטשילד 26א
תרגום, העתקה, הכפלה

Fabrikation von prima Daunendecken
(europäischer Art) auch Anfertigung bei Zugabe von Material **Bettwäsche** mit Hand- u. Maschinenstickerei.
Kunststopferei
von Garderobe etc.; Restaurierung wertvoller Gewebe. Ausführung sämtl. Maschinenstickereien, Knopflöcher etc.
Jereslaw, Tel-Aviv, Ben Jehudastr. 6, 2. Stock
Kein Laden

Desinfektionen
zur Vernichtung von **Wanzen, Küchenschaben** und anderem Ungeziefer.
Dr. Beifus, Dipl. Desinfector und Chemiker
Tel-Aviv. Merkaz-Baalei-Melacha Str. 6
gegenüber Abfahrtstelle d. Autobuslinie 6

GARDINEN-SALON
KORMANN
TEL-AVIV, BALFOUR STR. 1
ECKE ALLENBY STR.

136 Eine Anzeige im Mitteilungsblatt vom Juni 1936 sucht Interessenten für Nahariya

Aktionärsgesellschaft 1934 gehörte der Agronom S. E. Soskin zu den ersten Mitgliedern. Boden wurde von der Familie Tueni, einer christlich-arabischen Familie aus Beirut, und von der Madame Said Pascha erworben. »Die Stadt am Fluß« hat als Gründungsdokument die Festschrift einer »Nahariya Small Holdings Ltd.« mit Sitz in Haifa. Anders als bei den bisher eingerichteten Siedlungen, die von den Neuankömmlingen, die oft ungenügend ausgerüstet waren, selbst aufgebaut werden mußten, sollten die Siedler hier »in eine völlig ausgerüstete, mit allem für Arbeit, Gesundheit und auch Komfort versehene Wirtschaft kommen.« Denn »bei uns handelt es sich in der überwiegenden Mehrzahl um Stadtleute mit einem recht hohen Standard«. Das Unternehmen war nicht zuletzt deshalb mutig, weil – so das Ergebnis einer Volkszählung von 1931 – im Distrikt Akko unter 31 905 Mohammedanern, 7 672 Christen und 5 269 Drusen gerade einmal 296 Juden lebten, verarmt und isoliert in Akko.

1935 wurden Parzellen eingeteilt und ein Prospekt unter Neueinwanderern verteilt:

NAHARIYA
Die neue jüdische Siedlung im Norden Palästinas
ca. 2 500 Dunam, 8 km nördlich von Akko, 30 Minuten Autofahrt von Haifa

Ostgrenze:	Die asphaltierte Hauptstraße Haifa–Akko–Beyrouth
Westgrenze:	der Meeresstrand
Klima:	Gesund, kühle Meeresbrise

137 Dr. Otto Meyer sucht seinen Weg in

Boden:	Ebenes Gelände, mittelschwer in alter Kultur, besonders geeignet für bewässerten Obst- und Gemüsebau
Wasser:	a) Fließendes Wasser – Nahr Mafschukh, Nahr Kabri
	b) Brunnen von ca. 20 m Tiefe sehr ergiebig, von ausgezeichneter Qualität

Schule und Kindergarten: Eröffnung im Jahre 1935

Die Landwirtschaftliche Kooperative oder Genossenschaft entwickelte sich schnell, dennoch blieb sie lange Jahre auf den offiziellen Karten des Keren Kejemeth unberücksichtigt. Eigensinnig und eigenständig ist Nahariya immer geblieben, und im Juli 1938 mußten auf einer Versammlung noch programmatische Forderungen gestellt werden wie »Positive Einstellung zum Jischuw, seinen Institutionen und Einrichtungen, Ausbau der Beziehungen zu allen Instanzen« oder »Einführung der hebräischen Sprache in Nahariya und im Verkehr mit auswärtigen Instanzen«. Nahariya sprach lange Zeit deutsch und hat sich doch als integraler Bestandteil des Staates etabliert.

Zwei Geschichten sollen im Zusammenhang erzählt werden – soweit von heute aus die Herstellung eines »Zusammenhangs« in der fragmentierten Geschichte noch möglich ist. Vor mir liegt eine gelbe Plastikmappe. Das erste Blatt trägt die Aufschrift »Andreas Meyer, Naharia Ltd.« Dann folgt ein Brief: Herr Dr. Otto Meyer schreibt aus Rheda in Westfalen, Wilhelmstraße 18, am 14. April 1937 an die »Nahariah Small Holdings Ltd.« in Haifa. Darin heißt es: »Hiermit bevollmächtige ich Herrn Jacob Windmiller, Nahariah, Palästina, für mich sämtliche Rechtsgeschäfte zu tätigen, die sich auf meine Ansiedlung in Nahariah und die dafür

138 Der »Lift« der Familie Meyer wird in Hamburg eingepackt ...

notwendigen Transfere beziehen.« Viele Fragen waren noch zu klären: »Großjährigkeitserklärungen« für die Kinder mußten von den deutschen Behörden eingeholt werden, Quittungen für die Überweisung von 1 300 palästinensischen Pfund auf das Konto der »Palestine Agricultural Settlement Association Ltd.« – verbunden mit der Zusicherung, »dass ich beabsichtige in Palästina zu siedeln und den Gegenwert der mir zustehenden Obligationen für landwirtschaftliche Siedlungszwecke im Sinne des Ihrem Projekt beigefügten Angebots vom 11. 1. 1937 zu verwenden« – gingen auf dem Postweg nach Haifa, die Auszüge der Jacob Japhet & Co. Ltd. Bank in Jerusalem verzeichnen für das Konto 5686 am 9. März 1937 unter dem Stichwort »Überwg. Nahariah wg. Dr. Meyer« eine Einzahlung von 33 500 Pfund. Außerdem wird »als Anzahlung auf den Siedlerkaufvertrag vom 1. 3. 1937« ein Scheck über £P 116 500 bestätigt.

Eine bürgerliche Existenz wird aufgelöst, eine andere auf den Weg gebracht. Wie schwierig das war, mit wie vielen Mühen verbunden, müssen wir heute verblassenden Durchschriften ablesen: »Für mich ist dieser Transfer auch aus dem Grunde von höchster Wichtigkeit, weil, wie ich in meinem Brief vom 24ten bereits ausführte, mein Geld noch nicht so weit liquide ist, dass ich mit Sicherheit darauf rechnen kann, ausser für Justus auch für Brigitte soviel einzahlen zu können, dass beide auf den Sondertransfer auswandern können.« Wir verstehen die Sprache kaum noch, die Fachbegriffe schon gar nicht, wir spüren nur zwischen den Zeilen die Verzweiflung eines Vaters, der für seine Familie eine Existenz sucht: »Es wird Ihnen genügen, wenn ich sage, dass ich mein Geld erst zum Teil einzahlbereit auf der Bank habe, dass ich dagegen noch verschiedene Objekte (Haus und Fabrik) zu verkaufen habe und wegen dieser in Unterhandlung stehe. Ferner ist meine

139 ... und in Nahariya wieder ausgepackt

Verpflichtung gegenüber dem Finanzamt und die Zahlungsfrist für meine Steuern noch nicht geordnet.«

»Schwebende Angelegenheiten«, Dr. Otto Meyer findet selbst den besten Begriff für ein Durcheinander, das ihm als geübtem deutschem Staatsbürger und Steuerzahler in seiner ganzen Ungeheuerlichkeit noch beim Schreiben dieser Briefe nicht ganz bewußt wird: Er muß gehen. Er muß Haus und Fabrik verkaufen. Er muß seine Kinder nach Palästina bringen. Er muß sein Leben retten. Die Ironie der Ordnung in den Papieren des Sohnes will es, daß nach diesen Briefen unmittelbar eine Auflistung folgt, in der die Siedlungsgemeinschaft des Ortes Nahariah aufzählt, was »der Siedler von uns erhält«. *Der Siedler* – unversehens ist aus dem Besitzer eines Hauses und einer Fabrik einer geworden, der solche Dinge bekommt:

1 Turish mit Stiel (Afrikaspaten, nur hier erhältlich)
1 Spaten
2 Eimer
1 Reihenzieher mit Stiel, verstellbar
1 Herzhacke " "
1 Grabgabel " "
1 Grubber " ", mit 5 Zinken
1 Kultivator " ", mit 3 Zaehnen
40 m Pflanzleine mit Pflanzstoecken
2 Metallpflanzer

140 Das Haus Dr. Otto Meyer in der Herzlstraße 100 wird gebaut

1 Mistgabel mit Stiel
1 Saemaschine mit Stiel, 2 extra Walzen fuer groessere Kornstaerken,
1 Schneidergiesskanne mit Schneiderkopf
1 französische Ziehhacke mit Stiel
1 Buegelhacke Nr. 57
2 Rechen mit 10 Zinken, 30 cm breit mit Stiel
1 Grubber mit 3 Zinken
1 Kultivator mit 1 "
1 Buegelzughacke 7,5 cm breit
1 Kralle
1 Schubkarren fuer Mist (ev. 1 Leiterwagen zum Transport fuer Gemuese usw.)
1 Gruenfutterschneidemaschine auf Fuessen
1 Walze zum Fuellen mit Wasser mit Stiel
1 Schaufel
1 Besen
1 grosser Kotkratzer 3-eckig
2–4 Spachtel zum Reinigen des Huehnerstalls

141 Eine Meyersche Erfindung: Transportable Hühnerställe

Die Dinge der Emigration. Nicht nur Briefe und Fotografien, sondern auch die Gegenstände des Alltags berichten von der Emigration. Die Volkskunde spricht in diesem Zusammenhang von der »Dingbedeutsamkeit« und stellt die »Dinge« in einen Kontext kultureller Bedeutungssphären: Sensorische Eindrücke, Handlungserfahrungen von Leichtigkeit oder Mühsal, Glück, Ärger, Hoffnung und Angst – alle Gefühlserinnerungen verbinden sich mit den Gegenständen [133]. In unserem Fall stehen die Listen repräsentativ für die Umwälzung der Lebensumstände. Geraten wird, »30–50 m guter Qualitaet Gummischlauch mit dem entsprechenden Zubehoer, Klemmen und Schlauchverbindungen«, mitzubringen. Darauf wird ein neues Leben aufgebaut. Kurz vor der Einwanderung erreicht Otto Meyer noch ein Brief aus Nahariya, »Gretchen und die ganze Familie« geben nützliche Ratschläge: Obstbäume, »gute Exemplare« sollten noch in Deutschland besorgt werden, auch ein »Weisskohlhobel zum Sauerkrautmachen«, Steintöpfe, Erdsiebe ebenso, schließlich noch: Liegestühle.

133 Gottfried Korff: Einleitung. Notizen zur Dingbedeutsamkeit. In: 13 Dinge. Form – Funktion – Bedeutung. Katalog zur Ausstellung im Museum für Volkskultur in Württemberg. Stuttgart 1992, S. 8–17.

Nach der Ankunft in Nahariah macht sich Otto Meyer an die Arbeit. 51 Saecke »Huminal« werden geliefert, und jemand muß Hühner züchten, der das vorher nicht getan hat. Otto Meyer ist sorgfältig, trägt Ausgaben und Einnahmen in ein Buch ein, der Verzicht auf den Schubkarren wird mit der Lieferung eines »Brutentwoehnungskaefigs« verrechnet. Und Weinstöcke werden gepflanzt. Was für uns Nachlesende bei diesen Dokumenten aus Nahariah

142 Familie Meyer in Altona 1895: An der Wand das Bild der Klagemauer

wohl am faszinierendsten ist, ist das Fortleben der deutschen Sprache unter so anderen Umständen, nicht bloß in den Privatbriefen, sondern auch im offiziellen Schriftverkehr (allerdings ohne die Umlaute, die auf den englischen Tastaturen nicht vorhanden sind): »Sehr geehrter Herr Dr. Meyer, wir bestaetigen die gestrige Unterredung, in der Sie auf folgende Lieferungen verzichteten: Futtermagazin, Ziegen und Ziegenstall sowie –,600 Dunam Beregnung. Statt dessen wuenschen Sie statt 1.75 Dunam Obst eine Pflanzung von 2 Dunam, zu der Sie 36 Baeume selbst liefern; fuer diese vergueten wir Ihnen 50 mils pro Baum.« Alle Vorstellungen vom gemeinschaftlichen Leben, wie sie die Berichte aus den frühen Kwuzoth und Kibbuzim übermittelten, werden erschüttert angesichts dieser Konstellation, dieser kulturellen Situation Nahariah: In Deutschland ausgebildete Buchhalter berechnen dem in Deutschland ausgebildeten Fabrikanten den Unterschied zwischen Ziegenställen, die er nicht haben will, und freiem Land, das er bepflanzen will. Nahariah ist tatsächlich einer der ganz wenigen Orte (und unter ihnen mit Abstand der größte), in denen diese Verhandlungen über den Boden und die Arbeit – zentrale Elemente des zionistischen Projekts, die anderswo, etwa in Tel-Aviv oder auch in den Kibbuzim, ganz eng mit dem Gebrauch der hebräischen Sprache verbunden waren – in der Herkunftssprache verhandelt werden: in deutsch.

Der »erste jüdische Punkt nördlich von Haifa« wurde von Akademikern, Anwälten, Ärzten und Geschäftsleuten gegründet. In der landwirtschaftlichen Siedlung erhielt jeder Siedler eine

134 1 Dunam = 1000 Quadratmeter.

135 David Witzthum hat, beraten von Andreas Meyer und Ruthi Ofek, für das israelische Fernsehen einen Film über die »Nahariade« produziert.

Parzelle von sechs bis neun Dunam[134], mit Beregnungsanlagen, einem Hühnerstall mit 500 Hühnern und einer Feldbahn für die Ablieferung. Andreas Meyer schreibt: »Sie hatten gehört, daß ein Bauer vor Sonnenaufgang raus auf das Feld geht und bis zur Dunkelheit schuften muß, und das taten sie wie brave Jeckes.« Aber gut ging es nicht. Erst mit Anfang des Krieges, »als über den Juden Europas der Himmel zusammenbrach«, brach in Nahariya der Frieden aus, und ein wirtschaftlicher Aufschwung begann – arabische und jüdische Bauern, von der britischen Armee in Schach gehalten, »wir Fellachen«, so Meyer, kamen plötzlich gut miteinander aus: ein Testfeld für die Zukunft, die erst in unseren Tagen zu beginnen scheint.

Im Jahr nach Meyers Ankunft wird in Nahariah »eine Geschichte in Musik« aufgeführt: Die »Nahariade« von Fritz Wolf[135] ist eines der in jedem Sinne merkwürdigsten Dokumente über die »Einordnung« der deutschen Einwanderer in Palästina. Nach einer kurzen Ouvertüre folgt die erste Szene – Musik nach Puccini – mit dem Titel »Mendelstein schläft«:

»Herr Mendelstein schläft.
Seit einigen Monaten wohnt er als Siedler in Nahariya.
Längst hat seine Frau das Strassenkleid mit Hosen vertauscht
Und er trägt Strohhut und Arbeitszeug.
Er besitzt eine Fünf-Dunam-Parzelle mit fünfhundert Hühnern,
ein Holzhaus gebaut von der Kedem,
zwei Kinder, Bernhard und Elisabeth,
und schläft nun, neben sich die treue Gattin, den Schlaf des Gerechten.«

Um fünf Uhr früh wird er geweckt, er mag nicht aufstehen, er ist zu müde:

»Mit zweiundvierzig Jahren
Da birgt die Umschichtung
Gesundheitliche Gefahren
Man ist nicht mehr so jung.«

Die Frau steht auf, besorgt die Arbeit im Hühnerstall, anschließend im Haus:

»Auch die Brötchen sind ganz frisch
Lisbeth deckt den Tisch
Altklug hilft sie überall
Bald im Haus und bald im Stall
Sie weiss kaum wie Puppen sind
Umgeschichtet hat auch dieses Kind.«

Ein eigenes Lied gilt dem berüchtigten »Primus«-Brenner: »Geht er an, geht er nicht? Schlägt die Flamme ins Gesicht? – Bringt Gefahr immerdar, Kohlen wären wunderbar / Welch

143 Postamt in Nahariya: Dr. Elieser Hirsch, Anwalt aus Berlin, bedient Dr. David Weiler, Anwalt aus Stuttgart

Geräusch, welch Gestank / Endlich brennt er, Gott sei Dank.« Beim folgenden Frühstück liest Herr Mendelstein die »Palestine Post« – »denn Ivrith kann er nicht« – und geht endlich anschließend in den Garten, wo er angesichts der vielen Arbeit keinen Blick für die Schönheit der Landschaft hat, die doch seine sein soll: »Doch was mehr noch an ihm nagt, / ist das Unkraut das ihn plagt.« Die Ernte ist beschwerlich, und kaum hat er sein Tageswerk zur Hälfte erledigt, kommt Besuch: Tante Milly.

»Das ist Tante Milly
Die Frau von Onkel Willy
Sie kommt grad aus Tel-Aviv
Vom Land fehlt jeder Grundbegriff
Sie redet zwar in einer Tour
Von Sechel hat sie keine Spur
Sie kennt nur Bridge und Fünf-Uhr-Tee
Und lebt moralisch bis zum Zeh
Sie kennt nur eine Wissenschaft:
Wie man in fremde Töpfe gafft
Und wenn sie jemand niemals sah –
Für sie ist alles Mischpachah
Sie reist herum und stiehlt den Leut'
Das kleine bisschen freie Zeit.«

Nachdem der Besuch hinauskomplimentiert ist, erntet Herr Mendelstein Tomaten, die er am gleichen Tag noch abliefern muß. Jacob Pauker wühlt sich durch die Kisten, immer mit der Hoffnung, einen zu überführen, der Gemüse von der Qualität »Gimmel« zuunterst in die »Alpha«-Kisten gepackt haben könnte. Kaum zurückgekehrt von der demütigenden Begegnung, bei der ihm noch viel zu niedrige Preise bezahlt wurden, muß Herr Mendelstein hören, daß seine Frau Mathilde sich ein steinernes Haus wünscht statt der elenden Hütte. Er kann ihr nur raten, daß auch sie sich »zugewöhnen« muß.

Im zweiten Teil der Nahariade wird am Strand »ein Schatz« entdeckt: die Gebeine des König Schlomo (Salomo), dazu Edelsteine und Gold. Herr Soskin hat einen Plan, »ein Grosser aus dem Board« hat einen zweiten Plan, und auch Herr Simmenauer weiß ganz genau, was man mit dem vielen Geld anfangen könnte – er will, als guter Jecke, die Schulden decken:

»Ihr seid Jecke, ich bin Jecke
Sagt wie ich die Schulden decke
Ich beachte die Gesetze
Schon weil ich mich selber schätze
Sind die Wechsel in Bedrängnis
Dann gerat ich ins Gefängnis
Das ist einem deutschen Juden
Aber auch nicht zuzumuten
Anleih'n sind noch keine Schenkung
Wandern nicht in die Versenkung
Sondern sie sind abzudecken
Und nicht einfach einzustecken.«

144 Dr. Oskar Mayer, Anwalt aus Heilbronn, der Bürgermeister von Nahariya

Ein Telegramm der Mandatsregierung löst den drohenden Streit, der Schatz ist »englisches Eigentum«. Mendelstein geht nach Hause, sortiert Eier im Kreise der Familie, hört Radio, »was man hören kann«: Wien, Paris, Rom, Budapest. Und er erzählt – wovon? »Von der guten alten Zeit.«

»Wer klug ist und gescheit
Vergisst die alte Zeit
Es bleibt ihm keine Wahl
Das alles war einmal
    Einst da trug ich 'ne Krawatte
    Mal 'ne bunte, mal 'ne glatte
    Lange Hosen, feine Westen
    Von den Kragen stets die besten
    Und dann fuhr ich los für Tietz
    Bis ans End des Reichsgebiets
    Von der Elbe bis zum Rhein
    Kauft' ich Trikotagen ein.

Im Zwölf-Zylinder-Ford
Fuhr ich von Ort zu Ort
Wir litten keine Not
Wir waren Schwarz-Weiss-Rot
    Wenn ich meine Karte reichte
    Wie das Trippfräulein erbleichte
    ›Woll'n Herr Doktor sich bequemen,
    Hier im Sessel Platz zu nehmen?‹
    Mit der Karte eilt sie gleich
    In des Chefs geheimstes Reich
    Und er kommt auch gleich hervor
    Raus aus dem Privatkontor.

Und ohne jede Scheu
Gibt mir die Hand der Goi
›Herr Doktor Mendelstein,
Na, das ist wirklich fein!‹
    Und ich prüfe seine Sorten
    Und ich rauche zwei Importen
    Die Gelegenheit benutzend
    Und bestell' dreihundert Dutzend

145 Dr. Lola Baer, Ärztin aus Stuttgart, behandelt Araber aus dem Nachbardorf

Socken, Strümpfe, alles fesch
Und die feinste Damenwäsch'
Und ein Hemd aus Crèpe de Chine
Für Mathilde in Berlin.
Es gibt der Fabrikant
Mir nochmals seine Hand
Und sagt: ›Ich danke schön!
Auf frohes Wiederseh'n!‹
Und wir schütteln uns die Hände
Ich berechne die Prozente
Und ich steige in den Wagen
Und ich kann im Grund nicht klagen.
Heut' ist's anders, seid gescheit!
Denkt nicht an die alte Zeit!
Saget nicht: ›Ei wie, ei wei!‹
Hier sind Juden – dort der Goi!«

Wieder schläft Herr Mendelstein, träumt in die Zukunft: »Neunzehnhundertfünfundvierzig! Palästina Judenstaat! Haifa Hauptstadt! Nahariya! Ein berühmtes Seebad!« Und in diesem geträumten Seebad gibt es keine Gemüsegärten mehr, keine Ställe, sondern Tennisplätze, Kurkapellen, Kinos und Purimbälle. Am Ende wird er vom Krähen eines Hahns geweckt. Sollte man von den alten Zeiten reden und träumen oder nicht? Sollte man die lässigere Variante Tel-Aviv wählen oder doch dem Vorbild von der »Umschichtung« treu bleiben, für sich selbst, und für die Kinder gleich mit? Sollte man sich das alles gefallen lassen, sollte man sich das alles antun? Es muß wie ein reinigendes Gewitter gewesen sein, als Fritz Wolf bei einer Feier in Nahariya die stummen Fragen plötzlich – im Couplet, mit den bekannten Melodien aus der »guten alten Zeit« – auf die Bühne brachte. Die »Nahariade« hat die Bewohner der kleinen Stadt an der libanesischen Grenze, die nach den ersten UN-Teilungsplänen von 1947 nicht als Bestandteil des künftigen jüdischen Staates vorgesehen war[136], mit einem großen Stück Selbstbewußtsein und Selbstironie ausgestattet, das ist bis heute spürbar.

Autor der Nahariade ist Dr. Fritz Wolf. In der Begegnung mit ihm, die Andreas Meyer vermittelt hat, ereignet sich wieder einer dieser israelischen Momente, die so unwahrscheinlich sind, so bezaubernd, so erschreckend. Ich fahre zusammen mit Armin Wallas, dem Herausgeber der »Mnemosyne«, Zeit-Schrift für jüdisches Denken, von Tel-Aviv nach Nahariya. Dort will Andreas Meyer am Parkplatz auf uns warten. Er hat es endlich geschafft, den inzwischen 92 Jahre alten Fritz Wolf davon zu überzeugen, daß er den Schrank mit seinen unveröffentlichten Manuskripten aufmacht. Wer ist ein Schriftsteller? Wer schreibt? Oder nur, wer publiziert und sogar Erfolg hat? Wenn das gilt, ist Fritz Wolf – ein Siedler, den es an den falschen Ort verschlagen hat, Mitarbeiter der Post über Jahrzehnte. Wir betreten das kleine Häuschen aus Nahariyas Gründerzeit mit gemischten Gefühlen – die »Jagd« nach Manuskripten hat ihre eigenen Gesetze. Werden wir unpublizierte Schätze finden, Gedichte, Dramen, Novellen eines verkannten Autors? Werden wir Dokumente aus der Zeit finden, die uns Nahariya und die ganze Geschichte der deutschen Juden im Lande Israel verständlicher machen? Wir haben wenig Zeit, wollen im Anschluß nach Tefen fahren; wieviel wartet überhaupt auf uns? Und was für einen Eindruck werden wir auf ihn machen, der nach mehrmaligem Scheitern bei Verlagen seine Arbeiten weggesteckt hat, der nur noch Tagebuch schreibt und von »dem Zeug« nichts mehr wissen will?

Nicht nur die Formel, »das Zeug«, sondern vor allem der Tonfall, in dem er darüber redet, als wir kurz um den Tisch sitzen und Limonade trinken, wirft mir den unverdaulichen Begriff »Heimat« entgegen. Nach wenigen Sätzen unterbreche ich Fritz Wolf und stelle, dringend wohl, die Frage nach seiner Herkunft. Ich hätte es wissen können, nun wollte ich sicher sein. Ja, natürlich: Heilbronn, die Stadt, in der ich geboren bin. Auch der Anwalt Manfred Scheurer kam aus Heilbronn, er hat dem benachbarten Shavei Zion den rechtlichen Weg geebnet; diese Nachricht hatte ich beim Lesen bloß zur Kenntnis genommen. Aber es ist anders, wenn mir einer gegenübersitzt, alt geworden und gebrechlich, der im leise anklingenden Dialekt der Eltern, der Lehrer, der Geschäftsleute der Heimatstadt spricht. Heimatstadt, selten habe ich sie so angenommen wie hier. Wir reden über Häuser und Straßen, über den Oberbürgermeister Meyle und seinen berühmten Vorgänger Hegelmaier, von dem das Wort »Leck mich am Arsch, du Stadt der Krämerseelen« stammt; die beiden anderen sind still.

136 In einem Brief vom 30. 11. 1947, also nach der UN-Entscheidung über die Gründung eines arabischen und eines jüdischen Staates, und vor dem Krieg vom Mai 1948, der nach der Erklärung von Israels Staatlichkeit ausbrach, schreibt Otto Meyer aus Nahariah an seinen Sohn Heinrich: »Es giebt eine ganze Anzahl Leute hier in Nahariya, die für unseren Ort ökonomisch eine günstige Zukunft sehen. Ich gehöre nicht zu ihnen. [...] Wie unsere Beziehungen zum jüdischen Palästina sein werden, wird völlig davon abhängen, ob irgendein modus vivendi zwischen den beiden Palästinas gefunden werden wird. Wird man sich irgendwie vertragen, so werden wir ja hoffentlich die Möglichkeit haben, wie bisher im Lande zu reisen, Freunde zu sehen und zu arbeiten.«

Seit über sechzig Jahren lebt Wolf in Nahariya, aber in ihm lebt, aus ihm spricht Heilbronn – die Stadt der Kindheit, der Streifzüge, des Terrors. Die Stadt, die er verlassen hat. Seine Geschichte finden wir zweifach im Schrank, dokumentarisch einmal, literarisch verfremdet ein zweites Mal. Wallas und ich teilen die Ansicht, der dokumentarische Text, der Bericht des Erlebten wirke stärker als die Bearbeitung; das muß ihn enttäuschen. Wir nehmen Texte mit, die Ruthi Ofek in Tefen für uns kopieren läßt. Neben dem zweiten Musical, »Die große Parnosse«, und einigen wenigen Novellen sind es seine autobiographischen Aufzeichnungen, die uns interessieren, und der Briefwechsel mit Menschen aus der ihm und mir gemeinsamen Heimatstadt. Seine Enttäuschung beim Notieren der ausgeliehenen Texte ist fast sachlich; als habe er es sich eh schon gedacht.

»Als ich hier einwanderte – damals hieß das Land noch Palästina –, baute ich ein Holzhäuschen mit einem Zimmer, einen sogenannten Holz-Zrif, denn es gab auch Zrifim aus Blech. Ich war ein Neuling; ich hatte keine Ahnung – keine Ahnung vom Bauen, vom Geld, von Landessitten, von Bodenbearbeitung, von Abwässerung und Kanalisation, von Gemüsebau – von gar nichts! Ich kam aus einer Sieben-Zimmer-Herrschaftswohnung und den Amtsräumen des Landgerichts Heilbronn am Neckar. Nahariya, die winzige Siedlung im Norden des Landes Palästina, die meine Heimat werden sollte, dieses Nahariya bestand aus ein paar Strassen, einigen Dutzend parzellierter Böden, aus einigen »Zrifim« und zwei oder drei Steinhäusern.«[137] Wolf berichtet in aller Ausführlichkeit und mit einigem Genuß von den Schwierigkeiten mit der Sickergrube und dem »Oertchen«, als wollte er zeigen, wie man sinnbildlich durch den Dreck gehen, nein: waten mußte in dieser unwirtlichen Gegend, bevor etwas »Rechtes« daraus geworden ist (und ob das geschah, ist noch nicht entschieden). Ich würde gerne noch länger aus diesen Manuskripten zitieren; aber vielleicht gibt sich unsere gemeinsame Heimatstadt doch einmal etwas Mühe und veröffentlicht die Texte in Gänze. Fritz Wolf schenkt mir einen Band mit kleinen Erzählungen aus dem alten Heilbronn und schreibt als Widmung: »Zur Erinnerung an Heilbronn? an Nahariya?«

137 Fritz Wolf: Das Ende vom Lied. Autobiographische Aufzeichnungen, Ms. im Besitz des Verfassers, S. 11 f.

Landwirtschaftliche Einordnung

Nahariya wurde zur Stadt und war doch von Anfang an von der Landwirtschaft geprägt – allerdings eben auch von Bürgern, die sich ihr Erbe nicht nehmen ließen. Zwischen dem Kibbuz und dem Dorf existiert in Israel noch die Siedlungsform des *Moshav shitufi*. Zwar sind hier, wie im Kibbuz, alle wirtschaftlichen Einrichtungen Gemeinbesitz und werden auch gemeinsam von allen Bewohnern bearbeitet und verwaltet. Aber das Privatleben ist privat, anders hätten es diese Einwanderer nicht gemacht. Als Musterbeispiel für eine solche Siedlung, die den Spagat zwischen der zionistischen Anforderung an die »Umschichtung« und dem durch Herkunft und Tradition bedingten Festhalten an einem geschützten privaten

Leben versucht und bis heute durchhält, ist *Shavei Zion*. Drei Kilometer südlich von Nahariya gelegen und zur gleichen Zeit entstanden, war der Ort mit dem programmatischen Namen der »Rückkehr nach Zion« wohl in Deutschland häufiger beschrieben als jeder andere – bis vor einigen Jahren. Inzwischen geht die besondere Geschichte von Shavei Zion langsam zu Ende, und wir schreiben wohl so etwas wie einen Abgesang.

Rexingen am Neckar, fünfzig Kilometer südwestlich von Stuttgart, in der Horber Gegend gelegen, gehörte zu den württembergischen »Judendörfern«[138], die wenigstens im Rückblick als »Oase der christlich-jüdischen Nachbarschaft« gilt. Wir bleiben noch einen Moment in dieser Sprache, sie erzählt auch einiges über diese spezifische Form der Wahrnehmung jüdischer Geschichte, die sich wie ein allzu sanfter Schleier über die Realität auch Shavei Zions legt. »Man hatte gemeinsam Hochzeiten gefeiert, im Gesangverein zusammen gesungen und nebeneinander an der Spritze der Freiwilligen Feuerwehr gestanden.«[139] Das änderte sich mit der Machtergreifung der Nationalsozialisten, die freilich in Rexingen keine große Resonanz gefunden hatten. »Nach und nach sind zwischen 1933 und 1936 die meisten Rexinger Juden aus ihrem jahrhundertealten Traum von der Verwurzelung im schwäbischen Mutterboden aufgewacht.« Hermann Gideon gehörte zu den Wortführern einer Gruppe, die versuchen wollte, eine Auswanderung nach Palästina zu organisieren. 1937 fuhren drei

146 Shavei Zion im Februar 1939

138 Vgl. Utz Jeggle: Judendörfer in Württemberg. Tübingen 1967. Neuauflage, mit einem Vorwort von Monika Richarz, Tübingen 1999. Erst heute wird übrigens die Synagoge von Rexingen, die 1952 in den Besitz der Evangelischen Kirchengemeinde gekommen war, so restauriert, daß auch »Fenster in die Vergangenheit« geöffnet werden. Vgl. Stuttgarter Zeitung, 18. 12. 1999.

139 Shavei Zion. Blüte in Israel aus schwäbischer Wurzel. Ein Bericht in Wort und Bild von Günther und Leslie Petzold. Gerlingen 1993, S. 40.

147 Die Straße nach Shavei Zion wird gebaut Juli 1938

»Kundschafter« ins Land, um Grund und Boden zu kaufen – die Legende will, daß es einer arabischen Prinzessin gehörte, die ihr Geld beim Spielen in Baden-Baden verlor – und die Anreise der Rexinger vorzubereiten: »Zionisten waren die Rexinger nicht. Reich waren sie auch nicht. Aber sie waren zäh. Und sie waren pfiffig.«

Im April 1938 kam die Gruppe von 35 Siedlerfamilien an. Ein schönes Bild findet Peter Sandmeyer. »Längst sind die einfachen, flachen Siedlungshäuser, die einst auf dem schattenlosen Sand errichtet wurden, zugewachsen von wucherndem Oleander, von gigantischen Gummibäumen, Maulbeerfeigen und Tamarisken. [...] Aber unter all der exotischen Pracht behaupten sich in den Winkeln der Gärten wie ein schwäbisches Erbteil die bescheidenen Löwenmäulchen, Studentenblumen und Kapuzinerkressen. So ähnlich ist es wohl mit dem deutschen Erbteil in den verborgenen Winkeln der Menschen.«[140]

140 Peter Sandmeyer: »Was verbindet uns noch?« STERN Nr. 27/1988.

Der Heilbronner Arthur Reis hat die Entstehung der neuen Siedlung von Tel-Aviv aus miterlebt. Er bekam Besuch von Dr. Manfred Scheuer, der interessiert war, seine »fachliche Meinung über ein neues Siedlungsprojekt in der Nähe Nahariyas zu hören«. Für Reis war die Idee dieser »ehemaligen Landsleute« besonders interessant, »die Wirtschaft ihrer neuen Siedlung zwar gemeinsam bearbeitet und verwaltet, Haus und Eigentum jedoch in privatem Besitz zu wissen«. Es brauchte damals eine Tagesreise, um zu dem arabischen Dorf El Misra am Meeresstrand zu gelangen, in dessen Nachbarschaft die neue Siedlung liegen sollte. Zu sehen war wenig: flache Sanddünen, blauer Himmel, die Berge des Libanon. Und die Fliegen. »Aber seine Phantasie arbeitete bereits den Plan einer halbkreisförmigen gemütlichen

148 Kurz vor der Staatsgründung Israels war noch nicht sicher, wohin Shavei Zion gehören würde

›Schwaben-Siedlung‹ mit Blick aufs Meer aus, in der neben Feldern, Ställen und Wirtschaftsgebäuden auch ein Kulturzentrum seinen herausragenden Platz finden sollte.« *Malchutiah* sollte das Dorf zunächst heißen und trotz der beschränkten Mittel, die zur Verfügung standen, Individualität behalten, sollte etwas Besonderes sein: Ort für Auffang und Neubeginn einer Gruppe schwäbischer Viehhändler und Bauern im fremden Land. Heimat schaffen. Arthur Reis erhielt den Auftrag zum Bau der Siedlung allerdings nicht, statt dessen beauftragte die Rassco als Siedlungsgesellschaft den Architekten Schallinger. Und auch der Name hatte sich geändert: »Shavei Zion« sollte das Dorf heißen.

Am 13. April 1938 wurde, auf sechzig Hektar Ödland, der Grundstein gelegt. »Die erste Erwerbsquelle war der Sand, den es in Massen gab.«[141] Eine Kuh gab es als Geschenk von einem Nachbarn, das erste Produkt war Gemüse – kann man das so erzählen? Rückblick nach Rexingen:

141 Shavei Zion, S. 37.

Von den etwa 240 Juden, die Mitte der dreißiger Jahre in Rexingen lebten, sind 128 von den Nazis umgebracht worden. »Ihre Namen sind eingemeißelt in eine Wand des Gedenkraums der 1963 errichteten Gemeindehalle von Shavei Zion. In diesem Gedenkraum wird auch die Thora-Rolle aus der im November 1938 von den Nazis in Brand gesteckten Rexinger Synagoge aufbewahrt, die nach der ›Kristallnacht‹ eine spätere Auswandererguppe aus Rexingen nach Shavei Zion mitgebracht hatte.« Die künstlerische Gestaltung stammt von dem aus Stuttgart nach Hasorea eingewanderten Roda Reilinger. Es gibt außerdem eine

Otto-Hirsch-Gedenkstätte am Rand der Siedlung. »Dem ehemaligen Ministerialrat im württembergischen Innenministerium, Otto Hirsch, der sich als Direktor der Neckar-Schiffahrtsgesellschaft um den Bau des Neckarkanals – die ›Otto-Hirsch-Brücke‹ in Stuttgart erinnert heute noch daran – große Verdienste erworben hatte, verdankt indirekt auch Shavei Zion seine Existenz, auch wenn der eigentliche ›Geburtshelfer‹ dieser Siedlung der ehemalige Heilbronner Rechtsanwalt Dr. Manfred Scheurer gewesen ist.« Hirsch war Vorsitzender der 1933 gegründeten »Reichsvereinigung der deutschen Juden«, er konnte den Rexinger Juden »zu ihrer damals schon wieder in Frage gestellten Auswanderung nach Palästina« verhelfen. Hirsch starb 1941 im KZ Mauthausen.

Manfred Scheurer war in Heilbronn Leiter der Zionistischen Organisation. 1936 kam eine Gruppe aus Rexingen zu ihm. In der damaligen Situation konnten sie nicht darauf rechnen, unter der geringen Quote einzuwandern, die vom Palästina-Amt in Berlin in erster Linie jungen Zionisten zugedacht war, »die sich schon seit längerer Zeit auf ein Pionierleben in Palästina vorbereitet hatten«. Aber es gelang ihm, »die ›Berliner Herren‹ zu interessieren, die bald eine Prüfungskommission nach Rexingen schickten. [...] Die Rexinger Juden empfingen die Zionisten aus Berlin zünftig ländlich in Arbeitskleidung und mit Dreck an den Stiefeln.« Scheuer wanderte 1937 aus, drei »Rexinger Kundschafter« folgten ihm und fanden durch Vermittlung der »Rassco« die 60 Hektar Ödland nördlich von Akko. Religiöse Mitglieder der Rexinger Gemeinde lehnten den Ort ab, weil er »in talmudischer Zeit außerhalb der Grenzen von Palästina gelegen hatte«, aber Otto Hirsch konnte sie von der Dringlichkeit einer Auswanderung überzeugen. Ein einziger Tag. »Die Landnahme erfolgte im ›Mauer-

149 Herr Schwarz aus Rexingen ist für den Laden in Shavei Zion zuständig

150 Aba Neckarsulmer ist für die Sicherheit in Shavei Zion verantwortlich

und-Turm‹-Verfahren, das damals im überwiegend von Arabern bewohnten Westgaliläa üblich und vor allem notwendig war. Innerhalb eines Tages mußte eine mauerbewehrte Barackensiedlung mit Wachturm errichtet sein, damit sich die jüdischen Siedler gegen nächtliche arabische Überfälle verteidigen konnten. [...] Mit Barackenteilen, Holz und Steinen, einer Wasserpumpe und einer Scheinwerferanlage mit Generator beladene Lastwagen standen im Morgengrauen des 13. April 1938 in Haifa bereit und rollten dann im Geleitschutz von Hagana-Soldaten mit den neuen Siedlern – die meisten Frauen blieben freilich mit den Kindern vorerst in Haifa zurück – zu ihrem Siedlungsgelände. Dort warteten schon hilfsbereite Nachbarn aus anderen jüdischen Siedlungen mit Hacke und Schaufel. Zuerst wurde eine doppelte Palisadenwand in einem großen Kreis errichtet; zwischen die Holzwände wurden Steine und Sand geschüttet. Außen wurden durch Stacheldrahtverhau geschützte, durch Laufgräben miteinander verbundene Unterstände und Sandsack-Stellungen angelegt, und im Innern des Palisadenlagers wuchs der ebenfalls hölzerne Wachturm aus dem Boden.« Jetzt erst könnte die Geschichte von der geschenkten Kuh erzählt werden ...

Das Siedlungs-Statut wurde schon in Rexingen geschaffen, aber natürlich später mehrfach verändert und den tatsächlichen Gegebenheiten angepaßt. Jeder Siedler, so hatte man es sich im Schwarzwald ausgedacht, sollte sein gesamtes Vermögen in die Siedlungsgemeinschaft einbringen. Die drei Kundschafter hatten sich verschiedene Siedlungsmodelle angesehen, fanden in den Kwuzoth und Kibbuzim das »große Maß an Geborgenheit«, die Gleichberechtigung von Mann und Frau und die modernen Methoden des landwirtschaftlichen Betriebs als vorbildlich; keinesfalls übernehmen wollte man allerdings die gemeinschaftliche Kindererziehung und den daraus resultierenden »Mangel an Familienleben«. Als Kompromiß zwischen dem sozialistisch ausgerichteten Kibbuz und der individualistisch aufgebauten Arbeitersiedlung entwickelten sie das Konzept des »Moshav Shitufi«, die viele Nachahmer

151 Rettich wird transportfertig gemacht

fand. Heute finden viele Kibbuzim, die unter Personalmangel leiden, zu dieser »liberalen« Form des Zusammenlebens.

»Die Geschichte eines Dorfes« erzählt Zwi Schnabel: *Beit Yizchak, Schaar-Sefer.* In der Ausgabe, die ich im Berliner Antiquariat gekauft habe, steht handschriftlich auf der Innenseite des Einbands: »Damit Ihr seht, daß wir ›Jeckes‹ doch zu etwas getaugt haben«, und eine Unterschrift. Die Rede ist von Beth Yizchak – und vom Anfang. »Am 14. Juni 1939 versammelten sich auf dem Hügel, wo heute der Wasserturm, das Symbol des Dorfes Beth Yizchak, steht, zwei Dutzend Männer und Frauen. Sie waren in europäischem Stil und recht feierlich angezogen. Rund herum war nichts, nur ödes, leeres Brachland. Die Stadt Nathanya versteckte sich noch jenseits der Hügelkette. Im Norden konnte man ein paar Beduinenzelte sehen, im Süden war bis Even-Jehuda nichts als Sand. [...] So standen sie dort oben, neben der Hütte des ersten Wächters, und richteten ihre Blicke auf einen einsamen Baum, zwei große Wasserbehälter und einen Haufen Bauhölzer.« Sie kamen aus verschiedenen Städten und Städtchen Deutschlands, aus den Kreisen des Mittelstandes. Bis zur Machtergreifung durch Hitler führten sie ein ruhiges, gutes Leben, so erzählt das Heft. Die zionistischen Vereine und die verschiedenen Rettungsorganisationen drängten sie, die letzte Gelegenheit zur Auswanderung nach Erez Israel auszunutzen. Man schlug ihnen vor, aufs Land zu gehen und ein Gemeinschaftsdorf zu errichten. Den genauen Standort bestimmte Frau Feuerring,

152 »Bauern und Wächter« von Shavei Zion

die Witwe des aus Halberstadt stammenden Zionisten und Direktors der Metallhandelsfirma Aron Hirsch & Sohn. In Jerusalem hatte er 1935 die »Allgemeine Handelsbank« gegründet, nach seinem frühen Tod im Dezember 1937 hinterließ er einen Fonds von 10 000 Pfund Sterling, das Geld sollte für die mittelständische Siedlung verwendet werden und kam schließlich »zu dem Platz, wo sich heute Beth Yizchak befindet«. Drei kleine Nachbarorte gab es schon, dann wurden für Beth Yizchak die Parzellen verteilt: für die Wirtschaftseinheiten und für die Wohnhäuser, von denen es drei »Typen« gab. »Die Siedler verfügten über keinerlei Vorbereitung für körperliche Arbeit. In den frühen Morgenstunden machten sie sich zu Fuß auf den Weg und kamen aus Kfar-Jedidja, Kfar-Chajim, Avichajil und Nathanya, um an der Errichtung ihrer Häuser mitzuarbeiten. Es war ein recht eigentümlicher Anblick, wie da zumeist ältere Männer, viele in vollkommen ungeeigneter Kleidung, Gräben aushoben, Schubkarren mit Sand schleppten, Wasserrohre verlegten, oder die Fundamente für ihre zukünftigen Häuser gruben. [...] Dann war es endlich soweit: Die erste Häuserreihe war fertig. An diesem großen Tage zogen sich alle festlich an, ein Umzug wurde abgehalten und die freudigen Siedler ließen sich immer wieder vor den neuen Häusern fotografieren. Am selben Abend gab es in Kfar-Chajim den ersten Neschef von Beth-Yizchak. Man nannte die erste Straße des Dorfes die ›Wilhelmstraße‹, nach der so benannten berühmten Straße in Berlin. Im Laufe der Zeit kamen auch die ›Lifte‹ an, und die Siedler begannen ihre Häuser einzurichten, allerdings zeigten sich die europäischen Möbel oft ziemlich ungeeignet für die neuen Bedingungen. Einer der Siedler eröffnete ein Lebensmittelgeschäft, eine der Frauen

153 Hilfe aus dem Nachbarstädtchen Nahariya: Shavei Zion wird aufgebaut

machte aus einem Zimmer einen Kindergarten. Die ersten Schulkinder wurden nach Nathanya in die Volksschule geschickt. Die ersten landwirtschaftlichen Zweige waren ein Hühnerstall mit 50 Legehennen, Gemüseanbau und Obstbäume. Einige versuchten ihr Glück im Kuhstall, nachdem sie vorher an einer ›Lernkuh‹, die von Hand zu Hand ging, das Melken gelernt hatten.« Eine landwirtschaftliche Kooperative wurde eingerichtet, die Futtermittel besorgte und den Verkauf der Erzeugnisse organisierte; ein Ortsrat regelte die munizipalen Angelegenheiten. Drei weitere Siedlungen entstanden, Gan-Chafer, Schaar-Chefer (von tschechischen Einwanderern) und Nira; heute gehören sie alle zusammen. »Trotz der großen Müdigkeit nach der schweren Arbeit war das kulturelle und gesellschaftliche Leben auch in den Anfangsjahren sehr rege. Es gab in Beth-Yizchak, in Schaar-Chefer und in Nira Veranstaltungen und Feiern, alle in deutscher Sprache. In Schaar-Chefer zeichnete sich besonders ein älterer Siedler aus, der früher einmal Schauspieler gewesen war. Er veranstaltete Lese- und Schauspielabende in einer Holzbaracke, die einmal als Lagerhaus für Baumaterialien gedient hatte. In Nira gab es Schallplattenabende, welche die Siedler an ihre früheren Besuche in den Konzertsälen Europas erinnerten.

Wofür stehen die Dörfer? Georg Landauer verfaßte einen Text, »10 Jahre Kfar Bialik«, in dem die besondere Bedeutung dieser Siedlungsform erkennbar wird: »Die Mittelstandskolonisation ist eine typische Erscheinung der Einwanderer aus Deutschland. Sie ist die chaluzische Schöpfung von Menschen, die, in nicht mehr jugendlichem Alter, auf den Boden und zur Selbstarbeit gegangen sind. Sie kann nur aus dem großen historischen Umschwung im Leben des deutschen und des mittelständischen Judentums verstanden werden. Es ist nicht ein gewöhnliches Unternehmen, auszuwandern, sondern vor unseren Augen offenbart sich die tiefe Wirkung des Umsturzes in Deutschland. Bürgerliche Kreise, die aus ihren bisherigen Daseinsbedingungen herausgerissen wurden, haben aus diesem Akt äußerer Gewalt eine vollkommene Revolution in ihrem Leben gemacht. Sie wollten nach ihrer Ankunft hier im Lande nicht ihr früheres geordnetes städtisches Leben fortsetzen, sondern ihr Leben überhaupt auf neuen Grundlagen wieder aufrichten.«[142] Auch sie können *Chaluzim*, Pioniere, sein. 1934 bestand der Ort aus zwei Kilometern geteerter Straße, ein paar Häusern und Orangenbäumen – »davor und dahinter Sand«.[143] Leo Goldschmidt war der erste Jude, der aus Birstein emigrierte: Anfang 1933 stand er ohne Arbeit da, wußte nicht, was aus ihm werden sollte, er besorgte sich eine Ausgabe der »Jüdischen Rundschau« und daraus die Adresse des Palästina-Amtes in Berlin, schrieb dorthin: »Ich bin auf dem Lande geboren, kann mit Vieh umgehen und habe in der letzten Zeit auf den Wiesen hinter Birstein im Freiwilligen Arbeitsdienst geschafft. Ich möchte nach Palästina auswandern.« Das tat er, landete zufällig im sandigen Ort Hod Hasharon, und wer später aus Birstein auswanderte, ging dann eben auch nach Hod Hasharon; 40 Prozent der Einwohner nannten ihr Dorf »Klein-Birstein«.

142 LBI, AR – C 6007, Schriften I.

143 Peter Mosler: Als Birstein (Vogelsberg) zu »Klein-Birstein« (Palästina) wurde. In: Frankfurter Rundschau, 25. Juli 1987.

Rudolf Landsberger beauftragte Arthur Reis mit dem Bau eines Siedlungshauses in Ramot Haschawim. Diese Siedlung deutscher Juden setzte sich hauptsächlich aus Akademikern und Geschäftsleuten zusammen, »die, in letzter Zeit von dem neuen Regime Deutschlands aus ihrer gewohnten Tätigkeit und Lebensweise herausgerissen, sich im Land der Juden ein neues Leben auf dem Lande aufbauen wollten. Außer ihrer persönlichen Habe wurde ihnen nur eine sehr beschränkte Ausfuhr ihres Vermögens gestattet, wozu die ›Haavarah‹, der Transfer in gewissen Baumaterialien, gehörte. Meist mittleren Alters und unvorbereitet mit der rigorosen Umstellung ihrer bisherigen beruflichen Tätigkeit und Lebensweise konfrontiert, war ihre existentielle Eingliederung in den Jischuw keine einfache Aufgabe. Als Lösung sollte der Gedanke einer landwirtschaftlichen Mittelstands-Siedlung, wie sie die Schriften von Davis Trietsch aus Dresden propagierten, in die Tat umgesetzt werden. Es handelte sich dabei um gemischte Hühnerwirtschaft und Gemüseanbau auf einer minimalen Bodenfläche für jeden einzelnen Siedler. Einkauf der Futtermittel, Verkauf der Produkte, Instruktion und Geschäftsführung waren auf kooperativer Basis aufgebaut. Das private und gesellschaftliche Leben der Siedler sollte zwar jedem selbst überlassen werden, ihre Kulturgemeinschaft jedoch dabei eine betonte Rolle spielen.«

»Max Wolf«, so Arthur Reis in seinem Bericht, »kehrte von seiner halbtägigen Mission völlig erschöpft und schweißgebadet aus dem Hühnerdorf zurück. Sein Bericht an seinen Freund beinhaltete weniger die Topographie und Beschaffenheit des Baugrunds. Um so ausführlicher beschrieb er die jungen Siedlerfrauen, die dort teilweise schon in ihren Möbel-Lifts

154 Das Café der »Eierjeckes« von Ramot Hashavim

mit den Aufschriften deutscher Speditionsfirmen ihre provisorischen Quartiere aufgeschlagen hatten. Überall wurden zuerst große Hühnerställe gebaut, deren Zugänge meist nur durch knietiefen Sand zu erreichen waren. An Fliegen jeder Art und Größe herrschte außerdem kein Mangel.« Aber der Ort wuchs heran, Richard Kauffmann und Arthur Reis bemühten sich darum, ihre Pläne »entsprechend dem Rahmen der von der ›Haavara‹ gegebenen äußerst beschränkten finanziellen Möglichkeiten und dennoch attraktiv zu gestalten«, und dies, wie Reis hinzufügt, »unter besonderer Berücksichtigung der Mentalität dieser Siedler«. Während Reis bei seinen Bauten in Tel-Aviv das übliche flache Betondach verwendete, bevorzugte er »für seine ländlichen Gebäude die Eindeckung mit roten Dachziegeln«. Die Siedlung der »Eier-Jeckes« von Ramot Haschawim »wurde durch den Besuch Toscaninis sowie Dr. Chaim Weizmanns nicht weniger populär als durch die im alten Jischuw kursierenden Anekdoten über den Grad ihrer Bildung und ihrer Höflichkeit. Dazu gehörten natürlich die Erzählungen der Bauarbeiter über die gegenseitigen Titulierungen ihrer neuen Kollegen auf dem Gerüst wie: ›Bitteschön, Herr Doktor, hier haben Sie die Blocken.‹ – ›Wollen Sie bitte diesen Speisekübel dem Herrn Professor weiterreichen?‹«

Eier-Jeckes – der Begriff ist untrennbar mit dem Ort Ramot Hashavim verbunden. »Auf der Farm sahen wir eine kleine Halle und hörten das Gegacker der Hennen schon von weitem, als ein junger Mann uns begrüßen kam – mit Hühnern in der Hand. Ju! Was war das für ein Geruch! Pfui Deibel, wie im Vogelhaus im Berliner Zoo – ›na, solche Arbeit werde ich niemals tun‹, sagte ich zu Curt, und so kehrten wir nach Tel-Aviv zurück, und Curt war sehr enttäuscht, was sollte er nur mit so einer Frau anfangen.«[144] Das »Hühnerdorf der Akademiker« war aber am Ende doch erfolgreich, wurde ständig vergrößert und entwickelte sich

144 Käthe Sluczewer, so zitiert in »Unvergessener Anfang«. Erzählt von Käthe Sluczewer, Wolfgang Landberger, Arno Ullmann, William Stern. In: Peter Leers: Ramoth Haschawim. 1933–1973. o. O. 1973, S. 35.

schließlich sogar zum Fremdenverkehrsort. Die Einwanderer, die in die Städte, zumal nach Tel-Aviv gegangen sind, glauben, daß sie es viel schwerer hatten als ihre Zeitgenossen, die in die besser vorbereitete, besser behütete Welt der Dörfer und Kibbuzim gingen. Von der anderen Seite liest es sich genau umgekehrt. Josef Stern aus Haifa, Sprecher des »Vereins ehemaliger Gießener und der Umgebung«, schreibt im Dezember 1998: »Hierzu möchte ich bemerken, daß m. E. noch nichts geschrieben wurde über die Alijah der deutschen Landjuden nach Eretz Israel – mit Ausnahme von Rexingen/Shavei Zion. Zum Unterschied von den Stadtmenschen war diesen einfachen, naiven, aus einer beschränkten bäuerlichen Umwelt kommenden Leuten – besonders den Frauen – das Einleben im Land recht schwer. Die weitaus meisten sind dahingegangen, mit ihnen das ländlich-dialektale Jüdisch-Deutsch und religiöses Brauchtum.«

Im Kibbuz

Ilana Michaeli hat kurz vor dem Besuch in Hasorea ihren 80. Geburtstag gefeiert. Sie empfängt uns mit Kaffee und Potsdamer Baumkuchen, sie erzählt im kleinen Wohnzimmer – als einziges Möbelstück hat sich ein Nähtischchen der Großmutter erhalten, in den Schubladen liegen die Knöpfe seit 60 Jahren – von ihrer Jugend in Berlin. Vom Großvater, der *mohel* war, Beschneider, besitzt sie noch ein Protokollbuch aller von ihm durchgeführten Beschneidungen vom Anfang des Jahrhunderts bis 1935. Nach einer Weile winkt sie den Besuch ins zweite Zimmer, dort steht ein Personal Computer, auf dem entwirft Frau Michaeli mit einer *Power Point Presentation* einen Vortrag (in Tefen) über die Hachschara. Sie hat von ihren Altersgenossen Fotoalben, Briefe und Erinnerungen gesammelt und baut sie jetzt mit Digitalkamera, Scanner und Bildschirm zu einer bewegten und bewegenden Collage zusammen. Einer muß es doch tun. Frau Michaeli arbeitet auch im Archiv des Kibbuz (der ansonsten über ein bekanntes Museum verfügt, eingerichtet zu Ehren des »honorary member« Wilfried Israel, der auf einer seiner Missionen zur Rettung von Juden aus Europa bei einem Flugzeugabsturz ums Leben kam), und dieses Archiv enthält eine Fülle von Dokumenten über die »Kameraden« und die jüdische Jugendbewegung. Ein Gedenkraum bei der Bibliothek ist Martin Gerson gewidmet, dem spirituellen Kopf der Gruppe, dem Leiter der Hachschara auf Gut Winkel. Gerson wollte selbst nicht eher auswandern, bis nicht der letzte seiner Schützlinge in Sicherheit war. Von Theresienstadt aus wurde er in ein Vernichtungslager deportiert. Frau Michaeli hat Tränen in den Augen, als sie von ihm erzählt, und sie fordert mich mit barscher Stimme auf, eine Schere zu nehmen und den letzten Pomelo vom Baum zu schneiden. Schließlich sind wir hier in einem Kibbuz.

Chava Loud, geboren 1913 in Berlin, arbeitete nach ihrem Abgang von der Schule bei der Jüdischen Buchhandlung »Kedem« in Charlottenburg. Sie nahm an Kursen teil, die von der

155 Tomatenernte in Givath Brenner – für den Markt in Tel-Aviv

156 Im Kibbuz Hasorea werden Geschichten erzählt

157 Die »Lifts« bleiben noch lange als Wohnräume erhalten

158 Givath Brenner: Eine Feldküche im Freien

Zionistischen Organisation in Berlin, in Privatwohnungen, angeboten wurden: hebräische Sprache, jüdische Geschichte, bald auch landwirtschaftliche Arbeit.[145] Enzo Sereni befürwortete die Einwanderung der jungen Frau: »Wir waren eine Gruppe von 25 Pionieren, die erste der ›Werkleute‹-Bewegung, die am 1. 1. 34 Berlin verließ. In Haifa angekommen, wurden wir in zwei Gruppen geteilt, eine wurde nach Mishmar Haemek geschickt und die andere, der ich zugehörte, in den Kibbuz Giveath Chaim. Dort fand ich meinen Bruder, ohne daß wir voneinander wußten, der kurze Zeit vorher von einem Flüchtlingslager der Jewish Agency in Marseille ins Land geschickt worden war. Giveath Chaim war ein junger Kibbuz in einer arabischen, von tropischen Krankheiten schwer verseuchten Gegend, u. a. Malaria, Gelbsucht und Zeckenfieber.« Ein junger Arzt, Dr. Liza Schiba, fand ein Serum gegen den Erreger des Zeckenfiebers. »Nach einigen Monaten verließ unsere Gruppe den Kibbuz, um sich im benachbarten Chedera zusammen mit der Gruppe aus Mishmar Haemek selbständig zu machen. Chedera, damals eine kleine armselige Siedlung (heute eine moderne Großstadt), lag umgeben von Orangen-Plantagen, welche auch die fast einzige Arbeitsbeschaffung für uns waren. Wir wohnten in Zelten, in schwersten Bedingungen. Ich arbeitete u. a. in einem benachbarten Ort, zu dem ich täglich eine 3/4 Stunde auf einem Esel ritt. Dort arbeitete ich im Haushalt, aber auch oft bei der Orangen-Ernte.« Der Bruder erkrankte an Malaria. 1935 konnte Chava Loud mit einem Affidavit ihre Eltern nachholen. Eine vierköpfige Familie konnte der Kibbuz

145 Katharina Hoba hat eine sehr schöne Magisterarbeit im Studiengang Jüdische Studien geschrieben: Der Weg zum ›Neuen Menschen‹. Erziehung im Bund der ›Werkleute‹ von der Hachscharah bis zum Aufbau eines eigenen Kibbuzes in Palästina (Ms., Potsdam 2001).

159 Auch der Künstler in Givath Brenner arbeitet in einem »Lift«

160 Die Hachscharah-Erfahrung kann umgesetzt werden: Jugend-Alijah in Givath Brenner

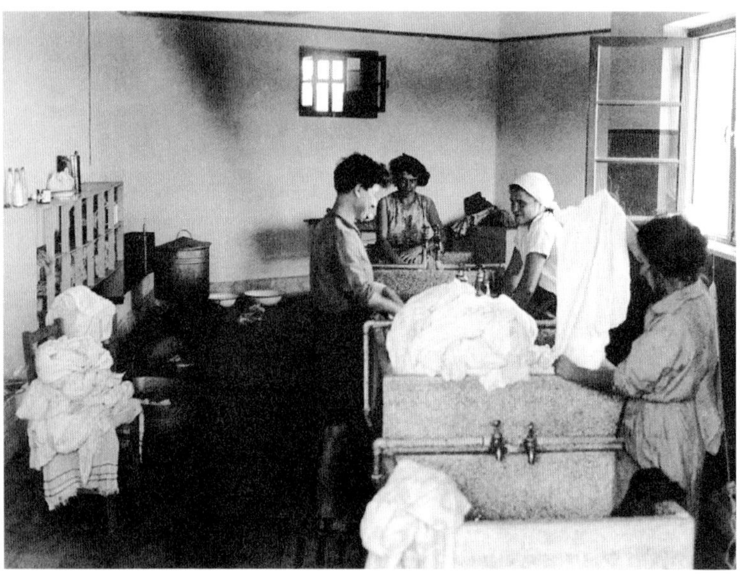

161 Wäscherei im Kibbuz

nicht ernähren. Der Vater fand Arbeit als Adreßbuch-Agent in Jerusalem und lebte im Heim der deutschen Einwanderer. Seine Arbeit führte ihn bis zu einer Schuhfabrik an der Grenze des arabischen Dorfs Liftah; dort wurde er aus dem Hinterhalt angeschossen, wenige Tage später starb er in einem Krankenhaus in Jerusalem. Die Nachricht von seinem Tod erschien als Meldung in einem kleinen Blättchen, das Nachrichten aus den hebräischen Zeitungen »Davar« und »Haaretz« ins Deutsche übersetzte. Mit einem Panzerwagen wurde der Sarg zum Jüdischen Friedhof auf dem Ölberg gebracht; da rabbinische Autoritäten feststellten, daß die Familie zu den Cohanim gehörte, also keinen Friedhof betreten durfte, erfuhren die Kinder nicht, wo die Grabstelle des Vaters lag. Bald danach brach der Krieg aus, und bis 1967 war der Familie der Zugang zum Friedhof verwehrt. »Ich kam her als gesunde und kräftige 20-jährige und arbeitete in allen Zweigen der Kibbuz-Wirtschaft: Küche, Wäsche (ohne Maschinen), Kinderhaus, Schusterei, Landwirtschaft unter den primitivsten Bedingungen, z. B. im fünften Monat meiner Schwangerschaft noch auf dem Traktor, außerdem Gemüsegarten, Obstplantagen, Nachtwachen, Bibliothek u. a. m.« Die Schäden für ihre Gesundheit waren beträchtlich, erst »nach unzählbaren Untersuchungen« wurde der Schaden attestiert, und so erhielt Chava Loud als Verfolgte eine kleine Rente aus Deutschland. »Heute ist es bei uns ein Paradies.« So könnte der Bericht einer alles in allem geglückten Einwanderung enden; aber auch hier fehlt der Nachsatz nicht: »Meine

162 Schachpause bei der Ernte im Emek Jisrael
Foto Walter Zadek

gesamte Familie, die in Berlin gelebt hat, ist von den Nazis vernichtet worden, u. a. meine Großmutter, die mit ihrem Mann bis zum 95. Lebensjahr im Jüdischen Altersheim in der Prenzlauer Allee gelebt hat.«

»Meine Eltern gehörten zu den seit vielen Generationen in Berlin ansässigen Juden. [...] Ich habe meine Eltern als völlig normale Leute empfunden und gedacht: So wie meine Eltern sind alle. Als normal galt für mich, daß man einen großen Haushalt und zwei Dienstmädchen hatte. Normale Leute waren Berliner. Das andere war Provinz, kam überhaupt nicht in Frage.« Die das erzählt, Ilse Meyerhof in einem Interview mit Walter B. Godenschweger[146], sitzt in einer kleinen Wohnung im Kibbuz Hasorea, unweit der Stadt Haifa, im Jesreel-Tal. Sozusagen: in der Provinz.

146 Walter B. Godenschweger, Fritz Vilmar: Die rettende Kraft der Utopie. Deutsche Juden gründen den Kibbuz Hasorea. Mit einem Beitrag von Jacob Michaeli. Frankfurt am Main 1990, S. 23.

»Siedeln ist auch nix«

Im Konvolut, das mir Abraham Frank zur Erinnerung an seinen Vater Leo Frank und seine Mutter Betty mitgegeben hat – im ersten Kapitel wurden seine Vorbereitungen auf die Auswanderung dargestellt –, liegt obenauf ein Heft mit Blättern, die für Einträge von Einnahmen und Ausgaben gezeichnet sind. Der Stempel auf dem Titelblatt lautet: »Leo Frank, Stuttgart, Bismarckstr. 118, Tel. 60726«. Wer selbst nicht als Vertreter oder Verkäufer unterwegs ist, braucht eine Weile, um sich einzulesen. Das erste Blatt stammt von 1934, trägt die knappen Spaltenüberschriften »Gut«, »Tages« und »Total«. Am Ende des Jahres ist eine Summe von 11 100 Reichsmark erreicht. Das stammt noch aus der alten Zeit – ob sie »gut« war, ist kaum zu beurteilen. Das Jahr 1935 folgt eine Doppelseite später, in die Lücke sind – mit Bleistift – schon Eintragungen aus dem »Dezember 1936« eingeschoben: Zeichen einer Unordnung, die sich ereignet hat, die dem üblichen ordentlichen Gang der Dinge dazwischengeriet. Selbst so ein kleines Heft kann viel erzählen. Mit dem Januar 1937 befinden wir uns schon ganz weit weg von Stuttgart, handgeschriebene Zettelchen sind der Seite angeheftet, sie tragen neue Kriterien: »Anschaff«, »Parzelle«, »Krankenkasse«. Und: »Umzug«. Irgendwann dazwischen ist die Entscheidung gefallen, die ein ordentliches Leben verwandelt hat. Für jeden folgenden Monat des Jahres 1937 sind solche Zwischenrechnungen auf Zetteln notiert, der Posten »Anschaffungen« wird immer größer, auch »Diverses« (was es zuvor wohl kaum gab) wächst an, im März kommt »Haushalt« dazu und »Bau«, im Mai bereits: »Schule«, »Bananen«, und dann auch: »Kuh«. Nicht Kühe, nein, eine einzige Kuh wird offenbar einem Haushalt – und seinem Rechnungsbuch – hinzugefügt. Im Rechnungsbuch seines Vaters ist Abraham anfangs noch der Posten »Adolf Schule«. Von Adolf zu Abraham, von Deutschland nach Israel. Herr Frank hat die Papiere seines Vaters aufbewahrt und übergibt sie dem Neugierigen mit einer Gefühlsmischung, die nicht nur ihm zu eigen ist: Was wollt ihr damit? Wollt ihr uns, oder doch unsere

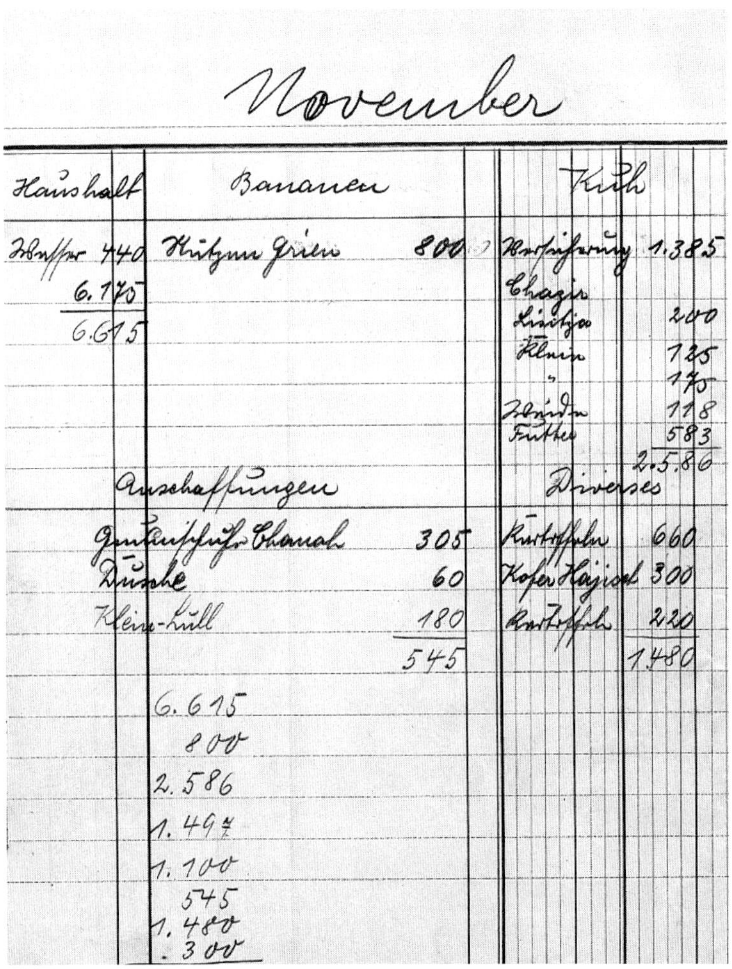

163 Das alte Rechnungsbuch des Vertreters

Väter, für euch reklamieren? Das kann nicht gelingen. Wollt ihr wirklich wissen, wie es mit uns gegangen ist? Aber könnt ihr euch denn überhaupt vorstellen, wie es damals war? Nein, das können wir nicht. Wir rekonstruieren. Ein Mann – ein Herr wie der Doktor Mendelstein aus der »Nahariade« – trägt in ein Buch, in dem bis dahin selbstverständlich Einkünfte aufgenommen wurden, mal gut, mal schlechter (mit den bekannten Direktoren und ihren Tippfräuleins verabredet), unversehens Dinge ein wie »KKL« (die Abgabe an den Bodenfonds »Keren Kajemeth Le'Israel«) oder eben auch: »Wasseruhr«, »Bodenzins«, »Dachdecker«, dann »Samen« und »Mais«. Die Kategorien verschieben sich. »Schule« rückt an den Anfang, dann folgen – im April 1937 – aber schon »Bananen«, »Kuh«, »Hühner«, dann erst kommen die »Anschaffungen«. Allein für die einsame Kuh ist viel auszugeben: Bretter, Holz, Bürste, Futter. Warum macht er das, fragt sich auch sein Sohn sechzig Jahre später? Warum behält er eine Übung bei, die für solche Gelegenheiten nicht vorgesehen war? Welche Sicherheit verspricht ihm das Festhalten am Eintrag? Wenn »Kalb« zu »Kuh« kommt, im Juni schon, lesen wir daraus einen Erfolg oder nur eine neue Belastung? Immerhin erscheint in der Spalte »Einnahmen« jetzt die Kategorie »Milch«.

Abraham Frank hat seine gedruckte Trauerrede für den verstorbenen Vater am Jahrestag seines Todes an die zweite Stelle des Konvoluts gelegt, sie soll nicht verschoben werden. Wer einmal das Büro des Irgun Olej Merkaz Europa in der Tel-Aviver Rambam-Straße besucht hat und von Herrn Frank durch die oberen Räume geführt wurde, in denen die besitzerlos gewordenen Gesammelten Werke unserer Klassiker aufbewahrt wurden, wer einmal die Mischung aus Pietät und Ironie hören durfte, in denen Herr Frank auf die »Schätze« aufmerksam machte, der wird sich nicht wundern, wenn in der Trauerrede gleich anfangs so ein Satz steht: »Waere es angebracht gewesen, aus nichtjuedischem Geistesgut einen treffenden Epigraph fuer den Grabstein des Leo Frank zu schoepfen, so haette man wohl kaum einen passenderen finden koennen, als die wohlbekannten Verse des grossen Dichterfuersten, des von ihm so tiefverehrten Goethe:

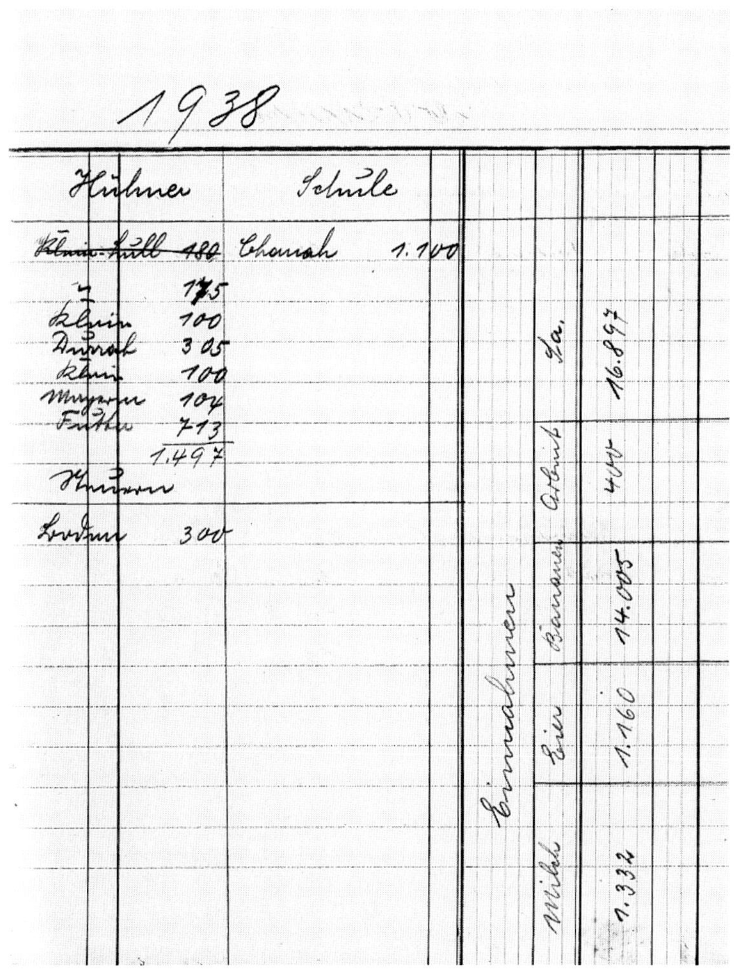

164 ... berichtet von einem Leben im Kibbuz

Hoechstes Glueck der Erdenkinder
sei nur die Persoenlichkeit

Jedes Leben sei zu fuehren
Wenn man sich nicht selbst vermisst:

Alles koenne man verlieren
Wenn man bliebe, was man ist.«

Die Verse sind ernst gemeint. Sie passen zu der Gelegenheit. Aber sie müssen, wir sind in Israel, vorsichtig und umständlich eingeführt werden. »Wäre es angebracht gewesen …« Es war nicht mehr angebracht, die deutschen Klassiker einfach zu zitieren – aber ohne sie wäre es auch nicht gegangen. Die gedruckte Trauerrede Abraham Franks für seinen Vater ist ein unvergleichliches Dokument, es ist deutsch und hebräisch geschrieben und sammelt, in Faksimile, Notizen des Vaters, in der deutschen Handschrift. Dreißig Jahre Geschäftsbeziehungen »mit Christen und Juden in Deutschland« und fünfundzwanzig Jahre »schweren Ringens um eine Existenz in der Landwirtschaft und spaeter in der Stadt hier in Israel« – das war ein Leben. In zwei Teilen? Der Vorstand der Jüdischen Gemeinde Ludwigsburg, warum sollte er sich mit Kuh und Kalb und Milch abgeben? Aber er hat es getan. Dabei mag die Herkunft »aus altem landjuedischen Milieu« eine Rolle spielen. Flacht, bei Diez an der Lahn, in der hessen-nassauischen Landschaft, das Elternhaus – alles wurde von den Nazis nicht anders geschändet als die Lebensverhältnisse in den großen Städten, und doch scheint hier die Empörung, auch uns Nachgeborenen vermittelt, größer: »Das konnte er nicht verschmerzen, den Nazis und all ihren Mitlaeufern nie vergeben.«

Im März 1937 schreibt Leopold Frank einen Brief an »Meine lieben Freunde überall«. Aus Migdal »near Tiberias (Palästina)«. Ich mache mich an einem späten Abend an die Entzifferung der deutschen Schrift:

»Ich hatte eine alte Freundin, die mir entfernt verwandt war, aber innerlich nahe stand, die nannte mich: ›der Freundschaftshalter‹. Ich glaube, daß Sie alle sich gewundert haben, daß ich Ihnen, seitdem ich von Ihnen fort bin, gar nicht oder nur oberflächlich geschrieben habe. Vielleicht haben Sie auch gedacht, daß das nicht zu mir passe. Wenn Sie aber geglaubt haben sollten, daß ich nicht mehr an Sie gedacht hätte, so war diese Annahme falsch. Im Gegenteil, ich habe sehr viel an Sie gedacht, an Sie alle. Wenn ich trotzdem 3/4 Jahre lang nichts, oder so gut wie nichts, von mir hören ließ, so hat das seine Gründe.

Es ging mir hier zunächst nicht so, wie ich es erwartet hatte. Ich war nicht gut orientiert. Ich war nicht richtig vorbereitet. Meine Angelegenheiten waren nicht, sogar schlecht organisiert. Wieso, weshalb, warum – das zu erklären, würde zu weit führen & Sie auch nicht interessieren. Genug – es klappte nicht.

Sie wissen, daß ich immer ein Mann war, dessen Angelegenheiten zwar bescheiden, aber wohl geordnet waren. Ich fand, nachdem ich anfing, einen Begriff von dem Lande zu bekommen, die Verhältnisse sehr schwer & ganz anders, als ich sie mir vorgestellt hatte. Ich sah, daß viele Menschen & besonders viele Menschen aus Deutschland, ein Leben führen, über dessen Grundlagen sie sich nicht klar sind, oder auch, von dem sie wissen, daß die Grundlagen nur so lange reichen, als ihr Geld reicht. Zu einem solchen Leben konnte ich mich nicht entschließen. Kurz, die Erkenntnis, daß ich, der ich überheblicherweise von mir geglaubt habe, daß ich meine Angelegenheiten immer überlegt, durchdacht & gewissenhaft geführt hätte, es in einer so entscheidenden Sache nicht richtig gemacht hatte, war mir selber eine schwere & dezimierende Ahnung. Ihnen schreiben: ›es geht mir gut‹, konnte ich nicht & Ihnen schreiben: ›Es geht mir nicht gut‹, wollte ich nicht. Und ich nahm mir vor, Ihnen nicht eher zu schreiben, bis ich meine Schwierigkeiten überwunden und mich [...] eingeordnet habe, wenn ich es vor meinem Gewissen verantworten kann. Ich glaube, daß das nun mit Gottes Hilfe so gekommen ist. Ich bin davon überzeugt, daß Sie für mein Verhalten Ihnen gegenüber Verständnis haben & ich glaube, daß es nicht nötig ist, mich bei Ihnen zu entschuldigen.

Als ich am 21. 5. 36 in Haifa landete, war ich von vornherein entschlossen, zu siedeln & nichts anderes. Dieser Entschluß war auch richtig. In den Städten gibt es relativ nur wenig Menschen, die eine gute Existenz haben & sehr viele, die nur ein sehr dürftiges Auskommen haben. Für einen aus Deutschland kommenden Juden, dessen kulturelle Ansprüche, wenn sie auch noch so stark reduziert sind, doch immerhin bis zu einem gewissen Grade noch vorhanden sind, ist es sehr schwer, sich in der palästinensischen Stadt zu bewähren. Dazu kommt, daß die Formen des kommerziellen Lebens nach unseren Begriffen nicht immer erfreulich sind. Der aus Deutschland kommende Einwanderer, der sich in der Stadt niederlassen will, sollte m. E. entweder genügend Geld oder einen ganz bestimmten, fest umrissenen Plan haben.

Anders auf dem Lande. Hier weht eine reinere, gesündere Luft. Die Menschen & die Formen ihres Lebens und Zusammenlebens sind, richtig aufgefaßt, stark, frei & schön. Ich reiste im Lande umher & sah mir dies & jenes an. Es gefiel mir gut. Aber ich fand bald, daß auch hier Manches nicht stimmte. Manches stimmte auch. Vielfach haben Kaufleute & Akademiker aus Deutschland ihren letzten Piaster investiert & Wirtschaften in einem Umfange & einer Ausführung angelegt, denen sie weder körperlich noch fachlich noch finanziell gewachsen sind. Sie kommen nicht zurecht & können nicht zurecht kommen.

Ob ich nun den für mich richtigen Weg gewählt habe, das muß die Zukunft lehren. Ich hoffe es.

Ich habe hier in Migdal aus dem Nachlaß von Lord Melchett ein Betonhaus gekauft, das mir günstig schien. 2 Zimmer, Küche mit Speisekammer, Duschraum mit Clo, geschlossene Terrasse (Keller & Speicher gibt es im Lande nicht). Nach palästinensischen Begriffen ein nettes Häuschen. Mein schöner Lift, der beim Haus steht, ist ein weiteres Zimmer. Beim Haus ist ein Dunam Boden (1000 qm). Darauf will ich das Gemüse für meinen persönlichen Bedarf ziehen. Etwa 1 km von meinem Haus entfernt an einer sehr fruchtbaren Stelle des Landes habe ich weitere 10 Dunam. Hier will ich in der Hauptsache Bananen züchten & dies wird meine wichtigste Beschäftigung bilden. Beim Haus habe ich eine Refet (Kuhstall) für 3 Kühe erstellt. Vorläufig schaffe ich nur 1 Kuh an, jedoch erst in 6–8 Wochen. Ein Lull (Hühnerstall) für 150 Hühner soll nächste Woche erstellt werden. Vorläufig 40 Hühner habe ich für Anfang April bestellt. In 14 Tagen sollen vorläufig 3 Dunam mit Bananen bepflanzt werden. So möchte ich vorsichtig, Schritt für Schritt, vorgehen, alles selber ausprobieren, nach Meinung das Eine oder Andere vergrößern & nicht mehr unternehmen, als ich selber ohne fremde Arbeitskraft bewältigen kann. Mit Gottes Hilfe wird es gehen!

Migdal liegt am Westufer des Kinereth-See (See Genezareth), 6 km nördlich von Tiberias in einer der reizvollsten Gegenden des Landes. Der See ist 12 km breit & 28 km lang, also ganz stattlich. Sein Spiegel liegt 200 m unter dem Meere. Von der Höhe der umgebenden Berge gesehen erscheint er an hellen Tagen in einem zauberischen, ganz hellen Lichtblau, wie ein riesiger Saphir, vom Ufer aus schimmert er unsagbar lieblich wie Perlmutter. Unser ausgebuchtetes Westufer ist außerordentlich fruchtbar, die beste Orange des Landes gedeiht hier, sogar Bananen. Nach einem Midrasch war hier der Gan Eden. Migdal selbst liegt auf einem vulkanischen Hügel. Nach einer Legende soll Jesus hier die Bergpredigt gehalten haben. Ringsum liegen erloschene Vulkane & die Gegend ist mit riesigen Lavabrocken übersät. Hinter unserer Moschawah (Dorf) fangen die galiläischen Berge an, beginnend mit den wilden, ungeheuren Bar-Kochba-Felsen, das sind riesenhafte Steilwände mit großen zu Festungen ausgebauten Höhlen (Makkabäer, Bar-Kochba, Kreuzfahrer). Dazwischen liegt eine wilde Schlucht, durch die in alter Zeit die große Straße von Damaskus nach Ägypten ging. Von Norden her glänzt der schneebedeckte Hermon (2750 m) & am Ostufer steigen die verbrannten, tiefeingefurchten transjordanischen Berge gleich einer Riesenwand empor. Vor Sonnenuntergang sind sie mit violetter & erdbeerfarbener Tinte übergossen, & bei Sonnenaufgang sind die Bar-Kochba-Felsen mit Gold bronziert. Jetzt im Frühling, wo alles grün & mit Blumen bedeckt ist, kann unser See wohl mit Oberitalien um Schönheit wetteifern. Am schönsten aber, geradezu märchenhaft ist es, wenn er vom Vollmond beglänzt ist. – Es ist sehr heiß, die durchschnittliche Temperatur liegt 4 Grad über der von Haifa, aber die Luft ist trocken und gesünder als dort.

Hier, in dieser schönen Gegend, lebe & arbeite ich mit meiner Familie seit Anfang Dezember. Bei Tagesbeginn, d. ist z. Zt. um 5 1/2 Uhr, stehen meine Frau und ich auf.

Meine Frau hat hier die Hosen an, aber nur die konkreten, bei kühlem Wetter die lange Hose des Trainings-Anzugs &, wenn es heiß ist, die kurze Kniehose. Sie ist munter & vergnügt & in unserem Häuschen blinkt es schon gerade so wie früher in Deutschland in unserer Wohnung. Abraham=Adolf geht in Tiberias zur Schule, wohin er täglich mit dem Omnibus fährt & Channah=Hanne hier in Migdal. Beide sind gesund und fühlen sich unberufen wohl. Besonders Channah hat sich an die Schuschannah & die Schulamith & die Rachel & die Rivkah schon so gut akklimatisiert, als ob sie unter ihnen geboren wäre. Abraham muß mir nachmittags schon allerhand helfen, aber willig & eifrig. Mit dem Ivrith beginnen die Kinder jetzt beizukommen, d. h. sie fangen jetzt an, dem Unterricht zu folgen. Bei uns Alten geht das, wie bei fast allen älteren Menschen hier in der Praxis sehr schwierig, & ich zweifle daran, daß wir es noch einigermaßen lernen werden. Aber das ist auch nicht unbedingt notwendig.

Wir haben schon schwer gearbeitet, den Dunam beim Haus habe ich schon fast ganz bearbeitet. Dicke, zentnerschwere Lavabrocken steckten in der Erde. Die habe ich herausgebuddelt, & manchmal hat meine Frau mir dabei geholfen. Ich habe den wilden Boden, der vielleicht seit den Zeiten unserer *Owaus Awauseinu*[147] nicht mehr bearbeitet war, & mit Kartoffeln, Gemüsen, allerlei Bäumen und Weinstöcken bepflanzt. Man muß hier alles können: zimmern, schreinern, pflastern, zementieren etc. Die Axt im Haus erspart den Zimmermann, ein Dappes wär hier fehl am Ort. Das alles kostet viel Schweiß, & ich habe schon feste Arbeitshände bekommen. Dafür kann ich fast doppelt so viel essen als früher, & um 1/2 9 Uhr schlafe ich meist schon. Die Arbeit macht uns Freude, & manchmal singe ich meine alten Soldatenlieder dazu. Salat, Spinat, Rote Rüben, Rettiche, Radieschen, die wir selbst gepflanzt haben, können wir schon essen – & wie gut schmeckt das!

147 Väter unserer Väter.

So will ich hoffen, daß ich mit meinem Leben von Gott gesund bleibe, dann haben wir keine Sorgen.

Nun noch einige allgemeine Punkte: Es geht hier nicht so romantisch zu wie in einem Palästina-Film, vielmehr das Leben ist hier sehr schwer. Aber es ist zu machen. Über das Leben in der Stadt habe ich meine Ansicht schon geäußert. Das Leben des Siedlers jedoch kann nur der führen, der bereit ist, die Vergangenheit vollständig zu vergessen, sich mit seiner ganzen körperlichen und seelischen Kraft seiner Arbeit hinzugeben & seine Befriedigung darin zu finden, daß er als freier Mann sein selbstgebautes Brot ißt & seinen Kindern eine Scholle erobert [?]. Und eine Frau muß er haben, die das voll und ganz mitmacht & keinerlei Sperenzien im Kopfe hat.

Politisch ist die Lage nicht restlos erfreulich. Aber so schlimm wie es sich in der ›Jüd[ischen] Rundschau‹ liest, ist es auch nicht. Schließlich giebt es noch mehr Länder, in denen das Leben für Juden nicht restlos erfreulich ist, & in welchem Lande das auf die Dauer am meisten & am wenigsten der Fall sein wird – das ist eine Ansichtssache. Die

Lage ist wohl ähnlich der im Buche Nehemia geschilderten, & noch lange werden wir in der einen Hand die Kelle & in der anderen das Schwert halten müssen. Sei's drum! So wissen wir wenigstens, weshalb. Wir haben einen schweren Stand, aber unsere Kinder werden es besser haben. Für die erobern wir das Land, damit sie freie Menschen in ihrem Lande sein können & nicht mehr wandern müssen. Ich persönlich bin der Ansicht, daß jedes jüdische Kind, ganz gleich wo es lebt & wohin seine Eltern gehen, für alle Fälle Iwrith lernen muß [...].

Kulturell: Das ist alles noch unfertig. [...] Wohl erst die Enkel werden erst richtig zusammengeschmolzen sein können. Aber ich lebe ja mit meiner Familie zusammen & habe den ganzen Tag meine Arbeit. In Deutschland war ich sehr interessiert, & wenn ich einen Tag die Frankf. Ztg. nicht gelesen hatte, so fehlte mir etwas. Hier habe ich überhaupt keine Zeitung. Daß der König von England abgedankt hat, haben wir erst 4 Wochen später gehört, & manchmal erzählt uns jemand bei Gelegenheit, daß Madrid noch immer fällt. Na schön! Was interessiert uns das schließlich?

Religiös: Das ist ein sehr trauriges Kapitel. Nur ein kleiner Teil des Jischuw fühlt noch was. Am frömmsten sind die Ostjuden [...]. Man sagt, daß die deutschen Juden wieder etwas Religiosität ins Land bringen. Auch hier glaube ich, daß, wie auf anderen Gebieten, eine mittlere Linie sich herausbilden wird.

Ich habe noch vergessen: Migdal hat knapp 300 Einwohner, Russen, Polen, Sefardim, 3 deutsche Familien.

Nun glaube ich Ihnen ein ungefähres Bild von meinem & meiner Familie Leben gezeichnet zu haben. Wer mal in's Land kommt, der wird uns ja besuchen & selber schauen.

Und nun, liebe Freunde, lebt wohl! Wenn ich auch eine blauleinene Hose anhabe & meine Brust offen steht, so ist mein Herz doch das alte, & warm & fest drücke ich Ihnen allen die Hand!

Schalom!
Ihr
Leo Frank«

Zusatz von Frau Frank:

»Liebe Freunde!

Mein Mann hat Ihnen alles objektiv und sachlich geschrieben, sodaß mir kaum etwas zu schreiben übrig bleibt. Wir arbeiten fest in der schönen, freien Natur, unsere lieben Kinder sind unberufen munter, und wenn uns der lb. Gott gesund läßt, so hoffen wir unser Auskommen zu finden und mehr wollen wir nicht.

Bleiben Sie alle gesund, und denken Sie manchmal an uns, wie wir oft und viel an Sie denken und von Ihnen sprechen, und wenn Sie uns einmal besuchen, wird unsere Freude sehr groß ein.
Ich grüße Sie alle herzlichst – auch im Namen unserer Kinder.

Ihre Betty Frank«

Die Realität ist schwierig, und vorausplanen läßt es sich schwer, davon zeugen kleine handschriftliche Notizen, wie diese vom 1. 11. 1938 – muß man das Datum eigens hervorheben?

Verbesserungen der Wirtschaft bis 31. 12. 1939:

Anpflanzung v. 3 Dunam Bananen	
Unterhalt bis zum Ertragsbeginn	55.–
1 Dun. Tomaten	6.–
Veränderungen am Meschek (neues Tor, etc.)	5.–
Esel m. Karren	12.–
Diverses	10.–
Ratenzahlungen auf das Haus (diese Summe kann ich nicht herauswirtschaften und habe sie auch nicht mehr in Reserve)	37.–

Noch ein paar Monate davor setzt sich Leo Frank an einen zweiten Rundbrief:

»Meine lieben Freunde!
Selbstverständlich habe ich schon seit langem vor, an Euch zu schreiben. Ich lebe nun schon seit über 2 Jahren im Orient, & im Orient werden die Vorsätze nicht so schnell ausgeführt. Die Hitze, die Kamel & Esel in unerschütterlicher Gelassenheit dahintrotten läßt, macht auch die Menschen phlegmatisch. Man nimmt sich etwas vor & verschiebt die Ausführung & nimmt es sich noch sechsmal vor & verschiebt es immer wieder (vielleicht liegt hier ein Grund für die Langlebigkeit des Orients). Das Leben [spielt] sich mit einer nach unseren Begriffen unvorstellbaren Unpünktlichkeit, Bummelei, Unschlüssigkeit, ab. Der Jecke schimpft darüber, er ist sehr ungehalten, ja unglücklich – & schließlich nimmt er mehr oder weniger davon an & nimmt es selber nicht mehr so genau. Dazu kommt das Fehlen von Freizeit. Ich stehe im Durchschnitt um 4 1/2 h auf, manchmal um 4 h, manchmal um 5 h. In der Mittagspause von 11–2 h muß man nach dem Essen ruhen, und wenn ich abends um 7 1/2 h gegessen habe, so kann ich nicht etwa schreiben, sondern setze mich noch auf ein Stündchen in die kühlere Abendluft, um mich etwas zu erholen.

Aber nun ist es ganz einfach Zeit, daß ich an Euch schreibe, denn die Nachrichten, die von dort hierher dringen, sind leider so, daß ich befürchten muß, daß, wenn ich nicht bald schreibe, mein Brief manchen von Euch gar nicht mehr an seinem alten Wohnort antreffen wird.

In meinem Rundbrief von vor ca. 1 Jahre habe ich unser Leben geschildert. Daran hat sich inzwischen kaum etwas geändert, nur daß wir alles besser [unleserlich] geworden sind & die Arbeiten besser gelernt haben. Es geht eigentlich alles ganz gut & alles läuft programmmäßig, z. B. die Bananen stehen sehr schön (man sagt mir, daß ich die zweitschönsten in Migdal habe), die Kuh ist wieder trächtig, & aus den 40 Hühnern sind 75 geworden. Abraham ist sehr groß geworden. Er geht noch nach Tiberias zur Schule & hilft mir in seiner Freizeit schon sehr schön. Channah ist auch gewachsen & unberufen immer fröhlich. Beide fühlen sich G.s.d. sehr wohl & machen uns viel Freude. Ivrith haben sie fast perfekt gelernt, zum Unterschied von uns Alten, die wir nur sehr wenig erlernt haben. Fast allen älteren Leuten ergeht es so, die Sprache ist zu schwer, und der Hauptfehler ist der, daß fast alle Leute Deutsch oder zum mindesten Jiddisch verstehen. Wir Alten fühlen uns gesundheitlich G.s.d. sehr wohl, besonders mir schmeckt das einfache & naturgemäße Essen viel besser als jemals das im Grand Hotel, Brust & Arme, die fast immer bloß sind, sind kupferbraun & trotz meiner Jahre habe ich unberufen noch ganz gute Kräfte.

In meinem Briefe habe ich ferner geschrieben von den Ansichten, die ich damals von den wirtschaftlichen Verhältnissen und Möglichkeiten gewonnen hatte. Ich hatte gesagt, daß die städtischen Berufe nur in seltenen Ausnahmefällen eine gute Existenz bieten. Diese Erkenntnis hatte man damals schon allgemein gewonnen, & inzwischen ist das noch schlimmer geworden, denn hier haben die politischen Verhältnisse dieser 2 Jahre naturgemäß noch verschlimmernd gewirkt, & das wirtschaftliche Elend in den Städten ist noch größer geworden als es schon war. Die städtischen Berufe waren also aussichtslos. Nur der Beruf des Siedlers hat noch eine Chance. Worin bestand eigentlich diese Chance? Der Jecke hatte in der Stadt alles ausprobiert & bereits gefunden, daß alles nix war. Siedeln, das war wohl schon angefangen, aber noch nicht ausprobiert. Die alten Siedler sagten, es ginge ganz gut, die Propaganda tat noch etwas Glanz & Schimmer hinzu: Siedeln, das war das einzig Wahre, alles siedelte & wir auch.

Aber leider, die Wirklichkeit ist ganz anders. Inzwischen ist auf der ganzen Linie festgestellt worden, daß auch siedeln nix ist. Um es kurz heraus zu sagen: Es dürfte kaum einen älteren Umschichtler aus Deutschland im Lande geben, der von dem Ertrage seiner Wirtschaft leben kann, & wir können das auch nicht. Wer von seinem Kapital noch zuzusetzen hat oder entsprechenden [Wort unleserlich] genuß, oder noch jung genug ist, um auf Außenarbeit zu gehen (d. h. im Tagelohn irgendwo irgendwas arbeiten) & solche Arbeit findet & seine Wirtschaft nebenbei betreibt, der kann existieren. Aber das ist ja etwas anderes. – Die alten Siedler, werdet Ihr sagen, die existieren doch. Jawohl, so existieren sie auch, schon 10, schon 15 Jahre lang. Sie führen kein Buch, sie machen Anleihen, schreiben Wechsel, legen die Wechsel um, zahlen 12 % Zinsen, machen Loch auf & Loch zu, wursteln, wissen nicht, was Spesen sind – leben von ihren Schulden, die sie nicht bezahlen können. Der eine hat davon 200 L, der andere 500 oder 1000. Es kann auch nicht anders sein, denn der Sinn für schnelles Handeln, für Ordnung, Pünktlichkeit, Zuverlässigkeit fehlt ihnen leider. Aber auch wenn sie den hätten, blieben immer noch teurer Wasserpreis, ein kleiner Markt, ein wenig kaufkräftiges Publikum, ein sehr kleiner Export & die arabische Konkurrenz, die nur die Hälfte der Spesen hat & [...] das neben der jüdischen Wirtschaft herauswirtschaftet. Leider besteht fast gar keine Aussicht für eine Annäherung, oder gar Durchdringung, was m. E. in jeder Beziehung das Beste wäre.

Ja, so liegt es: Eine Existenz, die uns ernährt, haben wir bis jetzt nicht gefunden, & die Wahrscheinlichkeit, sie zu finden, erscheint mir sehr gering. Fleiß, Mut, Bereitwilligkeit zu schwerer Arbeit in schwerem Klima, Sparsamkeit, Vorsicht, Überlegung & auch Erreichung & Vollbringung des denkbar Möglichen, sogar eines relativ Günstigen helfen über diese Tatsache nicht hinweg. Es ist so!

Noch einiges Allgemeines: Die Leute sind hier sehr fleißig. Ich glaube kaum, daß in irgendeinem Lande so viel so schwer gearbeitet wird. Trotzdem: Wenn man dabei zurechtkäme, würde die schwere Arbeit mit Freude & mit Stolz getan werden. – Eine kulturelle Verschmelzung von altem & neuem Jischuw, auch bei der Jugend, liegt in weiter Ferne, kann erst nach Generationen erfolgen. Die religiösen Verhältnisse sind im großen Ganzen für mich schreckerregend. Mit dem gleichen kompromißlosen Fanatismus, mit dem die alten Ostjuden noch das kleinste Tüttelchen halten, halten ihre Kinder absolut gar nichts. Kein junger Mensch wird seinem alten frommen Vater den Gefallen tun, am Jom Kippur das Gotteshaus auch nur für eine Viertelstunde zu betreten. Er würde ja ausgelacht werden. Besonders die Kibbuzim sind Pflanzstätten der Religionslosigkeit. – Die Kinder sind im Allgemeinen erschreckend frech & respektlos. Das »ani lo rozeh« (ich will nicht) ist bei ihnen, sobald sie sprechen können, ein stehendes Wort. – Ihr müßt nicht glauben, es wäre hier so, wie es in der Rundschau steht. Einerseits deklamiert sie unentwegt weiter, an der Realität vorbei, als gälte es immer noch, den Film ›Das Land der Verheißung‹ zu kommentieren, & andererseits müßt Ihr ja meinen, die Kugeln schwirrten nur so im Lande umher. Nun, es schwirren zwar leider genug Kugeln, und wem eine in den Bauch schwirrt, der hat sie halt drin, & die Zustände sind betrüblich genug, & ich habe mehr als einmal des Nachts mit dem Gewehr im Schützengraben gelegen – aber das Leben geht seinen Gang & man regt sich nicht so arg auf. Man ist es schon gewöhnt, & man ist sowieso nicht zimperlich. Tags schwer arbeiten, des Nachts wachen oder gar schießen – nun, es ist halt so. Aber Zeit wäre es, daß es anders würde.

Nun habe ich Euch wieder von uns berichtet. Was ich zu berichten hatte, ist nicht restlos erfreulich, aber es ist wahr. Wer in diesen dunklen, undurchsichtigen Zeiten sein Milieu, das er genau kannte (jetzt kennt er auch das nicht mehr!) verläßt und in ein fremdes Land geht, der weiß garnichts & muß alles lernen & selber herausfinden. Der Eine trifft günstigere Verhältnisse, der Andere ungünstigere, & keiner weiß in diesen schwankenden Zeiten, wie lange die Verhältnisse so bleiben wie sie in einem bestimmten Augenblick sind, nirgendwer. Gehe es, wie es wolle, Eines darf er nicht verlieren: den kühlen Kopf, den Behauptungswillen, das Gottesvertrauen! Das gilt für uns, das möge auch für Euch gelten. Gott schütze Euch!

Wenn Ihr geht, so laßt mich wissen, wohin. Jedem Einzelnen von Euch rufe ich das alte Judenwort zu, daß Moscheh Rabbeinu dem Jehoschuash zurief, & das seitdem die Jahrtausende hindurch die Juden einander in Not & Bedrängnis zuriefen: ›Chasak! Chasak! Chasak!‹

Ich grüße Euch alle herzlich.
Schalom!
Euer Leo Frank«

Betty fügt hinzu:

»Liebe Freunde!
Mein Mann hat Ihnen alles geschrieben, ganz genau so, wie es leider ist, so daß mir zu schreiben kaum noch etwas übrig bleibt. Daß unsere viele und schwere Arbeit, die wir mit so viel Mut und Vertrauen unternommen & bis heute durchgeführt haben, uns das zu einem bescheidenen Leben Notwendige nicht einbringt, ist nicht unsere Schuld. Wir dürfen mit gutem Gewissen sagen, daß wir getan haben, was uns möglich war, & weil wir ein gutes Gewissen haben, & uns nicht unterkriegen lassen wollen, so vertrauen wir darauf, daß wir mit G'ttes Hilfe doch noch irgendwie zurecht kommen werden.

Manche von Ihnen werden sich wahrscheinlich jetzt gleichfalls in einer schweren Lage befinden. Manche werden vor schweren Entschlüssen stehen – Ihnen allen wünsche ich G'ttes Segen!

Sie alle grüße ich herzlich, jeden Einzelnen besonders,
Ihre Betty Frank«

Dieser Brief ist zurück gerichtet. Nicht nur wenden sich die beiden an ihre Freunde, die in Deutschland sind – und wohl, dies die Angst und Hoffnung, die aus den Zeilen spricht, nicht mehr lange bleiben werden. Nein, auch sie blicken zurück in eine bessere Zeit, in bessere Umstände, in ein besseres »Milieu«. Das gibt es nicht mehr, und so versichern sich die beiden einer Gruppe von Freunden, denen sie ihr schweres Los mitteilen: im gleichzeitigen Wissen (oder Ahnen), daß deren Los noch schwerer ist. Die beiden Geschichten, die zu erzählen wir uns hier vorgenommen haben, laufen weiter parallel nebeneinander her. »Dort«

sind noch Freunde – aber Deutschland ist in diesem Moment, alle Klage eingerechnet, ganz offensichtlich schon und dann auch für immer: »dort«.

Die Situation in Migdal verbessert sich nicht. Am 26. Oktober 1939 und dann noch einmal am 13. Mai 1940 wendet sich Leo Frank an Arthur Cahn von der Jewish Agency in Jerusalem – in großer Ratlosigkeit: »[Ich] mußte im März drei Dunam Bananen schlagen, wenn ich nicht die Entwicklung meiner Wirtschaft völlig aus dem Geleise werfen wollte.« Er hatte sich von einem Schwager Geld geliehen, in der Erwartung, von der Jewish Agency eine bescheidene Anleihe zu erhalten. Selbstverständlich verspricht er, »meine Verpflichtungen, die ich gegen Sie eingehen werde, mit derselben Ordnung zu erfüllen, mit der ich bis jetzt alle in meinem Leben eingegangenen Verpflichtungen erfüllte«. Daß er so etwas schreiben muß! Daß er sich demütigen muß vor der Behörde und nicht selbst tun kann, was er sich vorgenommen hat.

Noch einmal sei daran erinnert, daß auch in diesen Monaten noch über zweihunderttausend Juden in Deutschland leben. Nach der Pogromnacht vom November 1938 wird die Lage unerträglich. Den Unterschied etwa zu Alex Beins einigermaßen ruhigem Vorgehen 1933 markiert wie kaum ein anderer Text folgendes Zitat von Ruth Andreas-Friedrich vom Freitag, dem 14. Februar 1939: »Der ›Lift‹ ist Trumpf in Berlin. Nicht der Personenaufzug eleganter Hotels, sondern der Transportbehälter erlaubten Emigrantengepäcks. Seit sechs Wochen gibt es kaum ein anderes Gesprächsthema mehr. Der 10. November hat selbst den heimattreuesten Juden die Augen geöffnet. Wer es ermöglichen kann, versucht, aus dem Lande zu kommen. Es ist nicht leicht, ein Einwanderungsvisum zu bekommen. Fast scheint es so, als hätten sich alle Staaten verschworen, den deutschen Juden das Auswandern zu erschweren. [...] Wir packen Lifte, wir lösen Haushalte auf, wir versteigern Geschirr und schachern mit Bibliotheken. Siebenmal Heines Werke. Neunmal den ›Zauberberg‹ von Thomas Mann. Elfmal ›Im Westen nichts Neues‹ und zwölfmal die Bibel. Wenn man nicht Möbel packt, sitzt man über den Atlas gebeugt. Wo liegt La Paz. Neuseeland soll vorübergehend aufgemacht haben. In Uruguay brauchen sie Ärzte. Landwirte können nach Palästina einwandern. Der Globus schrumpft zusammen. Brasilien scheint ein Katzensprung, London wie ein Nachmittagsausflug nach Wannsee. Wenn wir später einmal unsere Freunde besuchen wollen, müssen wir ein Rundreisebillett um die Erde nehmen. [...] Wir werden ziemlich einsam sein, wenn wir den letzten Heine an den Mann gebracht haben.«[148]

148 Ruth Andreas-Friedrich: Schauplatz Berlin. Reinbek bei Hamburg 1964, S. 36 f.

Noch ist vom Leben die Rede. Und die Buchmetaphern finden sich hier und dort. Während die wenigen verbliebenen nichtjüdischen Freunde die Bibliotheken der Auswanderungswilligen auflösen, denkt Leo Frank in Palästina an einen anderen bewunderten deutschen Schriftsteller.

»Euer großer Schiller«

Das private Unglück ist im allgemeinen Unglück der Zeit nur ein Bruchteil. Was in Deutschland und Europa geschieht, geht die nach Palästina Eingewanderten immer noch an. Anfang Juli 1944 schreibt Leo Frank an den amtierenden britischen High Commissioner mit der Bitte, einen beiliegenden »Aufruf an das deutsche Volk« diesem verlorenen Adressaten weiterzuleiten:

> »An das deutsche Volk!
> Ihr habt den Krieg verloren. Es ist vollkommen sinnlos, daran zu zweifeln. Euer ›Führer‹ versucht Euch einzureden, Ihr könntet durch Weiterkämpfen noch irgendwie etwas gewinnen. Auch das ist vollkommen sinnlos. Euer großer ›Führer‹ täuscht sich hierin, wie er sich in allen entscheidenden Hauptpunkten getäuscht hat. Er befiehlt Euch ›Kämpfen bis zum letzten Mann!‹ Ihm macht es nichts aus, wenn noch eine Million seiner ›Volksgenossen‹ zugrunde geht. Er hat keinen geliebten Menschen zu verlieren. Denn er liebt keinen Menschen, er haßt nur. Ihm macht es nichts aus, wenn nach ihm ganz Deutschland in Trümmern liegt, wenn keine Stadt, keine Fabrik, kein Haus mehr steht. Er hat überhaupt nichts mehr zu verlieren, denn sein Schicksal ist besiegelt, er ist bereits in die Geschichte eingegangen als das gräßlichste Ungeheuer,

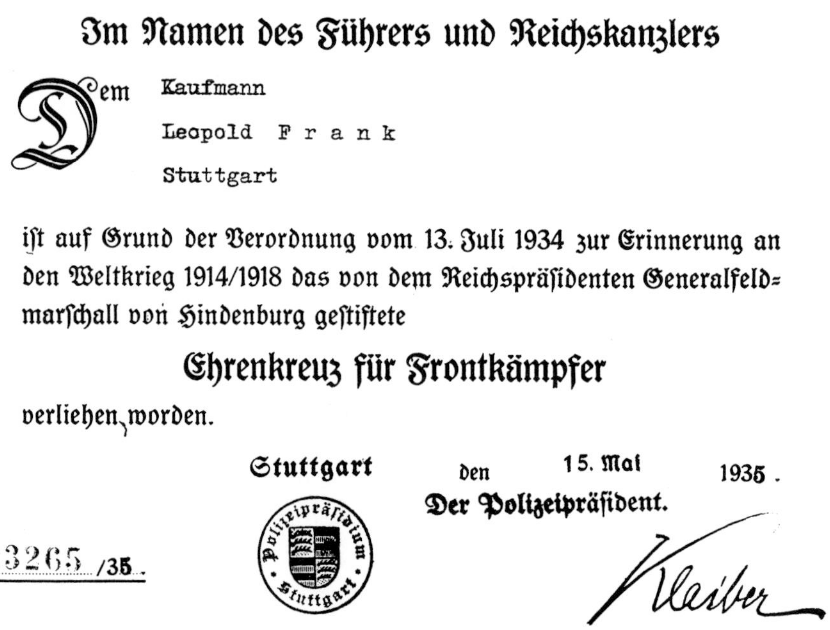
Im Namen des Führers und Reichskanzlers

Dem Kaufmann
Leopold F r a n k
Stuttgart

ist auf Grund der Verordnung vom 13. Juli 1934 zur Erinnerung an den Weltkrieg 1914/1918 das von dem Reichspräsidenten Generalfeldmarschall von Hindenburg gestiftete

Ehrenkreuz für Frontkämpfer

verliehen worden.

Stuttgart den 15. Mai 1935.
Der Polizeipräsident.
Kleiber

Nr. 23265 /35.

165 Immerhin mitgenommen: Was für eine Ehre?

das jemals in Menschengestalt in der Weltgeschichte herumgewütet hat, schlimmer noch als Attila und Dschingis Khan. Er ist der größenwahnsinnige Dilettant, der das Bismarck'sche Reich zugrunde gerichtet, der die herrliche deutsche Kultur, die der Welt so viel gegeben, mit Schmach bedeckt, der das Deutsche Volk & sein Land & die ganze Welt in ein Meer von Blut & Tränen gestürzt hat & nichts zurückläßt als Zerstörung & Jammer & Schande.

Wir wissen, daß der größte Teil von Euch niemals im Herzen nationalsozialistisch war, daß der größte Teil von Euch die begangenen Schandtaten im Herzen verabscheut. Aber Ihr habt es geschehen lassen, daß ein Hitler mit seiner Verbrecherbande in Eurem Namen all diese Schandtaten begehen konnte, die Ihr in ihrem ganzen Umfange wahrscheinlich noch gar nicht kennt. Wenn Ihr nach dem Kriege die vollen Beweise erhalten werdet, werden Euch die Haare zu Berge stehen. Daß Ihr dies alles geduldet habt, das ist Euer Verbrechen, & dafür werdet Ihr jetzt vom Schicksal so hart bestraft. ›Die Weltgeschichte ist das Weltgericht‹, sagt Euer großer Schiller.[149]

Man will Euch einreden, wir wollten Euch versklaven, wie Hitler die Welt versklaven wollte. Wir aber wissen, daß es nicht möglich ist, daß Ihr auch nur einen nennenswerten Bruchteil des Unheils wieder gutmachen könnt, das in Eurem Namen angerichtet wurde. Deshalb werden wir es auch nicht verlangen. Wir werden unsere Fehler von 1918 nicht wiederholen. Wir haben aus Ihnen gelernt.

Drei Dinge versprechen wir Euch: 1.) Wir werden den Nationalsozialismus mit Stumpf und Stiel ausrotten. 2.) Wir werden Hitler & seine Verbrecherbande zur Verantwortung ziehen. 3.) Wir werden den preußischen Militarismus beseitigen & Euch damit die Möglichkeit nehmen, die Welt so bald wieder mit Krieg zu überziehen. Ihr könnt Euch darauf verlassen, daß wir diese 3 Versprechen einlösen werden.

In der Neuen Welt, die nach dieser Schreckenszeit entstehen wird, werdet Ihr zwar keine Großmacht mehr sein, damit müßt Ihr Euch abfinden, & Ihr müßt Euch in Euer Schicksal fügen, an dem Ihr ja nicht ganz schuldlos seid. Aber Ihr werdet einen Platz bekommen, auf dem Ihr in friedlicher Arbeit Euch wieder emporarbeiten, die Wunden, die Euch Hitler geschlagen, heilen & Euren guten Namen in der Welt wieder herstellen könnt. Ihr seid ein tüchtiges Volk, & es wird Euch gelingen. Ihr braucht nicht zu verzweifeln.

So ist die Lage. Ihr müßt sie begreifen & Euch damit abfinden.

Deshalb mahnen wir Euch in diesem historischen Augenblick mit dem größten Ernst: Hört auf mit dem sinnlosen Weiterkämpfen! Tut jetzt am Ende der Hitlerei das, was Ihr besser an ihrem Anfang getan hättet – Befreit Euch von ihr! Es ist schade um jeden Tropfen Blut, der noch vergossen, um jedes Gut, das noch zerstört wird. Rettet, was noch zu retten ist, damit nicht alles zugrunde gehe & Ihr mit Euren Kindern weiterleben könnt.«

149 Welche Absage, welche Distanzierung in diesem »Euer großer Schiller« steckt, kann nur verstehen, wer das weiß: »Die Bedeutung, die Friedrich Schiller für die Beziehung der Juden zu Deutschland gehabt hat, ist schwer zu ermessen und und von den Deutschen selber selten gewürdigt worden. Schiller, der Sprecher des reinen Menschentums, der Pathetiker der höchsten Ideale der Menschheit, hat für Generationen von Juden in und fast noch mehr außerhalb von Deutschland das repräsentiert, was sie als deutsch empfanden oder empfinden wollten [...]. Die Begegnung mit Friedrich Schiller war für viele Juden realer als die mit den empirischen Deutschen.« (Gershom Scholem, Juden und Deutsche).

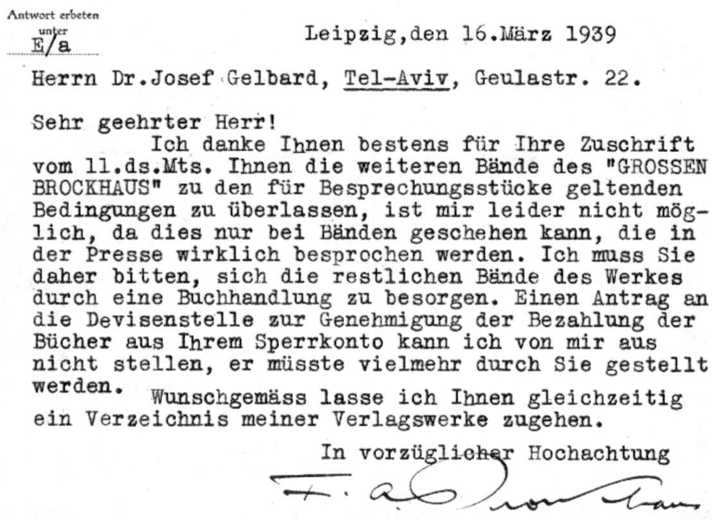

Antwort erbeten unter E/a

Leipzig, den 16. März 1939

Herrn Dr. Josef Gelbard, Tel-Aviv, Geulastr. 22.

Sehr geehrter Herr!

Ich danke Ihnen bestens für Ihre Zuschrift vom 11.ds.Mts. Ihnen die weiteren Bände des "GROSSEN BROCKHAUS" zu den für Besprechungsstücke geltenden Bedingungen zu überlassen, ist mir leider nicht möglich, da dies nur bei Bänden geschehen kann, die in der Presse wirklich besprochen werden. Ich muss Sie daher bitten, sich die restlichen Bände des Werkes durch eine Buchhandlung zu besorgen. Einen Antrag an die Devisenstelle zur Genehmigung der Bezahlung der Bücher aus Ihrem Sperrkonto kann ich von mir aus nicht stellen, er müsste vielmehr durch Sie gestellt werden.

Wunschgemäss lasse ich Ihnen gleichzeitig ein Verzeichnis meiner Verlagswerke zugehen.

In vorzüglicher Hochachtung

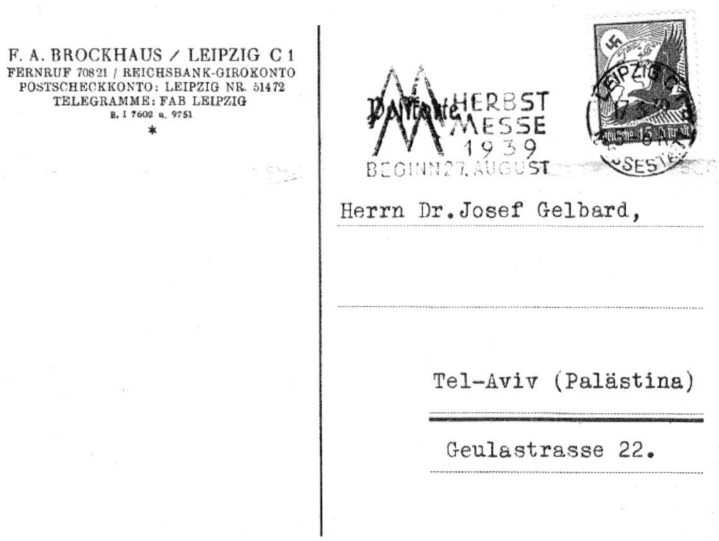

F. A. BROCKHAUS / LEIPZIG C 1
FERNRUF 70821 / REICHSBANK-GIROKONTO
POSTSCHECKKONTO: LEIPZIG NR. 51472
TELEGRAMME: FAB LEIPZIG
B. I 7602 u. 9751

Herrn Dr. Josef Gelbard,

Tel-Aviv (Palästina)

Geulastrasse 22.

166, 167 Die Verbindung nach Deutschland kann nur noch das Wort besorgen Postkarte

Bei dem Brief, der selbst nur als Entwurf, mit Bleistift geschrieben, erhalten ist, finden sich noch weitere Notizen: »Deutschland erwache – Hitler verrecke!«, heißt es da, oder: »Jeder Tag, den Hitler noch lebt, kostet Tausende von Deutschen das Leben.« Oder auch: »Wir Deutschen sind die größten Hornochsen der Welt!« – das könnten Vorschläge für Flugblätter sein, Losungen, »Sentenzen«, schreibt er, die über dem alten Land abzuwerfen wären. Frank schreibt stellvertretend für die britische Mandatsmacht, er bittet den High Commissioner, solche Texte an die Deutschen zu übermitteln. Aber so ganz will ihm das distanzierte »Euer Schiller« nicht gelingen. »Noch jeder Staat, der sich an den Juden vergriffen hat, ist zugrunde gegangen«, lautet die letzte Losung im Manuskript. An die »breite Masse der einfachen Leute« müßte sich die Propaganda wenden, heißt es in einem weiteren Briefentwurf – jede Bearbeitung, die »als von England gekommen erscheint«, würde wertlos sein. Die »Mentalität der breiten Massen der Deutschen« versteht am besten immer noch – ein Deutscher. »Das Ertönen von Stimmen aus der Tiefe des deutschen Volkes« wird benötigt, an Häusern, Zimmern, in Aborten, in Briefkästen, in der Großstadt, in der Kleinstadt, besonders auch in Dörfern »müßten Handzettel erscheinen«. Für den Inhalt der Handzettel könnte aber keinesfalls die britische Propaganda sorgen, sondern nur einer wie er, der selbst »aus der Tiefe des deutschen Volkes« stammt und sich dem immer noch, nach allem, zugehörig fühlen muß, sonst könnte er so nicht schreiben.

Alle Versuche, die Geschichte der »Jeckes« – und welch sprechendes Beispiel gibt Leopold Frank ab! – nur im Bezug auf das entstehende Israel zu schreiben, müssen scheitern. In den Gedanken der Einwanderer lebt noch Deutschland. Zwischen 1936 und 1944 klafft in den Unterlagen Franks eine deutsche Lücke, die nur mit Informationen aus dem Deutschland dieser Jahre gefüllt werden kann.

Deutschland geriet nach dem November 1938 wieder stärker in den Blick der Angekommenen, die in den Jahren davor zuerst mit ihrer eigenen »Einordnung« beschäftigt waren und sich seit 1936 auf die neue Situation im beginnenden Konflikt mit der arabischen Bevölkerung einstellen mußten. Jetzt kam »die große Sorge um die in Mitteleuropa verbliebenen Angehörigen, welche man schnellstens wegholen mußte, da die Lage dort immer bedrohlicher wurde. Nach der ›Kristallnacht‹ gab es keinen aus Deutschland in Palästina eingewanderten Juden, welcher nicht einen verzweifelten telegrafischen Hilferuf um ein Zertifikat erhielt; weil dies meistens die Vorbedingung war, um die Leute aus den Konzentrationslagern frei zu bekommen.«[150] Ganz am Anfang unserer Geschichte war von Richard Loewy die Rede, der seinen Sohn Ernst 1937 besucht hatte, um sich zu »orientieren, ob im Falle einer für sie notwendigen Auswanderung Erez ihnen eine neue Heimat werden kann«. Nach der Rückkehr von dieser Probereise ging der Briefwechsel zwischen den Eltern und dem Sohn noch eine Weile hin und her; vieles mußte überlegt und geplant werden, vor allem die Frage »Kibbuz oder Stadt« war zwischen den Generationen umstritten. Schließlich entschied sich Richard Loewy für ein Touristenvisum – so kam es, daß sein Paß schon auf der Polizeistelle in Krefeld lag, als in der Nacht vom 9. zum 10. November in Deutschland die Synagogen brannten. Nur deshalb wurde er nicht verhaftet, und unmittelbar nach der Pogromnacht kamen die Eheleute Loewy in Tel-Aviv an. »Die Briefe, die ich damals nach Hause geschrieben hatte, müssen mir schwergefallen und nicht ganz ohne Schuldgefühle abgefaßt worden sein. Später fragte ich mich, ob ich anders hätte handeln können, wenn ich gewußt hätte, was meine Eltern in Deutschland erwartete. Unvorstellbar allerdings, daß dies nicht auch so seine Narben hinterlassen hat. Meinen Eltern ist es buchstäblich am Ende, unmittelbar nach der ›Kristallnacht‹, gelungen, aus Deutschland zu entkommen, ohne mein Zutun, mit einem Touristenvisum für Palästina.«[151]

150 Scheftelowitz, Gute 77 Jahre.

151 Ernst Loewy: Nachwort. In: Jugend in Palästina, S. 224.

Das ist wohl wieder so ein Dokument, bei dessen Lektüre wir fast zurückschrecken vor der Privatheit, die sich in dieser Auseinandersetzung andeutet. Aber so war es. Der junge Mann mit seinen ganz eigenen Zukunftshoffnungen (die sich viel eher auf Tel-Aviv und den Buchhandel richteten als auf den Kibbuz und das Gerede von der »Einordnung«) lebt schon im Land Israel. Und Deutschland ist weit weg. 30 000 jüdische Männer waren nach dem 9. November 1938 festgenommen und in die KZ Dachau und Sachsenhausen verschleppt worden. Sie konnten ihre Entlassung erhalten, wenn sie sich zur sofortigen Auswanderung verpflichteten – aber wie sollten sie das so schnell machen? »Ich erinnere mich«, schreibt Martin Scheftelowitz, »wie die Banken belagert wurden um Bestätigungen über ein Guthaben von mindestens tausend Palästinensischen Pfunden, da diese Bankbestätigung die Vorbedingung war für die Einreichung von Anträgen auf Zuteilung eines Kapitalistenzertifikates.«

Aber diese Quote war durch die Mandatsmacht beträchtlich reduziert worden und schon beinahe ausgeschöpft – je näher der Krieg rückte und mit ihm die drohende Abschließung Europas, um so dichter schloß, auf arabischen Druck, der Mandatar die Grenzen. »Not macht erfinderisch. So erfand man neue Kategorien von Einwanderungszertifikaten. Da jedes Zertifikat zur Einwanderung von Eheleuten, also zwei Personen berechtigte, so wurden im Ausland fiktive Eheschließungen durchgeführt, für welche der *Get* (Ehescheidungsurkunde) sofort ebenfalls gleich im Ausland ausgestellt und hinterlegt wurde. Diese sogenannten Zertifikatsehen wurden gleich nach Eintreffen der fiktiven Eheleute in Palästina wieder amtlich geschieden, aber es gelang auf diese Weise der Jewish Agency, auf ein Zertifikat nicht einen, sondern zwei – zumeist junge – Menschen ins Land zu bringen.«

Für den Jischuw gab es keine Möglichkeit, diese Radikalisierung in Deutschland zu bekämpfen oder auch nur abzumildern. Was einzig möglich war: die Organisation einer »illegalen« Einwanderung in geringerem Umfang während des Krieges und in größerem Maße in den drei Jahren von Kriegsende bis zur Staatsgründung. Yossi Harel, der Kommandeur der »Exodus« und einiger anderer Schiffe, mit denen die »illegalen« Einwanderer ins Land (oder, aufgebracht von der britischen Flotte, bloß in die Nähe der ersehnten Küste) gebracht wurden, ist bis heute eine auffällige Erscheinung in Tel-Aviv. Wenn er ein Café betritt, verstummt das Geschnatter der Hübschen und Wichtigen, und die Stadt des säkularen Israel erinnert sich für einen Moment an die wirkliche Grundlage ihrer eigenen Existenz, an ihre ursprüngliche Aufgabe: Hafen der Zuflucht und Ort der Rettung zu sein. In den letzten Jahren haben jüngere Historiker in Israel, Tom Segev und Benny Morris vor allem, die »zionistischen Legenden« dekonstruiert und dabei besonders das – unvermeidliche – Versagen des »Jischuw«, der jüdischen Gemeinschaft in Palästina, während und nach der Shoah thematisiert. Die Scham über das eigene Scheitern verkehrte sich in Abwehr und Mißtrauen gegenüber den Überlebenden, die erschöpft, körperlich und seelisch zerstört, nach 1945 in das Land kamen. Yoram Kaniuk greift diesen Gedanken in seinem Buch über Yossi Harel auf, aber er kann zeigen, daß es eine andere Haltung gab – und daß es nötig ist, sie neu ins israelische Gedächtnis einzuschreiben. Mit Yossi Harel hat er die Verkörperung dieser Haltung gefunden. Geboren 1919 in Jerusalem, Kind des Landes, gehörte Harel schon früh der hebräischen Jugendbewegung an und fand über sie den Weg zur Haganah, der illegalen jüdischen Armee im britischen Mandatsgebiet. Sein Lebensweg spiegelt viele Stationen der Entwicklung einer Gesellschaft auf dem Weg zum Staat, bevor er schließlich ausgewählt wurde, die Verantwortung für den Transport der Juden aus dem verbrannten Europa zu übernehmen. Yossi Harel empfand im Angesicht der vielen, der Massen, die auf die Schiffe drängten, ein tiefes Verständnis für die Schicksale der einzelnen. Aus diesem Verständnis heraus lehnte er es auch ab, die Flüchtlinge in militärischen Aktionen gegen die Briten zu benutzen: »Unser Krieg besteht darin, diese Menschen ins Land zu bringen, nicht, sie zu Kämpfern in einer verlorenen Schlacht zu machen.« Die »Exodus« war im Hafen von Haifa von englischen Truppen angegriffen worden, die Passagiere, die schon das Land gesehen hatten, wurden von den Briten zurück in ein Lager – ausgerechnet nach Deutschland – geschickt. Trotz dieser moralischen Niederlage blieb Großbritannien bei seiner restriktiven Einwanderungspolitik. Dadurch war, für Harel, jedes Schiff, das die Blockade überwand, bereits ein Signal des Sieges, war Kampf nicht mehr nötig. Und Kampf wäre denen, die da an Bord waren, nicht zuzumuten gewesen.

Damit ergreift Kaniuk Position für ein anderes Israel. »Mit der Überführung der Exodus aus Europa kam es zu einem einmaligen historischen Zusammentreffen, bei dem das Eretz Israel der neuen Hebräer, das seine ganz eigene Mentalität entwickelt hatte, dem jüdischen Leid begegnete.« Yossi Harel war zur Zeit der illegalen Transporte durchaus einer dieser »neuen Hebräer«: groß, stark, wagemutig. Aber erst in der Begegnung mit den Überlebenden der Ghettos und Konzentrationslager, in dem Moment, da er sich – durchaus gegen Anweisungen der militärischen Führung – bewußt und entschieden auf die Seite der Erschöpften, der Mißtrauischen, der Gejagten stellte: auf die Seite der verachteten Diaspora, die jetzt in das Land drängte, erst jetzt wurde Yossi Harel ganz zum Israeli. Zu einem Israeli, der das Erbe der Diaspora als sein eigenes annehmen konnte. Israel ist nicht »aus dem Meer geboren«, die Vergangenheit des Exils läßt sich nicht ausradieren, sie ist Teil der eigenen Gegenwart.

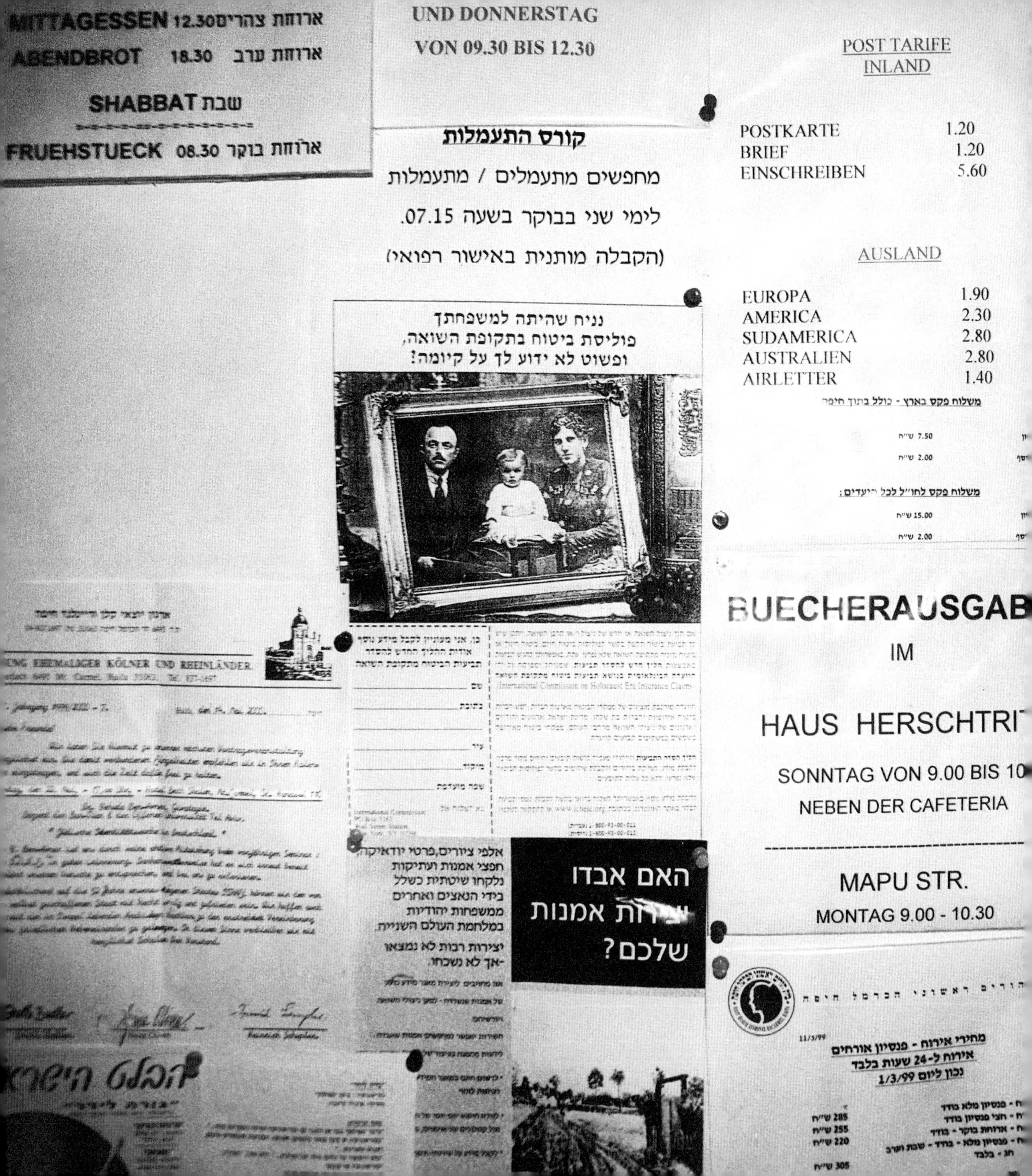
MITTAGESSEN 12.30 ארוחת צהרים
ABENDBROT 18.30 ארוחת ערב
SHABBAT שבת
FRUEHSTUECK 08.30 ארוחת בוקר
UND DONNERSTAG
VON 09.30 BIS 12.30
קורס התעמלות
מחפשים מתעמלים / מתעמלות
לימי שני בבוקר בשעה 07.15.
(הקבלה מותנית באישור רפואי)
POST TARIFE
INLAND
POSTKARTE 1.20
BRIEF 1.20
EINSCHREIBEN 5.60
AUSLAND
EUROPA 1.90
AMERICA 2.30
SUDAMERICA 2.80
AUSTRALIEN 2.80
AIRLETTER 1.40
משלוח פקס בארץ - כולל בתוך חיפה
משלוח פקס לחו"ל לכל היעדים:
נניח שהיתה למשפחתך
פוליסת ביטוח בתקופת השואה,
ופשוט לא ידוע לך על קיומה?
BUECHERAUSGAB
IM
HAUS HERSCHTRIT
SONNTAG VON 9.00 BIS 10
NEBEN DER CAFETERIA
MAPU STR.
MONTAG 9.00 - 10.30
אלפי ציורים, פרטי יודאיקה,
חפצי אמנות ועתיקות
נלקחו שיטתית כשלל
בידי הנאצים ואחרים
ממשפחות יהודיות
במלחמת העולם השנייה.
יצירות רבות לא נמצאו
-אך לא נשכחו.
האם אבדו
יצירות אמנות
שלכם?
מחירי אירוח - פנסיון אורחים
אירוח ל-24 שעות בלבד
נכון ליום 1/3/99

Nachwirkungen

»Bis zum heutigen Tag kann ich es nicht mitkriegen was so 'ne kleene Rotzneese wie ich dem Hitler eigentlich getan habe. Oder meine Familie.«

(Ben Katz aus Melbourne, Brief vom 28. Juli 1995)

168 Parentshome

Mapu Straße, Haifa-Ahuza

Zwischen Deutschland und Israel

Was bleibt von dieser Geschichte? Nach 1945 wurde »The Council for the Protection of Rights and Interests of Jews from Germany« gegründet. Georg Landauer berichtet darüber in einem Vortrag am 10. Oktober 1950 in Jerusalem. Mitglied des Council in Israel ist der Irgun Olej Merkas Europa, es gehören aber auch dazu in England »The Association of Jewish Refugees from Germany«, in den USA die »Federation for German Jews«, in Australien die »New Citizens« und andere kleinere Komitees. Vorsitzender ist Leo Baeck. Eine kurze Darstellung dieser Organisation gibt die Möglichkeit, die Frage nach dem Erbe und nach dem Weiterleben der deutsch-jüdischen Kultur »anderswo« zu stellen.

Bereits in den fünfziger Jahren wurden in Israel »Ehemaligen-Vereine« gegründet, in den USA würde man sie wohl Landsmannschaften nennen. Sehr deutsche Vereine, mit Mitgliedsnummern, Mitgliedskarten, worauf Auszüge aus der Satzung festgehalten waren.

Mit einiger Selbstironie zitieren die Autoren einer Festschrift zum 40jährigen Bestehen des Verbandes ehemaliger Leipziger aus ihrem alten Mitteilungsblättchen, in dem die allwöchentlichen Treffen und die gemeinsamen Ausflüge angekündigt wurden. Abgedruckt ist auch ein Glückwunschkärtchen zum Geburtstag eines Mitglieds, mit dem Kommentar: »Bei einem genauen Hinsehen fällt uns übrigens auf, daß der Stempel unseres Verbandes halb hebräisch, halb englisch [Association of former Leipzigers in Israel] war, was in ein paar hundert und so Jahren einen Geographie-schwachen Archäologen glauben lassen könnte, daß Leipzig in einem englisch sprechenden Land gelegen habe ...«

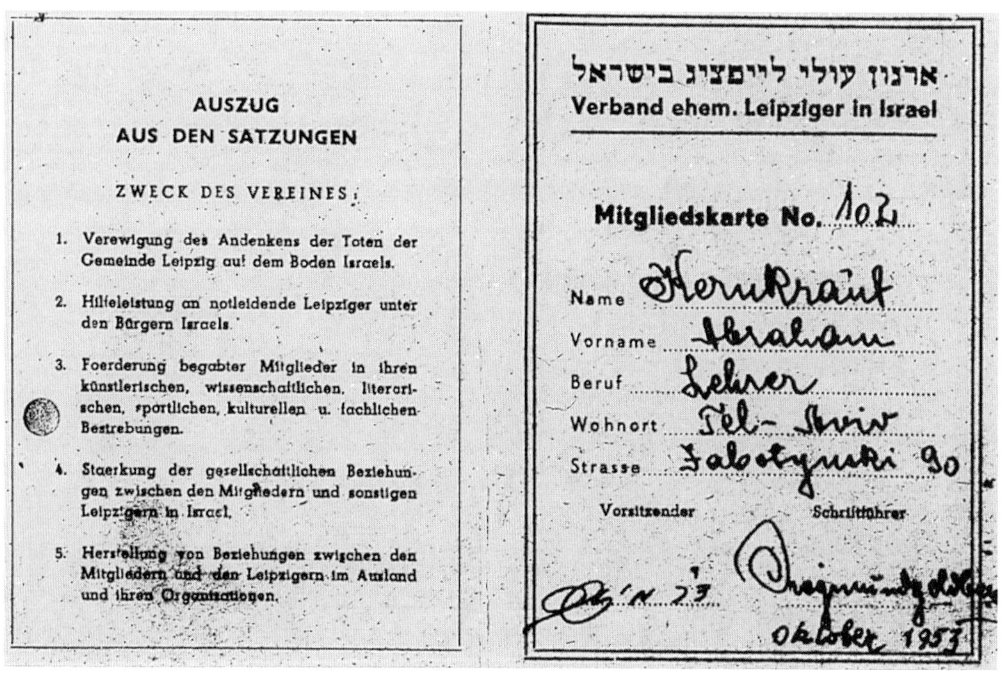

AUSZUG
AUS DEN SATZUNGEN

ZWECK DES VEREINES:

1. Verewigung des Andenkens der Toten der Gemeinde Leipzig auf dem Boden Israels.
2. Hilfeleistung an notleidende Leipziger unter den Bürgern Israels.
3. Foerderung begabter Mitglieder in ihren künstlerischen, wissenschaftlichen, literarischen, sportlichen, kulturellen u. fachlichen Bestrebungen.
4. Staerkung der gesellschaftlichen Beziehungen zwischen den Mitgliedern und sonstigen Leipzigern in Israel.
5. Herstellung von Beziehungen zwischen den Mitgliedern und den Leipzigern im Ausland und ihren Organisationen.

ארגון עולי לייפציג בישראל
Verband ehem. Leipziger in Israel

Mitgliedskarte No. 102
Name Herrnkraut
Vorname Abraham
Beruf Lehrer
Wohnort Tel-Aviv
Strasse Jabotynski 90
Vorsitzender Schriftführer
Oktober 1953

169 Die »Landsmannschaften« bauen eine vorsichtige Brücke nach Deutschland
Broschüre Verband Ehemaliger Leipziger

Das bringt, unfreiwillig vielleicht, die Fremdheit gut auf den Punkt. Natürlich hatten auch Einwanderer aus anderen Ländern ihre Zusammenschlüsse, Stammtische oder Kaffeehausrunden, Sportvereine und vor allem ihre Synagogen, und besonders die Einwanderer aus den nordafrikanischen und orientalischen Ländern lebten in einigermaßen geschlossenen Siedlungssystemen innerhalb der Städte und schufen dort ihre Netzwerke zur gegenseitigen Unterstützung. Aber auf die Idee, Vereine zu gründen und Mitgliedernummern zu vergeben, wären sie wohl nicht gekommen.

Immer wieder berichten deutsche Zeitungen über die »Jeckes«, und immer wieder unterlaufen Autoren oder Redakteuren dabei vielsagende Fehlleistungen. Über ein Porträt, das Inge Günther über die in Köln geborenen Sara und Heinrich Schupler schrieb, Mitbegründer der *Vereinigung ehemaliger Kölner und Rheinländer*, setzte die Redaktion der »Frankfurter Rundschau« zwei Überschriften: »Ihr Zuhause ist Israel, aber: man spricht Kölsch«. Das gibt, prägnant zusammengefaßt, die Lebenswirklichkeit dieses Paares (und die vieler anderer, für die sie stellvertretend stehen) wieder. Dann folgt die Zeile: »Seit 60 Jahren leben Juden aus dem Rheinland in Haifa, seit 30 Jahren pflegen sie wieder ihre kulturelle Identität.« Nein! Diese kulturelle Identität ist eben nicht eindeutig die der Herkunft! In der angestrengten Formulierung eines anderen »alten Kölners«, den Inge Günther zitiert, Willi (Shaul) Treidel, steckt mehr Wahrheit; Schupler sei es zu verdanken, daß »unserer herkunftsmäßigen Vergangenheit wieder ein Ausdruck gegeben wurde«.

Herkunftsmäßige Vergangenheit, wie der »Bereich der Muttersprache« ein Konstrukt aus Sehnsucht *und* Distanz. Diese Mischung ist unauflöslich, wenigstens in der ersten Generation. Wie unauflöslich, wie ineinander verschränkt die Fäden der Geschichte sind, welche die Ereignisse im Nazideutschland, im entstehenden Israel und in der Gegenwart der beiden Staaten miteinander verknüpfen, zeigt der Bericht von Arnon Tamir. Tamir, Mitbegründer des Kibbuz Hasorea, wurde als Arnold Siegfried Fischmann 1917 in Stuttgart geboren. 1933 verließ er die Schule, war aktiv in der deutsch-jüdischen Jugendbewegung der »Werkleute«. 1938 nach Polen abgeschoben, schlug er sich von dort nach Palästina durch. Unvermittelt und mit harten Schnitten stellt er in seinem Buch »Eine Reise zurück« (1992) die prägenden Ereignisse dieses Lebens an- und gegeneinander: Aufbau des Kibbuz, Vertreibung aus Deutschland, Rückkehr »auf Zeit« und für einen Besuch, das arabische Nachbardorf, die Stuttgarter Kindheit – alles Teil eines Lebens, alles, in Erinnerung und Gegenwart: immer präsent. »Jetzt gehen alle Zeiten zusammen durch mich, das Jetzt, das Zuvor, das Ehemals.« Klaus Binder kommentierte im Nachwort, nur in dieser Doppel- oder Mehrbödigkeit sei Geschichte überhaupt darstellbar, eine vorgeblich »ordentliche« oder »geradlinige« Geschichtsschreibung könne es nur geben: »um den Preis des Vergessens«.[152]

Wir haben uns angewöhnt, Unterschiede zu machen. In einem weiteren Interview von Hueck und Meurer äußert sich Gitta Sherover, Friedensaktivistin und Bewohnerin Jerusalems: »My father comes from Petersburg, und meine Mutter von Riga. Und als die Kommunisten kamen, wurde mein Vater ... ist er ins Gefängnis ... und meine Mutter ist zurückgegangen

152 Arnon Tamir: Eine Reise zurück. Von den Schwierigkeiten, Unrecht wiedergutzumachen. Mit einem Nachwort von Klaus Binder: Von den Schwierigkeiten, aus der Geschichte zu lernen. Frankfurt am Main. 1992

170 In Parentshome Mapu Straße, Haifa-Ahuza

nach Riga, und dort bin ich geboren worden. Mein Vater ist, als ich zwei oder drei Jahre war, ... ist er befreit worden von einem Freund von ihm, a great singer, Shaljapin. And he came to Riga, and he said, okay. We're leaving this part of the world, we're going to a cultured part, to a wonderful part: Germany. And he took my mother, my brother and me, and we went to Berlin.«

In der Sprachmischung, die Frau Sherover im Interview benutzt, drückt sich ein Verhältnis von Nähe und Distanz aus, das auch für uns Leitlinie sein könnte in der Auseinandersetzung mit dieser Geschichte. Sie spricht englisch, damit zwischen ihr und den jungen Leuten, die aus Deutschland kommen und sie besuchen, um neugierige Fragen zu stellen, eine Distanz errichtet wird: Ich bin euch fremd geworden. Ihr seid mir fremd. Aber beim Erzählen begegnet ihr die deutsche Sprache als die vertrautere. Sie verwendet die deutsche Sprache, wenn sie von sich berichtet: »Als ich zwei oder drei war«. Es ist interessant zu sehen, daß Frau Sherover genau den Teil ihres Berichts, in dem sie von Deutschland als dem Inbegriff eines kultivierten Europa, eines besseren Lebens spricht, in englischer Sprache formuliert – und die Geschichte der Verfolgung, die hier gar keine deutsche Verfolgung ist, in deutscher Sprache. Sie sendet Signale aus, und diese Signale äußern sich sprachlich.

Denn sie handeln genau von dem Verhältnis, das einer wie Paul Jacobi für sich als selbstverständlich angenommen – und: beibehalten – hat. Vom Gleichgewicht zwischen dem, was »deutsch« hieß (und war) in seiner Biographie und dem, was »jüdisch« war (oder hieß: oft von außen). Jacobi hat ein Bild von Königsberg in seiner Erinnerung, das er als vollkommen, als bruchlos erhaltenswert versteht: Deutsche Kultur. Deutsche Literatur. Seine Zugehörigkeit. Frau Sherover hat ein Bild von Berlin in Erinnerung, das die Stadt als Zentrum des Erstrebenswerten beschreibt. Aber beide erzählen all dies in der Stadt Jerusalem, im Staate Israel. Dort leben sie, weil ihre Zugehörigkeit erschüttert wurde. Dort leben sie, beide, weil die deutsche Kultur und die deutsche Literatur nicht stark genug waren, dem deutschen Furor, der deutschen Zerstörung, der Rede vom exklusiven »Deutschtum« zu widerstehen. Dort leben sie, weil die »Zukunft des jüdischen Volkes«, von der Paul Jacobi sprach, faktisch und historisch belegbar in diesem deutschen Zusammenhang nicht möglich war.

Und doch. Und doch halten beide daran fest, und sie arbeiten in ihrer eigenen, ihrer persönlichen Lebensvorstellung noch immer – im *Exil* Israel oder in der *Heimat* Israel – daran, dieses deutsche Erbe als Teil ihrer Lebensgeschichte und der ihrer Generation als Inspiration, als Erinnerung, als Grundmelodie zu erhalten. Das tun sie wohl nicht nur aus ganz persönlichen Gründen; sie fühlen sich, beide, bei allen politischen Verschiedenheiten, in einer Tradition. Sie fühlen wohl beide, es wäre ein Verrat an dieser Tradition, würden sie sich »ohne Bruch« und ganz ins Israelische und Hebräische begeben. Wenn wir uns auf die Reise begeben und dieser Tradition hinterhersuchen, dann müssen wir die Bedenken von Herrn Jacobi und Frau Sherover und der vielen anderen deutschen Juden in Israel und in den USA und in Argentinien, ja: und in Deutschland und selbst in Polen und Rußland ernst nehmen: Deutsch soll sein, was wir sind? »Deutschsein« soll uns definieren? Ja, offenbar auch. Wenn wir uns auf den Weg machen, dieses »Deutschsein« zu erforschen, müssen wir die Bedenken hören.

Bald wird dieser Bericht schließen. So vieles blieb unberücksichtigt, das fällt mir immer dann auf, wenn ich in meinen Unterlagen auf einen Brief von Eli Rothschild stoße. Vielleicht darf ich an dieser Stelle eine kleine Gedenkminute für ihn einlegen, er kam 1998 bei einem Verkehrsunfall im Norden des Landes ums Leben: um ein Leben, das alle hier nacherzählten Phasen durchlief, ein Leben, das von den Verlusten ebenso geprägt war wie von der Erinnerung an die Passage und von der Hoffnung auf eine wirkliche Heimat. Als ich im Herbst 1991 in der Mapustraße wohnte, gegenüber der Wohnung von Nadja Taussig, waren auch Marianne und Eli Rothschild Nachbarn, schräg gegenüber in der Ruppinstraße 2 – so nahe Nachbarn, daß der geborene (und stolze) Lübecker alle unsere öffentlichen Bewegungen beobachten konnte. Ich kam von einem langen Tag in Archiv und Bibliothek nach Hause, auf dem Balkon teilte mir meine Freundin mit, Herr Rothschild habe uns zum Abendessen eingeladen. Ich muß etwas erschöpft abgewinkt haben, denn unmittelbar darauf klingelte das Telefon, und seine Stimme sagte: »Sie müssen nicht kommen, wenn Sie nicht wollen ...«

171 Zimmertür von Hans und Jutta Grünthal in ParentshomeMapu Straße, Haifa-Ahuza

Ich wollte doch, wollte in dieser Wohnung sitzen, vor den hohen Regalen, aus denen er pro Besuch ein oder zwei Schätze zog: Einzelnummern des »Mitteilungsblattes« der deutschen Einwandererzentrale aus den dreißiger Jahren, Briefe von Gerhard Holdheim oder biographische Notizen zu Margot Klausner. Er kannte sie alle, er hatte die Biographien der KJV-Mitglieder für seine »Meilensteine« zusammengetragen und das Personen-Register des »MB« erstellt. Später kamen dann solche Briefe: »In der kleinen Liste, die ich Ihnen am 14. VII. schickte und deren Erhalt Sie mir noch nicht bestätigt haben, schrieb ich – jedenfalls in meiner Kopie – Dr. Walter Moses und Toni Halle an den Rand. Es lebt noch ein Schüler von Dr. Moses, wenn auch in schlechtem Zustand, Dr. K. (Auditor). Und was Toni Halle angeht, Freundin von G. Scholem aus Studientagen, so lebt hier, ganz fidel, Prof. Dr. Shlomo Aronson, der bei ihr sein Abitur machte und sammelte, was es über sie und (wenig) von ihr gab.« Immer noch ein Hinweis, noch eine Spur, noch ein Name – und immer wieder das Gefühl, daß es doch nicht gelingen wird, auch nur einen Bruchteil dieser Welt zu rekonstruieren. Und durchaus Zweifel am Sinn des Unternehmens: Von welchen »Verlusten« reden wir? Eli Rothschild, 1912 in Lübeck geboren, konnte *dort* noch anfangen zu studieren, aber vor der Promotion mußte er auswandern; die wissenschaftliche Karriere, die er wohl hätte einschlagen können, blieb ihm versagt. Trotz guter Sprachkenntnisse ist es ihm nicht gelungen, im Land einen adäquaten Beruf zu finden. Was ihm hier versagt blieb, suchte er im Kontakt mit Deutschland, im Briefwechsel mit Forschern und Gelehrten (Walter Jens, Hans Mayer darunter) auszugleichen: Mahner, Nachfragender aus weiter Ferne. Der wußte sehr genau, was den Büchern und den Texten drohte. In einem Brief vom März 1995 schrieb er: »Allzu viele solcher Fälle kenne ich, wo die Bibliotheken auf der Straße endeten, weil die Besitzer nicht rechtzeitig dafür sorgten, daß sich rechte Neubesitzer dafür fanden.« Er schrieb übrigens auch voller Entsetzen über solche Darstellungen der deutsch-jüdischen Einwanderung, wie sie etwa unter dem Titel »Durch Hitler geboren. Die deutschen Juden in Israel« im Spätjahr 1994 vom »Spiegel« veröffentlicht wurden. Das »Außenseitertum«, das den Jeckes da zugeschrieben wurde, lehnte er für sich und seine Weggenossen und Lehrer zu Recht ab; die »deutsche Kolonie« in Rechavia bestand schon, als der Verfasser dieser »Spiegel«-Artikel noch gar nicht geboren war. Ist das wichtig? Ja, das ist sehr wichtig.

172 Danktafel für Stifter im Flur von Parentshome, Mapu Straße, Haifa-Ahuza

»Ich war genau 40 Jahre alt, als ich im Sommer 1934 nach Palästina einwanderte, und da ich seit [beinahe] 40 Jahren in unserem Lande lebe, müßte ich nach der oft gehörten Äußerung, daß die Jahre hier doppelt zählen, jetzt 120 Jahre alt sein.« Der Rückblick auf zwei Leben zeigt zunächst, »daß das Leben nach einem Ziel, der persönliche und körperliche Einsatz für eine Ideologie und der Neuaufbau eines Landes einen physisch jugendlichen und tüchtigen Menschenschlag erzeugt«. Das ist tatsächlich eine Beobachtung, die viele im Land machen. Aber darin steckt noch mehr, und es hat mit der Passage zu tun: »Es wird bald so sein, daß ich fast ebenso lange in Palästina/Israel lebe wie vorher in Deutschland. Man könnte annehmen, daß bei meiner positiven Einstellung zum Zionismus und meinem entschiedenen Eingliederungswunsch im zionistischen Aufbauwerk sich die Waagschale der Formungskräfte zu Gunsten der letzten 38 Jahre senken würde. Dem ist nicht so. Die 40 Jahre meines eigenen Lebens und das meiner Vorfahren in Deutschland üben einen viel stärkeren Einfluß aus als alle meine Eingliederungsbemühungen hier im Lande. Es ist auch heute noch so, daß ein Besuch in Europa für mich eine Rückkehr in eine geistige und geographische Heimat ist, insbesondere dort, wo ich in der Sprache ›schwimmen‹ kann, während die Rückkehr nach Israel die Rückkehr in ein Land ist, das ich mir täglich mit leidenschaftlicher Liebe und Anstrengung neu erobern muß. Und dies alles, obgleich ich keinen Moment Heimweh nach Europa gehabt habe und niemals den Wunsch hatte, wieder dort zu leben.«

Zwischen Europa und dem Nahen Osten, »zwischen Deutschland und Israel« – darüber zu schreiben, hatte der Archivar der Stadt Heilbronn, Hans Franke, bereits anfangs der sechziger Jahre Fritz Wolf gebeten. Wir hatten Fritz Wolf schon erwähnt, als er dem Besucher aus der Heimatstadt seinen Gedichtband schenkte und bei der Widmung sowohl Nahariya wie Heilbronn mit Fragezeichen versah. Am 5. April 1962 setzte sich Fritz Wolf an seine geliebte »Erika«-Schreibmaschine, lädt den Briefpartner zu einem Gläschen Gin mit Wermut und Zitrone ein und fragt sich, wie weit das »verallgemeinert« werden kann, was er zu schreiben unternimmt. Man wird bei einem solchen Thema unweigerlich »in die Metaphysik gestoßen«. Und es ist kaum möglich, nur vom Heute aus zu schreiben: »Die zweite Schwierigkeit besteht darin, dass wir weder über unsere deutschen Ur-Erlebnisse noch ihren Gegensatz, die Schock-Erlebnisse, so leicht wegkommen, geschweige denn sie miteinander in Einklang bringen können. Ur-Erlebnisse heisse ich in diesem Zusammenhang diejenigen, die uns, oft sehr früh, deutsch (oder jüdisch) gefärbt haben. Nach der Machtergreifung des Teufels hatten es die am schwersten, die am innigsten und von frühester Kindheit an deutsch assimiliert waren – während sie die jüdische Religion oft nur von den beiden hohen Feiertagen und einem sehr oberflächlichen Religionsunterricht her kannten. Dort, wo in jüdisch-religiösen oder zionistisch-politischen Häusern eine jüdische Einfärbung miterfolgte, wurde die Ausstossung leichter überstanden.« Wer durch die Hölle der Naziverfolgung gewandert ist, so Wolf weiter, »steht wahrscheinlich für sein Leben jenseits der ›Ratio‹, soweit es ›die Deutschen‹ anlangt«. Wer aber sind »die Deutschen«? Sind in dieser Sammlung die »Gerechten« eingeschlossen, und die Nachgeborenen? Gerechtigkeit zu üben, ist erforderlich, jede Verallgemeinerung ist von Übel. Wolf: »Erstens erkenne ich den Begriff ›Die Deutschen‹ nicht an. Zweitens will ich, was die Menschen *meiner* Generation anlangt, nur mit denen Beziehungen irgend welcher Art unterhalten, deren ich als absolut bewährt, anständig, mutig und opferbereit sicher bin. Drittens gebe ich der jungen, um 1940 geborenen Generation jede Chance und bin bereit, sie als ›unschuldig‹ zu empfangen. Viertens und Letztens: Mit allen anderen will ich nichts mehr zu tun haben.« Soweit die erste Stellung des Israeli zu Deutschland. Es gibt aber noch eine zweite Dimension: »Was aber die Beziehung des deutschen Juden zu Palästina/Israel anlangt, so stellt sie einen allmählichen, hochkomplizierten und nur in den gröbsten Umrissen darstellbaren Prozess dar. Zunächst: er war ein verdrängter,

173 Im Zimmer von Hans und Jutta Grünthal Parentshome Mapu Straße, Haifa-Ahuza

ein daneben geborener Jude. Er war aber auch, trotz deutscher Erziehung und deutsch-assimiliertem Elternhaus, kein richtiger Deutscher, denn dazu ließ ihn seine Umwelt gar nicht kommen. Und weil er kein richtiger Deutscher sein konnte, wäre er sehr gern ein Super-Deutscher gewesen. Überall starrten Paradoxe: er hätte seine Seligkeit dafür gegeben, ein strammer Fußballer oder Boxer zu sein, denn dies erschien ihm als Symbol Siegfried-Wotanhaften Heldentums. Er schrieb zwar die besten deutschen Aufsätze, doch waren sie, so grotesk wie es klingt, eben fast zu gut für deutsch-männisches Wesen und rochen schon nach jüdischem Intellekt! Und dass er zur Schlussfeier mit überdurchschnittlicher Begabung deutsche Gedichte vortrug – war es nicht schon wieder ein Zeichen elender jüdischer Mimikry, die in jede Haut zu schlüpfen vermag?«

Der wurde gemieden. Der bekam nichts »mit« vom Elternhaus, anders als die Religiösen oder die Zionisten – »kein Wunder, dass er dieses Judentum hasste, das ihn hinderte ein Deutscher zu sein!« Stolz der Unterdrückung und eitle Identifikation: Fritz Wolf findet harte Worte und richtet sie gegen sich selbst. »Deutsch-jüdisches Zwittertum«, »Doppelgesichtigkeit«: Vor dem Machtantritt der Nazis hatte es die Möglichkeit der Flucht gegeben, den Religionsübertritt »und oft die Vermählung mit einer christlichen Frau als Erlösung vom ahasverischen Fluch«. Was 1933 geschah, war »doppelt furchtbar«, weil es ihnen den Boden völlig unter den Füßen wegzog; man machte sie künstlich wieder zu Juden, und das wollten sie nicht sein. »Was geschah mit jenen, die nach dem damaligen Palästina, dem späteren Israel emigrierten? Es wäre ein Irrtum anzunehmen, sie wären über Nacht Zionisten, d. h. bewusste vaterlandsliebende Zionisten geworden. Die meisten wanderten ein, weil die Bedingungen zur Immigration und die Existenzmöglichkeiten verhältnismässig günstig aussahen: im damaligen Palästina gab es nicht einmal eine Einkommenssteuer. Wie wurden diese nicht-zionistischen Palästina-Einwanderer national bewusste Juden? Sie hatten anfangs wenig Zeit, über ihr Schicksal nachzudenken. Soviel aber empfanden sie vom ersten Moment an erleichtert aufatmend: mochte ihnen nun, da sie unter Juden lebten, geschehen was wollte: nie würde es einer der eigenen Leute wagen, sie, als Juden, zu degradieren. Jede Beleidigung war möglich – die antisemitische nicht!«

Wer auf das Land zog (wie Wolf), dem brachte die intensive Beziehung zur Natur bald eine »fast mystische Heimatbindung«, man schlägt, sagt er, »rasch Wurzeln in einem Boden, den man selbst bearbeitet«. Bei den Städtern war es die Notwendigkeit, die hebräische Sprache zu erwerben, die sie »automatisch in die hebräische Kultur hinein« zog. Schließlich vollzog sich für beide durch die arabischen Angriffe von 1936 und die britische Politik eine weitere Identifikation: »Auch in der Haganah vollzog sich dieser Prozess der Einjudung ohne Pathos, aber mit einer Art tiefer innerer Intensität.« Einjudung! »Reibungslos« verlief sie nicht, so wenig wie die Lösung vom »deutschen Geistesleben« – »mochte man sich mit ›den Deutschen‹ innerlich auseinandersetzen wie man wollte, man schleppte das deutsche Erbe mit. Die deutschen Bücher blieben im Bücherschrank stehen, und die Eltern sprachen untereinander Deutsch.« Bestaunt, belächelt, verhöhnt, bewundert wurden die Jeckes, weil sie als

174 Esther Golan, Jerusalem
Im Hintergrund sind von Ihr gemalte Porträts ihrer Eltern zu sehen, die das Dritte Reich nicht überlebt haben

Deutsche wahrgenommen wurden. Folgen wir Fritz Wolf, dann mußten sie einerseits »das Jüdische vertiefen« und andererseits »das Deutsche« auf eine höhere, eine europäische und westliche Ebene verlagern. Für das eine Vorhaben war die Begegnung mit dem britischen Mandatar hilfreich, für das andere einmal der Kontakt mit Schicksalsgenossen, die aus Polen, Litauen oder Rußland stammten, dann aber auch – »wollte man auch nur mit den Schulaufgaben der Kinder Schritt halten« – die eigene, neu aufgenommene, wie ein Wunder erlebte Lektüre der hebräischen Bibel, mit dem *Tanach.* »Welch ein sprachliches und zugleich historisches Abenteuer!« Wie von selbst wurde (auch Eli Rothschild könnte dafür beispielhaft stehen) die Archäologie eines der großen Hobbys gerade der deutschen Juden. Langsam erweiterte sich das Spektrum in den Bücherschränken und in den Regalen, und bei den Festen und auf den Wanderschaften begann die langsame Verwurzelung mit dem alten, dem neuen, dem eigenen Land. »Ungefähr also, und soweit solches überhaupt menschenmöglich ist, haben die deutschen Juden ihren Seelenfrieden wiedergefunden. Die Wunden ihrer

Herzen und oft, der Himmel weiß es, ihres Leibes, sind einigermaßen vernarbt: sie sind Israelis geworden und in ihr Vaterland hineingewachsen, das sie selbst mitgeschaffen haben – mit der Waffe in der Hand, denn anders war es nicht möglich.[...] Skeptischer, härter und bitterer, reifer zugleich, gefestigter und humaner haben die deutschen Juden heimgefunden.«

Dieses Heimatgefühl kommt auch in den Briefen zum Ausdruck, die Walter Krips – wir haben ihn als Schiffskoch auf der Passage Triest–Haifa kennengelernt – an die Familie in Ost-Berlin schrieb. Im September 1967, wenige Monate nach dem 6-Tage-Krieg, schreibt er: »Heute steht in unserer Zeitung, dass Arnold Zweig dringendst nach Israel zurückzukommen wünscht – und dass dieses von der ostdeutschen Presse als Lüge bezeichnet. Leider sind derartige falsche Warnrufe meistens wahr – er ist ja 80 Jahre und fast blind – ein alter Gast vom Café Krips – wollte in Berlin ein antiisraelisches Pamphlet nicht unterschreiben.«[153] Tatsächlich hat Zweig, hat vor allem seine Frau Beatrice noch über lange Jahre die Kontakte nach Israel aufrechterhalten und so für ein Fortbestehen der alten Brücke gesorgt.

153 Brief in Privatbesitz von Sonja Mühlberger, Berlin

Und wenn, im Einzelfall, nicht die Mitglieder der »Übergangsgeneration«, so sind spätestens ihre Kinder und Enkel Israelis geworden. Einer von ihnen war im Sommer 2000 Gast im Potsdamer Moses Mendelssohn Zentrum. Zvi Shilony ist Kulturgeograph, er arbeitet über die Geschichte der zionistischen Siedlungspolitik, über den Keren Kayemeth, über Jerusalem und den Kibbuz. Zvi spricht kein Deutsch, und so dauert es eine ganze Weile, bis ich im Gespräch erkenne, daß der Vater, von dessen deutscher Herkunft Zvi berichtet, Hans Herbert Hammerstein, identisch ist mit Israel Shilony. Das bringt uns zurück zum Ausgangspunkt unserer Geschichte, an dem von den unerwarteten Aufbewahrungsorten für die hier dokumentierten Erfahrungen die Rede war: vom galiläischen Tefen vor allem, wo die Kuratorin Ruthi Ofek gemeinsam mit einigen Mitstreitern, Andreas Meyer darunter und aus Deutschland Dieter Fitterling und Yael Botsch-Fitterling, eine Arbeit weiterführen, die Israel Shilony begonnen hat. Der Sohn einer weitverzweigten Familie hat im hohen Alter noch ein Buch über seinen Lebensweg abschließen können: »Das Mögliche und das Unmögliche« ist ein Titel, den man gerne ausleihen möchte. Das Wissen,Vorfahren »von der ausgeschlossenen Sorte« zu haben, einen »losen Juden« – ohne Geleitrecht – als Ahnen, Hirsch Laser Hammerstein, von Berlin Richtung Ostpreußen ausgewandert, führte Shilony dazu, sich zeitlebens den armen Juden nahe zu fühlen. Als Hans Herbert Hammerstein wurde er 1901 in Berlin geboren, die Familie wohnte im Zentrum, in der Klosterstraße 40 in der Nähe des Alexanderplatzes: »Wir waren eine vollkommen assimilierte Familie [...], ich hatte als Kind keine Ahnung, daß wir Juden waren.« Von da ist es ein weiter Weg bis nach Tefen. Shilony erzählt ihn selbst, hier ist nicht der Platz für eine ausführliche Würdigung.[154] Über persönliche Kontakte kam der knapp Zwanzigjährige zur zionistischen Jugend und zum »Blau-Weiß«. Aus Berlin nach Königsberg gesandt (wie der Vorfahr), lernte er Siegfried Lehmann kennen, der ihn nach Kowno schickte, wo er nicht nur »lernende Lastträger« fand, sondern auch eine Lebensaufgabe: die Pädagogik. Das wird eine deutsch-jüdische Geschichte, die über Berlin und Frankfurt, über einen ersten Besuch im Lande Israel (1927) und das Erleb-

154 Israel Shilony: Das Mögliche und das Unmögliche. Erinnerungen. Hrsg. zum Andenken an Israel Shilony vom Offenen Museum im Industriepark Tefen, 1998

nis jüdischer Schularbeit im Nazi-Deutschland nach England, nach Australien 1942 – mitten im Krieg –, nach Palästina und in die britische Armee führt. Dieser Odyssee folgt ein Leben im Kibbuz, wo der Versuch, neue Kontakte nach Deutschland aufzubauen, an der harten Haltung der Mitglieder dieser Siedlung scheitert. »Ein neuer Anfang« wird in Nahariya gemacht. Von dort aus besucht Shilony eine Tagung des Van Leer Instituts in Jerusalem im Juni 1970, auf der zur Enttäuschung des aus Deutschland stammenden Publikums nur englisch und hebräisch gesprochen wird: »Es blieb still und ich konnte mich überallhin umschauen und die Gesichter beobachten. Fast alle waren sehr alte Herrschaften (und erst daraus wurde mir klar, daß ich selber so alt bin ...), da saßen sie mit ihren schönen, alten, lebenserfahrenen, kultivierten Gesichtern, es war einfach ein aufregender Anblick! Und dann wurde mir bewußt, daß dies das letzte Mal ist, dieses Gesamtbild wunderbarer Köpfe des deutschen Judentums.« In diesem Augenblick, so Shilony, wurde ihm klar, »daß ein Museum entstehen muß, um das deutsche Judentum im Bild für das Auge festzuhalten«. Weil Nahariya die einzige Stadt der Welt ist, die von deutschen Juden gegründet wurde, sollte das Museum hier seinen Platz finden. Von Gershon Taz erhielt er einen Schlüssel, von anderen noch weniger. Auf eigene Faust errichtete Israel Shilony das planloseste Museum der Welt. Nun ist es schon so, daß ein Museum immer dann eingerichtet wird, wenn der Gegenstand, von dem es erzählt, nicht mehr lebendig ist. Shilony kam früh genug, um dem noch lebendigen Bestand deutsch-jüdischer Herkunft in Israel vieles abzuringen: Bücher von einem Apotheker aus Haifa, den Nachlaß von Alfred Kupferberg aus Tel-Aviv und vieles andere: »schöne Dinge«, von denen sich die Alters- und Erfahrungsgenossen sonst vielleicht nicht getrennt hätten. Shilony hat etwas begonnen, was – nach dem Umzug des Museums von Nahariya nach Tefen, unter der Schirmherrschaft von Stef Wertheimer – heute Ruthi Ofek weiterführt, ebenso wie Shlomo Meir vom Leo Baeck Institut in Jerusalem, Jochanan Arnon von der Bibliothek Beth Ariela in Tel-Aviv und Henry Wassermann von Israels *Open University*, der eine Bibliographie allen »jeckischen« Schrifttums erstellt. Israel Shilony berichtet am Ende seines Buches, daß das Interesse bei Besuchern aus Deutschland fast größer war als bei den Offiziellen im eigenen Land. So geht die Geschichte. Die »Rettung« des Museums nach Tefen hat die Möglichkeit offengehalten, daß auch Israel sich dieses Kapitels seiner eigenen Geschichte erinnern kann.

Geschichten ziehen Geschichten nach. Es ist mir nie gelungen, herauszufinden, ob Dan Ben-Amoz wirklich in den sechziger Jahren eine Ausstellung »aus dem Koffer« einer aus Deutschland stammenden Emigrantenfamilie – aus einem Koffer, den er auf dem Flohmarkt von Jaffa gefunden hatte – gemacht hat. Man wünscht sich immer sehr, solche Geschichten wären wahr.[155] Sie könnten berichten: von der fortdauernden, wenn auch oft bloß noch spurenhaften Existenz dieser besonderen Einwanderergruppe. Wer heute Interviews machen will, muß ins Altersheim gehen; wer nach Dokumenten sucht, wird oft darüber informiert, daß die letzten erhaltenen Tagebücher, Briefe und Fotoalben vor dem Umzug ins »Elternheim« (wie das in Israel etwas freundlicher heißt) weggeworfen wurden – »Was sollen wir

155 Dazu Uri Avnery in einem Fax vom 14. Juli 1994: »Ich erinnere mich an einige Ausstellungen von DBA [Dan Ben-Amoz], aber die Geschichte mit dem Koffer ist mir nicht in Erinnerung. Er war ein wunderbarer Lügner.«

damit? Die Kinder können es sowieso nicht mehr lesen.« In einer Würdigung an ihren Vater Erich Lehmann, der zum 25jährigen Bestehen von Nahariya ein kleines Gedenkbuch herausgebracht hatte, schreibt Ruth Gertner – dankbar für die hebräische Übersetzung, die es ihr ermöglicht hatte, »das Buch in der Sprache zu lesen, mit der wir verbunden sind« – anläßlich der Neuauflage von 1998: »In seinen letzten Stunden ärgerte er sich sehr über mich, weil ich nicht wußte, wer Zunz war.«

Wer Zunz war.[156] Die Alten wußten gar nicht, ob sie ihre Erfahrung, die Erfahrung des deutschen Judentums, überhaupt an die Kinder weitergeben sollten; jetzt beginnen sie, und schon die Enkel, danach zu fragen. Um die Kinder, um die folgenden Generationen will sich jetzt der *Irgun Olej Merkas* Europa bemühen. 1932 gegründet – damit nähert sich unsere Geschichte einem Ende –, war der Verband über Jahrzehnte die zentrale Anlaufstelle für alle, die aus welchem Motiv auch immer, jedenfalls aber: aus Deutschland, oder von einem deutschsprachigen Hintergrund, nach Palästina gekommen waren und Israel zu ihrer Heimat gemacht haben. »Am Sonnabend, den 18. Juli 1992 [»Sonnabend«! Da schreibt ein Berliner] trafen sich Söhne und Töchter, resp. Nachkommen von Mitgliedern des Irgun Olej-Merkas Europa, im Hause von Ruthi und Eli Tauber in Beth Yitzchak.« Die Idee des Treffens war, »die Söhne und Töchter langjähriger Mitglieder der Tätigkeit des Irgun näherzubringen, sie an seiner Zukunft zu interessieren und zur Mitarbeit zu bewegen«. Welche Briefe werden wohl gewechselt zwischen ihnen und denen, die sich irgendwann im Lauf der Jahre zu einer Rückkehr nach Deutschland entschlossen haben?

156 Leopold Zunz (1794–1886), Mitbegründer des Vereins für Cultur und Wissenschaft der Juden 1819 in Berlin, 1840–1850 Direktor des Jüdischen Lehrerseminars in Berlin, Mitbegründer der Wissenschaft des Judentums. Zunz forderte für die Juden »nicht Rechte, sondern Recht, nicht Freiheiten, sondern Freiheit.«

175 Haifa
Blick zum Hafen von den Bahai-Gärten

Bildnachweis

Private Leihgeber

Stefan Blumenthal	3, 36, 38, 60, 61, 68–70
Boris Carmi, Tel-Aviv	92
Uri Faber, Berlin	52–57, 72
Liora Federman, Tel-Aviv	43, 129, 130
Abraham Frank, Jerusalem	47–50, 163–165
Tom L. Freudenheim, London	30–35, 81, 87, 101
Ben Katz, Melbourne	51, 96
Hanno und Ronny Loewy, Frankfurt am Main	10–13, 15, 16–18, 19–29, 46, 63–65, 71, 78-81, 83, 86, 91, 95, 109, 112-119, 154
Andreas Meyer, Kfar Vradim	137–142
Sonja Mühlberger, Berlin	73–76
Carmela Rubin, Tel-Aviv	110, 111
Joachim Schlör, Berlin	14, 37, 39, 41, 45, 62, 89, 90, 93, 94, 99, 100, 102–105, 107, 108, 120–127, 131–136, 166, 167, 169

Fotografen

Christiane Zschommler, London	168, 170–175

Öffentliche Leihgeber/ Archive

Archiv Jüdisches Museum Berlin	44, 58
Bildarchiv Preußischer Kulturbesitz Berlin	40, 59, 79, 80, 81, 161, 162
Central Zionist Archives Jerusalem	2, 7, 8 (Collection Gronemann) 143–153, 155–160
Israel Museum, Photography Dept. Collection, Gift of Warner Communication, New York	42
Sammlung Beth Ariela Tel-Aviv	97, 98
Stiftung Archiv der Akademie der Künste, Berlin	1, 66, 67, 77, 106
The Yirmiyahu Rimon Collection Haifa	84

Fotos aus Publikationen

Hugo Herrmann: Palästina heute. Licht und Schatten. Verlag Hamatarah Tel-Aviv 1935	4
Martin Gilbert: Atlas of Jewish History	82
Das Palästina-Bilderbuch. 96 Photographien von Hans Casparius. Vorwort und Text zu den Bildern von Arthur Rundt. Leipzig, Wien 1934	5, 88, 128
Shlomo Shva: Rising from the Sands. Tel-Aviv: The Early Days, Tel-Aviv 1989	6
Nea Weissberg-Bob: Jüdischer Kalender 1993/94	85

Danksagung

Dieses Buch entstand in einem langen Prozeß. Begonnen habe ich damit wohl am Küchentisch von Eva und Otto Hilb. Sie stammte aus Lübben im Spreewald, er aus Ulm – schon dies eine ungewöhnliche Kombination. An einem Oktobertag im Jahr der deutschen Vereinigung (die man in Tel-Aviv recht skeptisch betrachtete) herrschte der heiße Wüstenwind Chamsin über der Stadt, aber Eva Hilb servierte unbeirrt Braten mit Knödeln und Rotkraut, schließlich war es schon Herbst. Den Nachbarn von schräg gegenüber, Eli Rothschild – »Sie ahnen gar nicht, wie wenig verwandt!« –, habe ich oben beschrieben, ebenso die direkte Nachbarin in der Mapustraße 4, Frau Taussig. In was für einer kleinen Welt war ich da gelandet?

Rehov Ben-Jehuda-Straße hieß das bei den Insidern, eine israelische Straße, auf der deutsch gesprochen wurde. Wo die selbstgebackenen Kuchen im Café Mersand verkauft wurden und morgens am Strand die Gymnastik absolviert wurde. Und am Mittag, nach dem schweren Essen, die Schlafstunde. Wo es deutsche Bücher gab und unveröffentlichte Manuskripte, Fotoalben und andere Erinnerungsträger, die mir mehr von meinem eigenen Land erzählten. Und als ich einmal angefangen hatte zu fragen, ging uns der Gesprächsstoff nie mehr aus, und das Gespräch bezog auch viele jüngere Israelis und Deutsche mit ein. Danke deshalb an:

Gisela Aloni, Jochanan Arnon, Uri Avnery, Marianne Awerbuch, Maoz Azaryahu, Micha Bar-Am, Rahel Beerly, Alfred Bodenheimer, Ruth Bondy, Amos Dolav, Gretel und Theo Epstein, Liora und Michael Federmann, Anat Feinberg, Rita und Abraham Frank, Tom Freudenheim, Elly Freund, Régine Mihal Friedman, Yves Friedman, Paula Glaser, Ruth und Shmuel Gogol, Tami und Yoram Gross, Sigi Gross, Martin Hauser, Eva und Otto Hilb, Racheli und Ruthi Horam, Carsten Hueck, Chaim Huller, Wolf Ze'ev Joffe, Naomi Kadmon, Irmel Kamp-Bandau, Yoram Kaniuk, Dani Kerman, Marianne Koppel, David Kroianker, Ernst Laske, Michael Levin, Pitty Levy, Heinz Lion, Hanno und Ronny Loewy, Gershon Maas, Frank Mecklenburg, Shlomo Meir, Guy Meron, Yohanan Meroz, Andreas Meyer, Edina Meyer-Maril, Ilana Michaeli, Hanni Mittelmann, Sonja Mühlberger, Ruthi Ofek, Thomas von der Osten-Sacken, Nora Peltinovich, Peter Reik, Rahel Ron, Eli Rothschild, Carmela Rubin, Eva Sänger, Shimon und Gideon Samet, Ruth und Elchanan Scheftelowitz, Chana C. Schütz, Alice Schwarz-Gardos, Zvi Shilony, Shlomo Shva, Miron Sima, Nadja Taussig, Adin Talbar, Viola und Mordechai Virshubski, Laurence Weinbaum, Stef Wertheimer, Eva Wohl, Fritz Wolf, Nathan Zach.

Bei der Axel-Springer-Stiftung zu Berlin bedanke ich mich für eine finanzielle Förderung der Recherche.

J. Sch.

Inhalt

ISBN 3-351-02559-9

1. Auflage 2003
Aufbau-Verlag GmbH, Berlin 2003
Gesamtgestaltung Therese Schneider, Berlin
Litho LVD GmbH, Berlin
Druck und Binden Offizin Andersen Nexö Leipzig
Printed in Germany

www.aufbau-verlag.de